上海助力打赢脱贫攻坚战口述系列丛书

宝山的责任

中共上海市宝山区委党史研究室 编

上海人民出版社　学林出版社

编委会

主　任	李　峻
副主任	陈筱洁　陈云彬
委　员	陈　巍　申向军　张海宾　范建军　戴建美

主　编	戴建美
副主编	王素炎
编　辑	郭莹吉　吴思敏　金　毅　吴嫣妮　田翔辉

目录 CONTENTS

1	携手攻坚拔穷根　和衷共济奔小康	汪　泓
12	帮扶协作拔穷根　山海携手情更深	李文荣
20	在服务国家战略中培养过硬干部	徐　静
30	援疆脚步铿锵有力　沪叶两地情深意长	李国平
40	用心用情用力　全力助推对口地区打赢脱贫攻坚战	范建军
50	对口支援日喀则　牢记使命助发展	刘建宏
59	美丽的亚东，我的第二故乡	李　明
70	艰苦锤炼砺意志　多策并举援边陲	李友钟
81	缘聚雪域　情系百姓	陈　江

91	"有志而来、有为而出" ——追忆我在西藏江孜县的援藏岁月	陈云彬
102	年楚河畔沪藏情深　身肩使命踏实奉献	高 耀
112	无怨无悔的三年援疆情	华建国
121	"疆"爱，进行到底	金新宇
131	我把阿克苏当作第二故乡 ——援助新疆阿克苏市中医医院口述实录	杨耀忠
141	汗洒戈壁黄土　换取春色一片	吴 华
151	真情奉献　叶城记忆	张未劼
160	三年援疆路　一世援疆情	梅 勇
172	一个无愧的援疆戍边人	胡 广
182	在昆仑第一城下"申"耕援疆"责任田"	张 彬
193	西行万里路，不负家园情	袁 罡
204	逆行高原援果洛　探路拓荒打基础	朱礼福
214	带一颗真心架两地桥梁　用三年时间助"四州"发展	李华峰

224	真情融入勤履职　用心帮扶助脱贫	张建平
233	从"三夹水"的东海之滨到"鸡鸣三省"的东方花园 　　——我的援滇进行时	严春敏
244	携手万州　倾情帮扶	雷曙光
254	"大家小家"一家情	朱惠芳
264	我们是你坚强的后盾	黄　绮
275	感谢党的英明决策　感受宝叶一家亲情 　　　吴宏杰　沈丽丽　阿瓦买买提　布艾则孜·艾买提	
287	脱贫攻坚中的"宝山力量" 　　——曲靖扶贫干部谈扶贫 　　　　　李旺兴　刘　飞　张　薇　唐　鹏　尹奉华	
301	产业扶贫　建造群众致富路　胡国林　叶荣波　王乔宝　陈绍华	
313	相宜相生　成就美好社会　封　帅　白玛曲宗　余卫香　游占玉	
325	后　记	

携手攻坚拔穷根　和衷共济奔小康

汪泓，1961年4月生。2013年7月至2020年8月，任中共宝山区委书记。2020年8月起，担任中欧国际工商学院院长。2017年，当选党的十九大代表。

口述：汪　泓
采访：王春明　李金良
整理：王春明　李金良
时间：2020年3月2日

我从 2011 年离开高校到地方任职，先后担任宝山区政府和区委主要领导，到现在已经快十个年头。这些年来，在推动区域改革发展的同时，我一直将深化扶贫协作、做好对口支援摆在重要位置，尽最大努力跑好这历史性的一棒，参与并见证了云南省迪庆州维西县、新疆叶城县和云南省曲靖市的罗平县、师宗县、富源县、宣威市、会泽县等 7 个县（市）加速摆脱贫穷、奔向全面小康的巨大变化。

在对口支援中践行初心和使命

谈起对口支援工作，我觉得党员领导干部首先要有政治责任感和历史使命感。一方面，打赢脱贫攻坚战是党中央作出的庄严承诺，对口支援是我们责无旁贷的政治责任；另一方面，全面小康是全国人民的共同期盼，对口支援也是我们践行初心使命、为人民谋幸福的实际行动。历史性的任务需要历史的自觉、历史的韧劲，所以我们一直讲三句话：真心实意付出，真金白银投入，真抓实干攻坚。

近年来，特别是担任宝山区委书记以后，我坚决贯彻落实中央和上海市委决策部署，团结、带领全区干部群众，按照"民生为本、产业为重、规划为先、人才为要"的总体要求，全力做好对口支援工作。截至目前，宝山对口支援的7个县（市）中，云南罗平县、富源县、师宗县已顺利脱贫摘帽，宣威市、维西县正在验收评审，云南会泽县、新疆叶城县计划2020年脱贫摘帽。回顾这些年的对口支援，我们看到，对口帮扶的内容已经从基础建设、教育扶贫、卫生扶贫拓展到产业扶贫、劳务协作、消费扶贫，对口支援的方式从"大水漫灌"转向"精准灌溉"，对口地区的需求也从资金、项目进阶到招商引资、消费和旅游发展、人才培养等方面，说明总体上已经逐步从基础建设补短板进入了建设发展的新阶段。

2020年，脱贫攻坚进入了"最后一公里"的决胜时刻。在这个重大历史节点，3月6日下午，习近平总书记出席决战决胜脱贫攻坚座谈会并发表重要讲话，下达了总攻令，吹响了冲锋号。上海市委李强书记要求我们，要扛起政治责任，扎实做好对口支援各项工作，全力以赴助力对口地区打赢脱贫攻坚战。关键时刻，刻不容缓，我第一时间传达、第一时间部署、第一时间落实。3月6日晚，我与云南省委常委、曲靖市委书记李文荣，叶城县委书记李国平，会泽县委书记谭力华通了电话，转达李强书记的亲切问候和工作要求。他们表示：坚决响应总书记号召，衷心感谢上海的鼎力支持，一定在今年出色完成好脱贫攻坚任务！3月7日，我们与云南会泽县、新疆叶城县召开三地视频连线工作部署会，贯彻落实总书记重要讲话精神，共同作了研究部署。叶城县、会泽县表示，将确保剩余未脱贫人口在2020年上半年达到脱贫出列标准。3月9日，我又组织召开区领导小组会议，动员全区上下和对口支援地区一起，发起最后总攻，攻克最难堡垒，夺取最终胜利。

2020年春节，新冠肺炎疫情席卷全国，但我们对口帮扶的脚步从未停歇。同时，我们也尽最大努力向对口地区输送口罩、手套、防护服、测温仪、碘伏等防疫物资，助力当地疫情防控和复工复产。我和对口地区一直是"热线联系"，最近听到他们疫情防控态势向好、经济社会秩序恢复的消息，我就像听到宝山的好消息一样，从心底里为他们高兴。

把群众想、盼、需作为出发点和落脚点

2014年我第一次带领区党政代表团赴云南维西学习考察时，虽然临行前已预想到条件艰苦，做好了充足的心理准备，但一路看到崎岖颠簸的村路、昏黄的灯光、乱挂的电线、破败的房屋和简陋的卫生条件，还是受到很大的触动。当时我就下定决心，要把改善民生作为重点解决的问题之一。我们一行开会的时候，就明确了"对口支援必须要筑牢民生网底，让贫困地区实现病有医、住有屋、行有路"的总体思路，以不断提升当地群众在脱贫攻坚中的获得感和满意度。

改善民生需要倾注感情，也要实实在在地投入。这些年宝山处于转型发展的攻坚期，需要花钱的地方很多，但我们除了完成好市里的"规定动作"，坚持每年安排一批"自选动作"，而且项目资金的80%以上都是用于改善民生。2014年至今，在云南维西县累计实施"规定动作"项目150个，资金19468万元；实施"自选动作"项目共120个，资金4843.85万元。2017年至今，在曲靖市罗平县、师宗县、富源县、宣威市、会泽县投入扶贫财政资金41184万元，惠及建档立卡贫困户4.39万户18.38万人。2010年至今，累计向叶城县投入援疆资金42.2363亿元（区财政出资3.8866亿元）。

实际上宝山全区上下都动了起来，群策群力帮助对口地区脱贫。近年来，我们深化落实携手奔小康行动，广泛动员全区方方面面力量，形成了区与县、镇与深度贫困县、镇与乡（镇）、村（企业）与村四级联动携手奔小康机制，共发动20个街镇、120个村居、277家企业和34个社会组织与29个深度贫困乡镇、589个深度贫困村结对，实现了深度贫困乡镇结对全覆盖、深度贫困村结对全覆盖。确定结对关系后，主要围绕"三带两转"（带人、带物、带产业，转观念、转村貌）要求，丰富村村结对、村企结对内容，累计捐赠携手奔小康财政帮扶资金4058.3万元。

我们欣慰地看到，在各方共同努力下，对口支援地区的教育、医疗、卫生等社会事业取得了长足进步。比如，新疆叶城2017年新建28个健康体检中心，2018年完善21个标准化村级卫生室。特别是援疆医疗团队通过三年努

◀ 2019年8月22日，时任宝山区委书记汪泓（左三）率领党政代表团，看望慰问对口帮扶的会泽县古城街道建档立卡贫困户施金万家庭

力，将原有的妇女儿童医院、妇幼保健院、计划生育指导站整合成一家独立运行的二级甲等公立医疗机构，群众"看病难、看病贵"问题得到有效缓解。一些地方的基础设施也发生了翻天覆地的变化。比如，曲靖1市4县实现县县通高速，维西和香格里拉之间的二级公路平坦通畅，我们对口帮扶的县城道路宽敞、市容整洁，新农村建设项目让老百姓的居住条件明显改善，乡村道路硬化后直通每家每户，使不少困难群众终于能够"走出大山看世界"，为当地脱贫插上了腾飞的翅膀。

就业是民生之本，促进贫困人口就地就近就业是阻断贫困代际传递的重要途径。我们专门设立了迪庆州驻宝山区劳动力专业就业服务工作站、曲靖市驻上海劳务工作站，出台了用工企业社保补贴、中介机构奖励贫困劳动力稳定就业补贴等一系列劳务协作政策。2017年至今，沪滇扶贫协作财政资金用于劳务协作5545万元，组织14896名贫困劳动力实现异地转移就业，到上海就业587人。2020年新冠疫情期间，我们还依托宝山就业微信、12333公共招聘网开通了网上就业扶贫服务渠道，让他们足不出户也能查询到最新岗位信息；对接曲靖市劳务工作站，落实"招聘管家"服务机制，持续向工作站发布岗位信息，梳理求职人员意向，为疫情缓解后的远程面试和人员输送提供保障。同时，我们援建了 40 个扶贫车间，采用"企业+扶贫车间（生产线）+贫困户"的模式，引导企业开发适合贫困劳动力特点的就业岗位，吸纳就业 3237 人，预计贫困户年均增收 2.16 万元，实现贫困户、企业、政府"三赢"。近几年我走访贫困户，好多笑脸让人难忘。比如李聪菊一家，家里危房已拆除重建，其丈夫务工月入两千，两个女儿均受高等教育，自己则在家门口的灯盏花种植基地务工，享受到了对口支援红利，生活水平日益提高。

产业扶贫成为贫困群体增收致富的"金钥匙"

扶贫扶长远，长远看产业，这是从"输血"到"造血"转变的关键。应该说，各方面对这个理念有共识。但多次实地调研让我体会到，搞好产业扶贫需要破解不少难题，其中既包括受援地区自身的条件约束，也包括在落实过程中的新问题。比如说，当地产业基础相对薄弱，总体上缺资金、缺技术、缺品牌、缺产业链；还有一些地方特色非常鲜明，但还没有转化为稳定产出的产业项目。为此，我们多次组织专家进行实地考察、调查研究，努力把我们的强项与当地的优势结合起来，推动产业合作，为脱贫攻坚注入"活水"。

我在参与制定产业援疆、产业援滇工作方案时，一直强调要精准扶持，推动当地丰富的资源优势转化为经济发展的动力。所谓"精准"，首先是资金投入要精准。比如，师宗县柑橘产业日渐成熟，我们就把资金重点投向柑橘产业一体化建设、新建水果交易中心；会泽县以养殖产业为主，我们就把资金向小龙虾养殖基础设施建设等方面倾斜，确保资金用到最需要、能见效的地方。同时，帮助对口地区发展具有比较优势、发展潜力和市场前景的产业，也是"精准"的题中之义。在援建干部的努力下，我们组织开展了科学扎实的调查研究，也有很多成功案例。比如，富源县胜境街道软籽石榴种植基地、宣威市热水镇灯盏花种植基地、会泽县青云村雪桃种植基地等扶贫产业发展好的地方都是紧扣"优势"做文章的。在此过程中，我们一直注重产业发展与贫困户的利益联结。在多次与援建干部、当地干部群众开会聊天的过程中，我们研究确定了"公司+合作社+建档立卡贫困户"的模式，建档立卡贫困户得到土地流转收益、劳务收入、分红收入，村级集体通过固定资产投入每年获得固定收

2019年8月22日，时任宝山区委书记汪泓（左五）率领党政代表团，赴对口帮扶的会泽县调研对接，现场了解老厂乡雅地窝村的沪滇帮扶项目建设情况

益，从根本上助力对口地区发展产业，不断增加群众收入。

消费扶贫是调动全社会力量共同参与脱贫攻坚的重要途径。从宝山对口地区来说，新疆叶城的薄皮核桃、大红枣，维西县的当归、天麻，会泽县的高原燕麦、软籽石榴，宣威的火腿、小龙虾，罗平县的小黄姜、蜂蜜、菜籽油，师宗县的薏仁，富源县的辣椒，等等，好东西非常多，这些宝贝怎么带到我们的餐桌上，也一直是我思考的一个重要问题。爱心认购、展销平台、帮助对接知名电商平台，这是早期我们围绕特色农产品所做的文章。2015年4月，沪滇双方签署《关于加强沪滇对口帮扶与重点领域合作框架协议》，提出要合力推进"云品入沪"工程。这是一个很好的契机，我们当即大力抓落实，推进消费扶贫升级。截至目前，共举办30多场展销会，设立13个农特产销售点，在食行生鲜、建行、农行等电商平台设销售专栏，发动机关企事业单位团购，对口地区农特产品在沪销售达6753万元。2020年新冠肺炎疫情导致当地农产品滞销，我们又积极推动农产品销售到宝山的机关企事业单位、超市等有需求的地方。比如，举办对口地区特色商品巡回展销、区级机关党员干部"爱心认购、助力脱贫攻坚"等活动，合计销售130余万元；组织对口地区农特产线上销售，11家对口地区企业的40种产品进入安信农保网络平台及相关渠道进行销售，进一步拓宽了销售渠道。

把贫困地区的旅游资源逐步转变为产业优势，也是我们一直在努力的方向。宝山对口支援的新疆、云南地处祖国边陲，气候宜人，物产丰富，富有异域风情、民族特色的旅游风光。我一直认为，旅游业是当地脱贫致富的一个好行当。因此，我们注重帮助开发、推广当地的特色旅游资源，全力打造产业发展、文化旅游、红色文化宣传的重要阵地。比如，会泽县水城扩红纪念馆是当地红色文化基地，记录了红军长征史上规模最大的一次"扩红"——"水城扩红"的伟大历史事件，2019年，结合"不忘初心、牢记使命"主题教育，我带领宝山区党政代表团前去瞻仰了扩红纪念台，感悟红军将士们用鲜血和生命铸就的伟大的长征精神，全身心投入到为人民服务中去。这次活动影响很大，后来这种模式也在其他地区得到了复制和推广。又如，维西县塔城镇启别村依托鲜活多彩的民族风情，构建起了集生态旅游、文化体验、休闲康体等多元旅游休闲元素于一体的乡村旅游，建成了10余家酒店、16家民宿，拥有500多床位的接待能力，成为维西乡村旅游先行示范区。

智力帮扶 "授鱼"更"授渔"

贫困是物质的贫乏，但更大程度上是知识和技能的缺乏。从这个角度讲，人才是打赢脱贫攻坚战的核心动能。在这方面，我们"授鱼"和"授渔"两手抓，"授鱼"就是派出优秀干部人才援建，"授渔"就是帮助对口地区培养本地人才。

从2011年开始，我参与选派了援建党政干部51人、援疆专技人才61人，总的思路是"好中选优""选优挑强"，每次都很注重三个条件：一是思想上确实要有援建的愿望和决心，二是身体要健康，三是要看经历和实际能力。每次选拔都有很多同志主动报名，气氛非常热烈，选出来的干部政治热情都很高，决心都很大，当然援建成绩也很突出。"有精气神、干精细活"，这是宝山援建干部的好传统，也是受援各地的一致评价。我们的援建干部都具备以身许党许国的家国情怀和无私奉献的高尚品格。比如，团区委书记、区青联主席潘振飞2019年赴新疆对口支援，2020年春节回沪后，听说疫情防控血液库存持续走

◀ 2019年8月21日，在云南省委常委、曲靖市委书记李文荣的陪同下，时任宝山区委书记汪泓率领党政代表团，看望慰问对口支援曲靖1市4县的干部人才

低、采血供血不足，在奔赴新疆前夕，毅然参加无偿献血。这种"舍小家为大家"的可贵精神值得钦佩，也是宝山援建干部敢于担当、甘于奉献的缩影。

如果用一个词来形容这些援建干部人才发挥的作用，我觉得或许"种子"这个词会比较合适。我们的援建干部每天所做的工作，就是在云南、新疆大地上播撒着希望的种子：他们千方百计争取发展项目，是希望这些智力的种子、产业的种子终有一天会开花结果，给当地群众带来看得见、摸得着的实惠。我相信，我们选出的这么一帮勇于奉献、敢于担当，时刻把贫困户放在心上、把脱贫工作落到实处的优秀援建干部，一定能够帮助对口帮扶地区打赢脱贫攻坚战。

在选好派好援建干部的同时，这些年我也一直在思考一个问题：我们的援建干部离开后，受援地区怎样才能实现可持续发展？答案很明确，我们必须努力为当地培养一支"留得住、用得上、带不走"的乡土人才队伍，这样才能形成可持续发展的源源动力。当然，培养什么样的人才、怎么把这些人才培养好，需要精心策划安排。因此，我们通过"送出来"培养锻炼、"走进去"传帮带等多种形式，加大培训力度，学员涵盖了县处级、科级到乡村党支部书记、社区主任等各级干部以及医生、教师和农技人员。2011—2019年，宝山区累计实施援助叶城县人力资源培训项目 159 批次 12307 人；曲靖市选派了 52 名干部和专业技术人才到宝山区挂职锻炼，组织扶贫干部、教师、医生 12 期 525 人到宝山区培训，宝山区专家到曲靖培训党政、教育、卫生、扶贫等部门干部和专业技术人才 7 期 700 人次。维西县是我们的一个重点，2011 年以来，我们帮助当地培训 51 批次 3212 名人才，培训来沪干部 300 多名，接受挂职进修干部 22 名，当地反映效果很好。当然，后面还有很长的路要走。我们将继续采取来沪办班、组织专家赴当地讲学、挂职进修等方式，帮助贫困地区基层干部队伍和专业技术人员提升素质和技能，促进当地脱贫。

合作共赢让对口支援更有生命力

近年来，宝山与受援地区签署的合作协议不断深化拓展，实际上已经从过去单纯的"对口支援"向"对口支援＋合作共赢"模式转变。这一喜人变化的背后，是宝山与对口地区多年来持续不断的党政交流、企业交流、民间交流，以及由此形成的亲如一家的手足情谊、血浓于水的民族亲情。

最近这几年，我每次带队赴滇、赴疆学习考察，当地主要领导每次都全程陪同，当地人民群众对我们非常热情，让我在感动之余更加感到肩上沉甸甸的责任。这些年来，我们推进高层互访，签订了"携手奔小康"合作框架协议书、友好城市框架协议及备忘录，召开了一系列扶贫协作高层联席会议，每年至少一次组织互访，调研项目进展、走访贫困户、慰问援建干部，交流互访形成常态长效机制。我们推进交往交流交融，促进各民族像石榴籽一样紧紧抱在一起。通过多领域参与结对共建，有针对性和系统性地邀请社会团体、公益组织、爱心企业和爱心人士等各类社会力量参与对口支援，多形式开展两地文化交流、多层面体验上海发展、多角度感受风情风味。比如，2013 年第八届宝山国际民间艺术节邀请了叶城县歌舞团参演，共演出 15 场；2016—2018 年，每年叶城县 200 名青少年走进宝山，与宝山青少年开展为期一周的"手拉手"活动；以开行旅游包机、旅游专列为切入口，我们和当地一起积极培育长三角旅游市场。

最后想说的是，对口支援其实不是单方面付出，而是互惠共赢。比如说，通过建立当地特色农产品和上海之间的直销通道，既鼓起了受援地区的"钱袋子"，也丰富了上海市民的"菜篮子"。通过派驻援建，我们不少年轻干部在一线经风雨、见世面、长才干、壮筋骨，变得更加坚定、成熟、能干，这是难得的锻炼、宝贵的阅历。对口地区对我们的援建干部政治上关心、工作上支持、生活上照顾，值得我们感谢。除此之外，我们在精神层面也能取得强烈共鸣。每一次和对口地区交流，我都能感受到当地干部对群众充满感情、对工作充满热情、对事业充满激情、对挑战充满豪情，他们努力提高抢抓机遇、破解难题、高效落实的能力值得宝山每一位领导干部、每一个党员学习。他们抓工作的干劲、闯劲和韧劲，昂扬的精神状态和忘我的工作作风，也激励了我们加快推进高质量发展，加快迈向国际邮轮之城、智能智造之城。

2020年，脱贫攻坚战已进入决战决胜的收官阶段，宝山用于扶贫协作和对口支援的资金、项目、人员都已到位。在这个历史性的伟大时刻，我们将继续把助推对口地区打赢脱贫攻坚战作为义不容辞的政治责任，和对口地区一起，全力以赴，坚决打赢脱贫攻坚战，迎接党的百年华诞！

帮扶协作拔穷根　山海携手情更深

李文荣，1962年10月生。2015年10月至2016年12月，任中共云南省曲靖市委书记。2016年12月起，任中共云南省委常委、曲靖市委书记。

口述：李文荣
采访：朱凯凯　王素炎　郭莹吉　金　毅　吴嫣妮
整理：吴仕闯　周　锦　郭莹吉
时间：2020年6月12日

　　东西部扶贫协作和对口支援是党中央一项重要工作。2017年，宝山区认真贯彻落实党中央关于沪滇扶贫协作的重大决策部署，把帮扶协作曲靖市脱贫攻坚作为重大的政治责任和分内工作，不惧山高路远、不畏任务艰巨，与曲靖市建立结对帮扶，真金白银投入，真心实意协作，为曲靖市决战脱贫攻坚、决胜全面小康注入了强大动力。帮扶协作以来，曲靖市4个贫困县摘帽，40个贫困乡出列，44.9万贫困人口脱贫，贫困发生率由9.56%降至1.89%。这些成绩的取得，离不开宝山区的鼎力支持和关心关注，宝山区的帮助必将在曲靖扶贫史上留下浓墨重彩的一笔，我们永远铭记在心。

结对帮扶是决战决胜脱贫攻坚的关键一招

　　曲靖地处云南省东部、珠江源头，是古生物鱼类化石的故乡、爨文化的发祥地，目前辖区面积为2.89万平方公里，辖3区1市5县和1个国家级经济技术开发区，总人口665万，是云南省第二大经济体和第二大城市。曲靖历史悠久、文化厚重。汉朝设郡县，魏晋至隋唐时期是整个南中地区（今云南、四川南部、贵州西北部）的政治经济文化中心，是云南开发较早的地区。红军长征两过曲靖，毛泽东主席抒写了"乌蒙磅礴走泥丸"的豪迈气概。1935年4月27日，中共中央和中革军委在曲靖三元宫召开会议，作出了北渡金沙江的重要决策，成为继遵义会议、扎西会议后的又一次重要会议。曲靖区位优越、交通便捷。曲靖是滇中城市经济圈的核心区域，是出省入滇的重要通道，是全国性综合交通枢纽和区域级流通节点城市，被列为第一批国家新型城镇化综合试点地区，沪昆、杭瑞、汕昆、银昆等高速公路和南昆、贵昆铁路、沪昆高铁纵贯全境，2017年在云南率先实现县县通高速，中心城区距昆明长水机场仅1小时车程。曲靖资源丰富、生态宜居。曲靖自然资源丰富，工业门类齐全，形成了以能源、烟草、化工、冶金、装备制造等为主的产业体系，是全国最大的优质烟、万寿菊、魔芋种植加工基地，南方主要的煤炭基地。境内风光秀美、景色怡人，有15个省级以上风景名胜区，享有"七彩云南、好在曲靖"的美誉，是旅游休闲、康体养生的理想目的地。先后十次荣登"中国十佳宜居城市"排行榜，荣获"国家生态园林城市""国家卫生城市""全国双拥模范城市"等荣誉称号，目前，正在创建全国文明城市。曲靖正大力培育高原特色农业和生物资源加工、有色金属深加工和液态金属、军民融合现代装备制造、精细化工、现代商贸物流、文化旅游和高原体育六大重点产业，加快推进新型城镇化和产业转型升级步伐，推动水电硅铝等新兴产业集群发展，新兴产业进一步聚集，初步构建了具有曲靖特色的现代产业体系。多年来，在云南省委、省政府的正确领导下，曲靖市委、市政府团结带领各族人民锐意进取、奋发有为，经济社会各项工作取得了较好成绩，2019年，GDP增速达9.8%，经济总量达2637.6亿元，进入全国地级市100强并跃升至第87位，实现了云南省委、省政府对我们提出的"进入全国地级市100强"目标。

同时，曲靖也是国家乌蒙山片区和石漠化片区交织的连片特困地区，经济社会发展总体滞后，发展基础薄弱，基础设施和公共服务欠账多。结对帮扶之前，曲靖市是云南省贫困面最广、贫困人口最多、贫困程度最深的州市之一，有5个贫困县、50个贫困乡、1203个贫困村、79.91万贫困人口，居云南省第二位，贫困发生率高达14.76%，全省8个贫困人口中就有1个是曲靖人，贫困是曲靖实现全面建成小康社会最为突出的短板。2017年，在曲靖市脱贫攻坚处于滚石上山、爬坡过坎的吃劲阶段，宝山区积极响应习近平总书记的号召，在上海市委、市政府的安排部署下，带着对贫困群众和贫困地区的深厚情谊，向我们伸出了援手，增强了我们打赢脱贫攻坚战的信心决心，我们感到十分温暖。

同心同向走出一条携手奔小康的路子

在2016年召开的东西部扶贫协作座谈会上，习近平总书记对东西部扶贫协作发表了重要讲话，为沪滇协作提供了根本遵循，指明了方向。宝山区和曲靖市深入贯彻习近平总书记重要讲话精神和党中央决策部署，围绕"携手奔小康"建立健全了扶贫协作各项机制，助力曲靖战贫困、奔小康。

一是坚持了协作互访机制。自结对帮扶以来，宝山曲靖两地双方互访密切，每年召开两次以上扶贫协作联席会议，签订了携手奔小康行动、共建友好城市等协议及合作备忘录，推动扶贫协作向更精准、更广阔、更务实的方向发展。宝山区委汪泓书记先后两次率队到曲靖开展扶贫协作工作，特别是2019年8月，汪泓书记在腿伤还未痊愈的情况下带队深入到会泽县、宣威市、富源县等最边远、最艰苦的地方，进村入户，帮助我们找问题、想办法、出对策，让我们深受感动、备受鼓舞。少军区长多次深入宣威市、会泽县、富源县调研，与曲靖干部群众共商脱贫良策，帮助我们研究如何深化扶贫协作工作。曲靖市党政代表团也先后多次到宝山区考察学习，2019年6月我们到宝山区，汪泓书记带着腿伤，全程陪同我们，让我们深切感受到了"一家人、一家亲"的温暖。其间，两地在组织领导、产业合作、劳务协作、人才交流、资金支持、携手奔小康行动六个方面进行了深入交流，不断深化了两地在友好交往、经济合作、园区建设、产业发展、科教文卫、人才、特色服务业等领域的交流合作，拓展了合作共赢的发展空间。

二是建立了结对帮扶机制。"结对子"是两地扶贫协作的一大亮点与特色，也是精准扶贫的内在要求。结对帮扶以来，上海市和宝山区以平均每年70.5%的增长率，不断加大对曲靖市财政资金的帮扶力度，帮扶资金从2017年的5575万元增加到2020年的27615万元。截至目前，累计投入财政帮扶资

▶ 2019年8月21日，李文荣书记（左一）陪同时任宝山区委书记汪泓（右二）到富源县胜境街道海田社区走访慰问贫困户

金68739万元，建设项目220个，项目惠及建档立卡贫困户4.39万户18.38万人。宝山区9个镇（街道）与曲靖市15个贫困乡（镇）签订携手奔小康协议，98个村（社区）、170个企业和8个社会组织结对帮扶400个贫困村。

三是推动了人才交流机制。实施精准扶贫，难点在人才，潜力和后劲也在人才。我们持续加大双向挂职、两地培训和支教、支医、支农的力度，着力打造"留得下"的人才队伍。截至目前，宝山区共派出36名干部、医生、教师到曲靖挂职帮扶、开展支医支教工作，41名专家为曲靖培训基层干部、教师5000余人。广大援滇人才不畏艰难、扎根基层，为深化两地间交流合作架起了桥梁。曲靖市先后选派了130名干部和专业技术人才到宝山区挂职锻炼，组织扶贫干部、教师、医生600人，分15期到宝山区学习培训，进一步开阔了眼界、增长了见识、拓宽了思路、锤炼了才干。

结对帮扶四年来，宝山区始终真金投入、真情帮扶、真心付出。我深深地感到，随着扶贫协作不断深入，两地情感纽带越来越紧密，对接交往越来越频繁，工作成效越来越显著，形成了以干部人才为龙头，以资金援助、物资捐助为重点，以项目建设、经贸合作为载体，以交流互动、共同发展为目标的对口支援工作格局。

精准扶贫是推动高质量发展的有效途径

在结对帮扶中，宝山区坚持"所需"与"所能"结合，"输血"与"造血"并重，聚焦产业发展、农村建设、人才交流、劳务协作等方面，通过生产知识的普及、科学技术的推广、劳动者素质的提升、职业技能的培训、经营意识的培育等手段，助力贫困群众提升综合素质，增强贫困群众生存能力和发展能力。

一是产业扶贫拓宽了致富途径。四年来，上海市和宝山区的援助资金中，用于产业发展的资金达37439万元，占援助资金的54.5%。通过产业扶贫，贫困群众以土地流转、劳动务工、入股分红等方式增加收入。贫困村以开办合作社、发展村集体产业等方式壮大村集体收入，全市所有贫困村集体经济收入均在4万元以上。宝山区坚持"曲靖所需、宝山所能"与"宝山所需、曲靖所能"有机结合，帮助我们搭建消费扶贫平台，加强产销对接，推动曲靖优质特色农产品进入上海市场。曲靖33家企业到上海展销农特产品，宣威、富源到宝山设立展销馆和专营店，将新鲜优质的曲靖农特产品送到上海市民的餐桌，既鼓起了山区贫困群众的"钱袋子"，又丰富了上海市民的"菜篮子"。

二是援建项目巩固了脱贫成效。四年来，上海市和宝山区的援助资金中，用于农村建设资金18125万元，占援助资金的26.4%，极大地完善了贫困村教育卫生、水电路网等基础设施，极大地解决了贫困地区群众"出行难""就医难""就学难"等问题，助力贫困地区村容村貌和人居环境明显改善，巩固提升了脱贫成效。

三是劳务协作夯实了群众脱贫基础。就业是改善民生的坚实基础，是经济发展的基本支撑，更是社会稳定的"压舱石"。四年来，上海市和宝山区的援助资金中，用于劳务协作资金1.0095亿元，占援助资金的14.7%，宝山区采取供需对接、多方联动等方式，帮助曲靖上规模、成建制输出务工人员，为贫困群众增收致富提供了有力支撑。

帮扶协作以来，宝山区始终把群众所想、所盼、所需作为出发点和落脚点，在做好扶贫帮扶的基础上，指导帮助我们优化创新城市管理、加快更新发

◀ 2018年7月17日，李文荣书记（左二）陪同时任宝山区委书记汪泓（左一）到罗平县旧屋基彝族乡调研沪滇扶贫协作"一窝蜂"产业项目

展理念，我们不仅得到了教育卫生、水电路网等基础设施改善的"鱼"，也得到了工作理念、工作思路、工作方法等创新思维的"渔"，为长远发展奠定了坚实基础。我们坚信，有这些打基础、利长远的举措，贫困群众更好的日子还在后头。

实践表明，沪滇扶贫协作是解决区域性整体贫困、促进地区协调发展的有效路径和宝贵经验。在今后的较长时期内，曲靖仍需要宝山区精准帮扶，我们将以更大的力度、更优的举措、更紧密的对接，把沪滇协作推向深入。

一是持续加大帮扶协作力度。聚焦项目共建、劳务协作、产销对接等关键环节，继续做好选派优秀干部和人才赴曲靖挂职支援，深化教育卫生专业人才培养和合作交流，从智力技能、务工就业、扶贫济困、消费扶贫、设施配套等方面给予我们更多帮助。当前，曲靖正在创建全国文明城市，上海的城市建设管理一直是全国的标杆和典范，近期上海市委作出了建设"人民城市"的重大部署，蕴含了最新的城市建设管理理念，对我们有着很好的启发和借鉴。

二是多措并举推进消费扶贫。曲靖将进一步挖掘农特产品、民族特色手工艺品等资源，做好扶贫产品认定，积极参加上海市"百县百品""10·17"展销会等活动，组织扶贫企业赴上海市、宝山区推介展销，全力推进"云品入

◀ 2018年12月23日，李文荣书记（右前一）陪同时任宝山区区长范少军（右前二）到宣威市热水镇调研沪滇扶贫协作灯盏花产业项目

沪"工程。我们希望宝山区发挥市场优势，帮助对接拓展消费扶贫，在线上线下营销等方面给予曲靖更多关心，全面拓宽曲靖农产品等销售渠道，巩固提升贫困群众脱贫成效。

三是讲好沪滇扶贫协作故事。聚焦宝山曲靖两地山海牵手、同心战贫的奋斗历程，大力宣传扶贫协作中勇于担当、甘于奉献的先进事迹，营造奋进的良好氛围，深化宝山曲靖的深厚友谊。

沪滇共饮一江水，共克时艰情更深。沪滇两地虽然远隔千里，但滔滔流淌的长江水将我们相连，脱贫攻坚的历史使命将我们相系。我们坚信，在宝山区的协作帮扶下，曲靖市有信心、有能力、有条件夺取脱贫攻坚全面胜利，与全国其他地区一道迈入全面小康。诚挚邀请宝山的各位领导和朋友们常到曲靖走走亲戚、看看朋友，多为曲靖的发展传经送宝，不断增进彼此友谊和感情，把我们已经形成的友好合作关系不断推向深入。

在服务国家战略中培养过硬干部

徐静，1971年11月生。2020年起，担任中共宝山区委常委、组织部部长，宝山区委党校校长。

口述：徐　静
采访：张淑红　肖光庆
整理：张淑红
时间：2020 年 4 月 20 日

　　开展对口支援工作是党中央着眼长远、立足全局做出的重大战略决策。宝山始终把对口支援工作作为中央、上海市委赋予我们的重要政治任务，作为宝山服务上海乃至全国的重要政治责任，也作为宝山年轻干部到艰苦复杂环境培养锻炼的重要渠道。

　　做好对口支援工作，干部是关键。从 1994 年宝山区首次选派援建干部起，宝山对口支援工作已经走过了二十七年，先后选派援建干部人才 155 人，其中，援疆 113 人，援滇 22 人，援藏 12 人，援三峡建设 4 人，援赣 2 人，援青 1 人，援都江堰 1 人。近年来，援建工作任务与形势发生了较大变化，宝山区对口支援的地区由分散转为相对集中，目前主要对口新疆喀什和云南曲靖、迪庆（维西）。但选派任务越来越重，从 1994 年到 2009 年，十六年间我们选派了 14 人，而从 2010 年到现在，十一年间我们共选派 141 人，翻了 10 倍之多。同时，受援地对干部层次、专业等方面的需求也越来越多元化。2019 年底，在新一轮对口援疆工作中，我们首次选派 6 名副科级干部直接到叶城县下面的 3 个乡工作，援建工作进一步向基层延伸，这些都是新变化、新要求。

　　为了圆满完成中央和上海市委交给宝山的任务，在干部选派和管理工作

▲ 宝山区召开2020年援建干部人才座谈会

中，我们始终突出系统性，在实践中形成"优选""严管""厚爱""用好"全链条工作机制；始终强调精准性，根据对口支援地区实际需求，考虑专业对应、层次对应，实现精准选派；始终注重创新性，既坚持正确的干部路线和导向，又紧贴不同时期不同年龄段干部思想、生活、工作的差异化需求，不断创新方法、完善机制，激发干部做好对口支援工作的内在动力。经过不断实践，宝山对口支援干部工作形成了选派好、管理好、服务好、成效好的良性循环，为我区对口支援工作的有序开展提供了强有力的支撑。

"好中选优"派好援建干部，把"好钢用在刀刃上"

宝山区委要求，要把援建干部选派与年轻干部培养有机结合起来。因此，从选派第一批援建干部开始，我们就考虑长远，立足长期支援，克服单纯的任务观点，坚持"好中选优"，树立起鲜明的向基层倾斜、向实践倾斜、向艰苦地区倾斜的选人用人导向。因为我们深知，"扶贫先扶智"，对口支援地区最缺的就是干部人才，没有干部人才支撑，再多资金和项目也难以发挥应有作用，干部人才是对口支援全链条中的关键环节，我们肩上责任重大；作为选派干部的部门，我们也明白，脱贫攻坚是一场硬仗，也是一场持久战，不好打，只有选派出一支与之相匹配的高素质干部队伍和人才队伍，才可能圆满完成任务。所以，我们坚持把眼光放远，始终把对口支援工作作为锻炼、考验、识别干部，提高干部能力素质的战场和平台。工作中我们强调"四不派"，即动机不纯的不派，本人不愿意的不派，能力作风不过硬的不派，家庭不支持的不派，严格把好"思想关、业务关、家庭关"。每一次选派，我们都在全区面上充分动员，让符合条件的干部应报尽报，表明态度，接受组织挑选。去年我们选派6名援滇干部，报名自愿参加的近140人。可以说，每一批援建干部，都经过了层层遴选。通过严格把关，我们把有理想有情怀、讲奉献敢担当、能打硬仗的优秀干部选派出来。

选派过程中，我们力求做到"人岗相适"。按照"中央要求、当地所需、宝山所能"的原则，一方面着重考虑受援地的需求，注重专业对口，比如他们需要懂经济、会财务的干部，我们就相应从发改委、财政局、审计局等专业部门来挑选，需要善管理、会协调的干部，我们就重点从组织、行政管理等部门来筛选，通过精准选派，增强人岗匹配性。另一方面着重考虑不同层面不同条件要求，对于领队，我们特别慎重和严格，因为他们是援建干部的带头人，是去挑硬担子的，综合能力素质一定要过硬才行，所以我们重点从政治上成熟、政治敏锐性强，驾驭全局、处理复杂矛盾以及带队伍能力比较强的干部中遴选；对于骨干力量，我们着重从有一定基层工作经历，有发展潜力的年轻干部中挑选。目前，宝山区正参加援建的党政干部共25人，平均年龄41.4岁，其中80后处级干部2人，科级干部9人；全日制大学学历占84%，毕业于985、211等国内重点院校的占48%，一半以上的干部有多部门、多岗位经历。应该说选派的都是年富力强的骨干，也是对口支援一线急需的干部。

"风筝不脱线"，把援建干部管理好服务好

援建干部虽然人在外，但我们始终把他们放在心上，思想上高度重视、政治上充分信任、组织上严格管理、生活上热情关心，坚持既严管更厚爱，确保他们能干事、干成事、不出事。

一直以来，我们注重强化硬约束，用制度管好队伍。始终坚持严格执行上

级相关政策，做到令行禁止。随着援建工作的不断推进，在干部队伍管理上，上海市委、市委组织部先后出台《上海市援边干部守则》《上海市援边干部联络组职责（试行）》《上海市援建干部工作经费管理办法》《上海市援派干部人才请示报告制度》等一系列规定，并明确了"禁止学车驾车、禁止出入营业性娱乐场所、禁止酗酒"三条铁的纪律。工作中，我们不折不扣加以执行，反复培训，反复强调，让援建干部始终紧绷纪律之弦，做到讲政治、讲规矩，以过硬的作风锻造过硬的队伍。我们坚持发挥援建干部自我管理的主观能动性。对于援建干部，组织部门落实专人对接、常态化联络，便于及时掌握队伍的思想、工作、生活、身体、家庭等各方面情况，同时我们也大胆放手，让他们实现"自转"。从实际情况来看，在自我管理上，援建干部因地制宜，各有各的办法。比如，目前援滇干部10个人，人虽不多，但是工作居住分散，分布在曲靖一市四县和迪庆州维西县，一个点上最多不超过两个人，管理上难度非常大。针对这种情况，援滇干部第一时间组建临时党支部，明确管理构架、完善工作制度，利用微信平台，每天早晚点名，有事及时通气，做到"分散不松散"。援疆干部又有所不同，他们人多但集中居住，便于统一行动。叶城分指根据实际情况，从制度建设入手，修订完善组织领导、队伍建设、安全管理、项目资金管理等六大类40项制度，逐步形成准军事化管理模式。实践证明，这样的管理模式是行之有效的，确保了援建干部政治安全、项目安全、资金安全和人身安全。

　　注重软管理，把关心关爱融入日常、贯穿始终。援建干部远离家人、朋友、同事，还要克服工作、身体、心理等诸多方面的困难，确实非常不容易。如何以人为本，为援建干部解决后顾之忧，让他们心无旁骛地投入工作，是我们组织部门必须关注的一个问题。我们坚持换位思考，从细微处着眼，将关心关爱落到实处。在援建干部出发前，区委主要领导都会与援建干部开展谈心谈话，为他们指方向、提要求，加油打气，让他们放下思想包袱；组织部门和派出单位一起对援建干部开展家访，实地了解家庭情况和实际困难，对援建干部家庭遇到的就医、就业、子女升学就读等困难，在政策范围内尽量给予关心照顾；为了帮助援建干部尽快了解对口支援工作，我们有计划地安排前几批的选派干部介绍情况和经验，指导前后两批援建干部完成"交班"，做到援建任务交清，具体项目、资金和工作资料交清，当地风土民情和工作关系交清，让他们在工作推进上有底气。援建干部到岗后，前三个月属于"蜜月期"，"蜜月期"一过，有些干部往往会产生焦虑不安等情绪，思想上容易有波动。对这种情况，我们会提前关注，指导联络小组有意识为他们创造机会、搭建平台，通过思想交流、文化活动等载体，及时给予疏导，帮助他们平稳度过适应期。整个援建期间，区领导每年都会到对口支援地区实地慰问援建干部，了解工作生活情况，为他们加油鼓劲；我们组织部门也会协调区总工会、团区委、区府办、机管局等单位，共同做好节日慰问、定期体检疗休养、志愿者结对等工作，让援建干部"大后方"有保障，时时处处感受到组织的关心。

援建的经历，是付出更是收获

我们的干部，特别是一些年轻干部，身处上海，家庭条件、工作条件都比较优越，缺乏艰苦环境的磨炼。参加对口支援，实打实战斗在脱贫攻坚的主战场，无疑成为他们人生当中的一段宝贵经历。他们有付出，更有收获。

从援建干部交出的一份份成绩单看，他们用自己的辛勤付出，推动了当地经济社会的发展。当看到受援地经济发展滞后，很多贫困村发展产业欠基础、少条件、缺项目，他们就想方设法帮助当地争取资金、项目和政策，因地制宜发展优势产业，改善交通、水利等基础设施，提高当地稳定可持续的脱贫能力。为找准问题，实现精准扶贫，他们深入基层扎实调研，摸清楚家底，搞清楚症结，做到对症下药。工作中，他们按照"民生为本、产业为重、规划为先、人才为要"的总方针，牢牢把握当前与长远的关系，强化"功成不必在我"的意识，做了很多打基础、利长远、管根本的工作；牢牢把握见物与见人的关系，在加大物质投入的同时，更加关注当地群众的满意度和幸福感，在争取人心上下足了功夫；牢牢把握全面与重点的关系，把"该干什么""想干什么""能干什么"结合起来，把有限的资金用在刀刃上，援在关键处。他们一茬接着一茬干，接力棒在不停地交接，对口支援地区的面貌也发生了很大变化。以新疆叶城为例，我区刚刚结束了第九批援疆工作，三年来，安排援助资

▲ 时任宝山区委书记汪泓（前排中间）率领宝山区党政代表团慰问第九批援疆干部

金近20亿元，完成援助项目230多个，引进投资项目89个，累计创造就业岗位1.36万个，建设完成3.5万户富民安居房和牧民定居房，组织基层干部和专技人才培训2万多人次，为叶城打赢脱贫攻坚战发挥了积极作用。

对于干部自身，他们经受了最深刻的党性教育，政治素质更加过硬。援建期间，他们不仅要面临语言、气候、环境等方面的问题，还要接受思想、观念、习俗等方面的挑战。特别是在西藏等高海拔地区工作的干部，在恶劣的气候条件下，能够生活三年已经很不容易，更不用说还要翻山越岭地去工作，对他们来说，下乡就是爬坡，对身体的考验是巨大的。如果没有很强的党性修养、坚定的意志品质，是很难坚持下来的。越是在条件艰苦、困难突出的地方，越能磨炼人的党性、锻炼人的意志，越能培养出吃苦耐劳、坚韧不拔的品质和扎实的工作作风。这些年来，一批又一批援建干部在这些困难艰苦的地方经风雨、见世面，他们的党性修养得到了提高，大局意识、艰苦创业的意识显著增强。

他们经受了严峻形势和复杂矛盾的考验，工作能力进一步提高。对口支援地区大多是一些少数民族地区，当地民族、宗教情况复杂，工作中面对的问题和矛盾比较多，许多困难在上海是无法想象的。正是因为经历过复杂局面的考

援滇干部到云南宣威市板桥街道调研稻虾共作产业发展情况

验,援建干部驾驭全局、统筹协调、应急处置、资源整合等各方面能力得到明显提高。比如,我们对口的新疆地区,维稳工作压力大,很多当地干部被抽调参加驻村、驻寺、支教工作。在这种情况下,援疆干部成为推动当地经济发展的主力军。在项目多、人手少、时间紧的情况下,援疆干部提出"规划调研先行、系统推进项目"的思路,既着眼宏观排出规划,又立足微观做好计划,坚持统筹兼顾,实行挂图作战,过程中注重与各方的沟通协调,使得项目推进稳妥有序,"不留尾巴"。再比如,在援滇工作中,我们的干部看到云南曲靖、维西有着丰富的自然资源,上海则有资金、市场、信息、技术等优势,于是他们在挖掘整合资源上下功夫,找准结合点,不断拓宽合作渠道,形成了"一窝蜂""小龙虾养殖"等特色品牌。可以说,在对口支援的平台上,干部的实战能力得到了充分的锻炼和提升。

他们在扎根一线服务民生中,群众观念和群众工作本领进一步增强。对口支援工作涉及群众生产生活的方方面面,对于怎么把好事办好、实事办实,让援建项目得民心、惠民生,我们不少援建干部说,关键还是要走好"群众路线",做好群众工作。实践中,他们把对口支援地区当作自己的家乡,带着真心真情去推动工作,把工作做到当地群众的心坎上。在推动对口援建项目落地过程中，他们坚持问计于民、问需于民，尊重当地干部群众的思想、文化、民俗，和当地干部一起研究、一起商量，不一味地按照上海的建设发展标准去做，而是尽可能地考虑当地的实际情况，以当地发展的需求为需求，以当地群众的需求为需求，很多项目受到了当地干部群众的欢迎。感情上，他们把当地的群众当作自己的家里人，主动与贫困户结对认亲，经常到老乡炕头坐一坐，聊聊情况、拉拉家常，帮助解决些实际困难，真正融入当地百姓的生活，赢得了良好的口碑。在新疆叶城，很多淳朴的维吾尔族群众都亲切地称我们的干部为"儿子娃娃"，把他们当作一家人，这大概就是对援建干部努力付出的最好褒奖。

"高看一眼、厚爱三分"，用好援建干部

艰苦环境的打磨，锤炼了援建干部过硬的能力和作风。对于他们，组织上始终坚持"高看一眼、厚爱三分"，按照"注重实绩、人岗相适"的要求，用好援建干部，形成良好的用人风气和导向。我们坚持把干部"考准考实"，在每批援建干部工作期满时，根据上级要求，组织部门都会对援建干部进行全方位考察，全面听取受援地、联络组和原单位意见，对他们进行实事求是、全面客观的综合评价，为后续科学合理使用干部打下基础。我们坚持把干部"思想谈透"，在干部返沪安置过程中，组织部门及时与他们进行谈心，教育引导援建干部以良好的心态，正确理解组织的安排；以客观辩证的眼光，正确看待个人的进步，使他们深刻理解自身所取得的成绩离不开组织的关心指导、离不开当地的配合支持，也离不开团队和自己的共同努力。通过思想引导，让援建干部以最好的精神状态投入到新的工作中去。在考准谈透的基础上，我们坚持"大胆使用"，经过艰苦复杂环境的政治历练和实践锻炼，我们看到他们更加成熟，增强了本领。从实际情况来看，已经结束援建的党政干部基本上都得到了提拔使用。其中，5位同志走上局级领导岗位，19位同志走上正处级领导岗位，22位同志走上副处级领导岗位。工作中，他们奋战在宝山改革发展第一线，成为宝山经济社会发展中的中坚力量。在这个过程中，作为组织部门，我们真切地感受到，每一次把优秀干部派出去，从眼前看是"舍"，但从宝山长

远发展看、从宝山干部队伍建设来看，是"得"。

　　回顾开展对口支援干部工作的历程，可以说，我们见证了对口支援地区的发展变化，更见证了宝山援建干部不断成长成熟。我们参与其中，既深受教育和鼓舞，也更加感到责任重大、使命光荣。对口支援工作还在继续，我们也将一如既往、不辱使命，切实把这项工作抓紧抓实抓好，为服务好国家战略做出应有的贡献。

援疆脚步铿锵有力
沪叶两地情深意长

李国平，1968年5月生。2010年9月，担任中共叶城县委书记。2016年12月起，担任喀什地区行署副专员、中共叶城县委书记。

口述：李国平

采访：戴建美　孟智慧

整理：孟智慧

时间：2020 年 5 月 13 日

2010 年 9 月，我从喀什市来到美丽的叶城，担任县委书记一职，脚踏上叶城的那一刻，就深深地爱上了这片充满活力的热土，还有生活在这里的人民。

叶城县属典型的少数民族边疆贫困地区，截至 2019 年底总人口 55.6 万余人，少数民族占 91％以上。2020 年要完成最后的 23 个贫困村退出、3399 户 12772 人的脱贫任务。叶城县域面积 3.1 万平方公里，居喀什地区各县市第一位，相当于 5 个上海、100 多个宝山区的面积。叶城地理位置优越，位于两区三地（新疆喀什地区、和田地区和西藏阿里地区）交界处，国道 315 线与国道 219 线在此交会。叶城历史文化底蕴深厚，素有"中国核桃之乡"和"金果玉叶、铜铁之城""昆仑第一城"的美誉。

十年就是一个时代，人生能有几个十年呢？2010 年，正值新一轮援疆工作启动之际，我来到叶城工作，从一开始就同援疆工作紧紧联系在了一起。十年先后迎来了 4 批 107 人的援疆干部人才，叶城县在以习近平同志为核心的党中央的坚强领导下，在上海市特别是宝山等地区的无私援助下，在叶城人民的共同努力下，发生了翻天覆地的变化，呈现出社会稳定由乱到治、脱贫攻坚由穷到富，全面从严治党由软到硬的历史性变化，极大提升了叶城各族群众文明幸福自豪的新内涵。

宝山叶城心连心

上海新疆一家亲，宝山叶城一家人。叶城县与上海宝山区虽相隔万里，但是血浓于水的情谊永驻全县各族人民心间。自2010年以来，上海宝山对口支援叶城干部在经济援疆、干部援疆、人才援疆、教育援疆、科技援疆、文化援疆、旅游援疆等方面，做了大量深入细致、赢得民心的工作。中央新疆工作座谈会以来，宝山区委各级领导尤其是汪泓书记站得高、谋得远，多次带团到叶城指导，我也多次带团前往宝山交流学习。宝叶两地建立了深厚的情谊，相信这份珍贵的情谊会历久弥坚。

从东方明珠到昆仑第一城，跨越了崇山峻岭、茫茫戈壁，上海宝山援疆干部用辛勤和汗水铺就一条条富民路，搭建一座座连心桥。援疆干部为叶城经济社会发展和长治久安做出巨大努力，与各族群众结下深厚友谊，积淀下沪叶深情。十年间，四批107名宝山援疆干部人才将自己的奉献足迹深深刻印在叶城大地上，全部工作往实处做、往深处做、往各族群众心坎上做；一个个惠民生、强基础、促发展的援疆项目落地生根，造福一方；产业援疆、民生援疆、教育援疆、卫生援疆、人才援疆等方面的成果似温润的春雨普惠着叶城县各族儿女，让昆仑第一城各项事业蒸蒸日上，焕发出迷人的光彩。

叶城县各级党政、各族干部群众感谢党中央、习近平总书记，感谢上海市、宝山区的倾力支持和帮助。没有宝山的无私援助，就没有叶城今天的发展。

大爱凝聚　沪叶情深

在同援疆干部的接触中，我感受到援疆干部身上所散发出的"上海精神"。几任上海援疆叶城分指的领导严格管理援疆干部、以身作则带好队伍，我们同他们都建立了深厚的友谊，始终保持着联络。在他们的带领下，援疆干部叶城二中副校长陶化初将上海的先进教育理念和教学方法教授给学校教职工，带动

2019年5月14日，喀什地区行署副专员、叶城县委书记李国平同志深入西合休乡调研脱贫攻坚工作

二中教学水平提升；人民医院副院长吴水生大力开展医护人员培训工作，带出一批好医生、好护士；发改委副主任杨映齐发挥自身熟悉经济工作的优势，为叶城县争取数十个工程项目；人事局副局长许金武以细致、周密、认真的作风，扎实推进人力资源培训和阵地建设项目实施，实现智力援疆的新进步……还有许许多多的援疆干部像他们一样默默奉献着，为叶城县干部做出了很好的示范和榜样。

"沪叶"情深源于上海市对边疆人民的大力援助。上海宝山区对口支援叶城县，坚持把改善和保障民生作为一切工作的出发点和落脚点，将援建资金80%以上用于改善民生上，各族群众生产生活环境得以改善，乡村面貌得以改观。"住上安居房，感谢共产党"的醒目标语，生动表达了农民群众的感激之情。特别是第九批援疆干部在扶智扶志、助学助医、助老扶残、救灾济困等领域开展"三带两转"结对帮扶活动，围绕"两不愁三保障"的要求，推动建档立卡贫困户实现脱贫目标和持续发展。县办初高中、乡办小学、村办幼儿园战略全面实现，做到了应入尽入。常态化推进全民免费健康体检，实现了"先诊疗，后付费"一站式结算，基本消灭结核病。"千医帮千村"活动扎实开展，家庭医生签约服务全覆盖。坚持一村一规划、一户一设计，完成8.3万户（贫

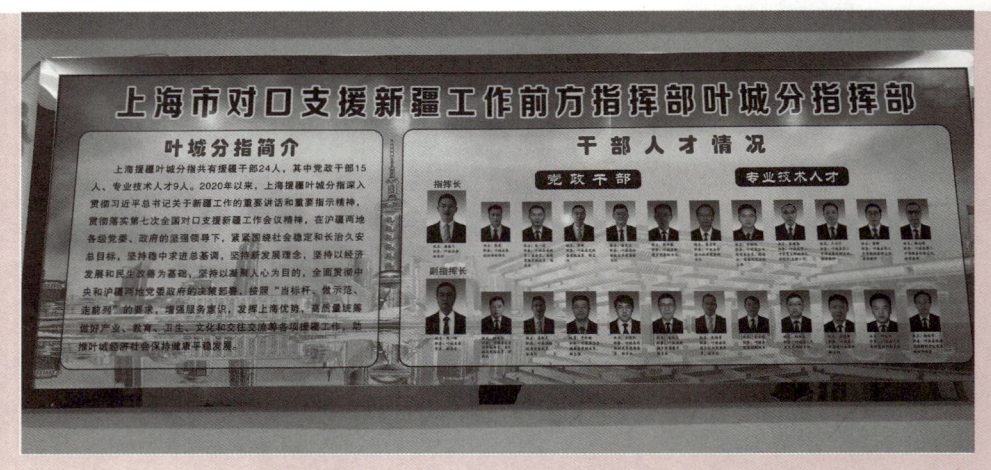

▲ 上海市对口支援新疆工作前方指挥部叶城分指挥部挂图作战

困户 3.6 万户）安全住房建设。针对山区乡镇自然条件恶劣，一方水土养活不了一方人的现实，通过易地扶贫搬迁挖穷根，全县 6835 户 29835 人易地扶贫搬迁任务全面完成，全疆最大的阿克塔什安置点已建镇挂牌，实现了"搬得出、稳得住、有就业，逐步能致富"的目标。边境西合休乡距县城 180 公里，最远的村距乡政府 200 公里，平均海拔 3500 米以上，护边员坚守在边境一线，按月领工资，有了稳定收入，也稳住了世代戍边牧民爱国护边的心。

"沪叶"情深源于援疆干部的无私奉献。上海宝山区援疆干部发挥自身优势和特长，将上海方面的先进经验带到叶城来，立足本职岗位作贡献、传递正能量。仅第九批上海干部援疆期间，宝山区就选派三批五期 18 名教师援助叶城二中。叶城二中建立起了涵盖主要学科，集教育教学教研为一体的"名师工作室"；先后 17 位援疆教师与 54 名中青年教师开展"携手共进、青蓝相济、共铸辉煌"结对带教活动。援疆支教教师队伍的壮大，为打造一支带不走的高素质教师队伍奠定了坚实基础，同时为叶城县"1+2+N 集团"办学模式，奠定了坚实的人才基础。援疆干部把叶城当家乡，把群众当亲人，舍小家、顾大家，克服工作和生活中的各种困难，埋头苦干，无私奉献，表现出了良好的精神状态和饱满的工作热情，深深地感染和教育了广大干部群众，他们是新时期叶城"最可爱的人"。

"沪叶"情深源于叶城人民的满腔热情。为做好人才服务和管理工作，营造拴心留人的生活环境，叶城县建设了援疆干部公寓楼，统一住宿，统一管理。为援疆干部配备接送专车，方便出行。按照自治区援疆干部津贴标准，及时发放津贴和伙食补助。重大节日期间，组织联谊、座谈会、走访慰问等活动，解决援疆干部工作生活中的困难，让他们安心工作。县直单位拿出一批岗位定向招录援疆干部配偶（子女），县委组织部在每位援疆干部生日时都会送上鲜花和蛋糕，送去祝福和关心。

"沪叶"情深源于广泛的双向互动交流。采取"挂职锻炼一批、委托培养一批"的方式，全县选派县乡村三级干部、未就业高校毕业生赴上海培训、挂职，构建起"两地培训、双向挂职""你中有我、我中有你"的人才交流格局。许多村干部感慨道，通过培训和学习，他们开阔了眼界，增长了见识，解放了思想，更新了观念。选派至上海参加培训学习的大学毕业生，两年期满后陆续充实到叶城县基层事业单位，作为援疆精神的火种，用所学知识和技能造福家乡，在昆仑山下遍开希望之花。

踏实建设美丽叶城

十年来，上海市特别是宝山区援疆干部用脚步丈量民情、用双手建设叶城、用汗水累积硕果，把叶城建设得越来越美丽、越来越有内涵，这让我们感到由衷的高兴，他们不愧为新时代叶城的建设者和"最可爱的人"。

宝山区和叶城县全面贯彻落实第二次中央新疆工作座谈会精神，坚持援疆资金向基层、向民生倾斜，围绕教育、就业、扶贫等重点，实施中医院、现代化畜牧养殖园区、旅游景点等重大援建项目，示范带动效应明显。安居富民、定居兴牧和小城镇、新农村建设、自来水入户等一大批民生项目投入使用，赢得了各族群众的称赞。妇女儿童医院、民政福利园区、科技文化展示中心等项目相继实施，填补了叶城乃至喀什地区和南疆的空白，实现了"一年一变样，三年大变样"的目标。

不仅如此，上海及宝山区通过援叶大平台，大力推广创新思路、科学和精细化管理等先进理念，出动、带动叶城干部群众转变思想观念，实现工作突破，为叶城可持续发展打下了坚实基础。投入援疆资金近 3000 万元，邀请规划专家先后十余次到叶城指导规划工作，完成各类城乡规划 41 项，其中叶城县城市总体规划荣获上海市规划行业专家评审优秀奖。

"输血""造血"合力促发展

上海宝山区坚持"民生为本、产业为重、规划为先、人才为要"的工作方针，先后投入 43.28 亿元，实施了安居富民、产业发展、教育卫生、城乡基础设施建设等 218 个惠民生、强基础、促发展的重点工程。引进投资项目 89 个，累计创造岗位 1.6 万个；成功申报 4 个"上海大世界基尼斯纪录"，历史性打造出新藏线边境探险游特种旅游品牌；全力开展"叶城核桃"质量标准体系建设和区域公共品牌创建。

宝山区援疆干部聚焦农村一线，夯实了叶城的基层基础。仅第九批援疆以来，就投入援疆资金 8128 万元，完成棋盘乡、洛克乡卫生院业务用房建设，141 个标准化村卫生室建设；为县人民医院、乡镇卫生院体检中心配备医疗设备，并完成全民健康体检信息化系统建设；为山区乡卫生院建立发电站，配备冷链摩托车，购置 5 辆救护车，有效改善了农村医疗现代化装备水平。宝山援疆医疗队医生认真做好临床业务和带教培训工作，累计带徒 37 人，会诊病人约 5770 人次，开展教学示范及业务讲课 303 次，参与危重及疑难病例 220 余次，完成手术 600 余台，开展巡回义诊 30 次。在叶城县第一次成功实施了儿童腭咽成形术及内镜下腺样体吸切术、泌尿系统钬激光碎石术、乳腺癌、食道癌根治术等，带领县人民医院首次申报科研项目获喀什地区科技局立项，带动受援地医疗技术水平迈上新台阶。

我们坚持互动培养打造人才摇篮。借助上海宝山区资源优势，引进来与送出去相结合，实施"未就业高校毕业生上海培养计划"，已有近千名未就业高校毕业生受益。大力援助工业园区建设，吸引了一批本地劳动力就业。结合叶城村级候补干部培养项目，投入资金，培养村干部及其储备力量，实施村干部学历提升工程，帮助村干部通过函授、自学等方式取得大中专文凭，推动村级干部队伍后继有人目标实现。

所有这一切都离不开上海宝山区大后方对援疆干部的鼎力支持，离不开援疆干部、人才的辛勤工作，我代表叶城55.6万各族群众对他们表示由衷的感谢。

聚焦脱贫攻坚促发展

第六次全国对口支援新疆工作会议明确指出，各援疆省市要认真贯彻习近平总书记在深度贫困地区脱贫攻坚座谈会上的重要讲话精神，把支持新疆打赢脱贫攻坚战作为当前的首要任务。我们深刻认识到新形势下上海对口援疆工作，核心是助力对口地区打赢脱贫攻坚战。

2020年是脱贫攻坚的决胜年，习总书记下达脱贫攻坚总攻令后，3月7日，应上海宝山区委汪泓书记的邀请，我和县委副书记、县长阿地力·玉努斯，县委副书记梁拥军等同志与上海宝山区委视频连线，参加了宝山区、叶城县传达贯彻中央决战决胜脱贫攻坚座谈会精神研究部署会议。会议就深入贯彻落实3月6日中央决战决胜脱贫攻坚座谈会精神，特别是习近平总书记重要讲话精神，贯彻落实上海市委李强书记重要讲话精神，聚焦打好打赢脱贫攻坚战、决胜全面建成小康，推动上海宝山和叶城两地深入交流合作等事宜进行了研究部署。

会上，我汇报了2020年叶城县脱贫攻坚工作进展及存在的困难，与汪泓书记进行了视频交流互动。汪泓书记就做好对口支援工作提出了五条意见：一是配优配强对口援疆干部人才；二是突出产业扶贫；三是加大就业帮扶力度；四是深入开展交流互动，见证对口扶贫成效；五是形成扶贫协作、对口支援的强大合力。这五条意见，针对叶城产业延展、就业等存在的困难提出了针对性的解决措施，我代表县委、县政府表示衷心感谢。

我们将持续发挥自身的主体作用，发挥好主观能动性，切实做好完胜脱贫攻坚的工作准备。一是突出产业扶贫。依托58万亩核桃产业，大力培育扶持龙头企业，持续巩固县有龙头、乡有基地、村有合作社的产业规模和一产接二连三、吃干榨尽的核桃全产业链，进一步健全完善带贫益贫机制。推进"一乡一品、一村一品"，大力发展蔬菜产业，加强3.2万座设施拱棚管护，种植蔬菜12万亩，实现户均增收2000元以上；培育千万只鸽子产业，实现户均增收4000元以上。抓好易地搬迁群众后续产业发展，提升搬迁质量和水平。二是突出就业扶贫。综合施策、多措并举，持续巩固有劳动力就业贫困家庭一户一人、一户多人稳定就业成果。全力推进项目实施，多渠道增加就业岗位。发挥20个乡镇劳务派遣站、32个劳务派遣合作社和乡村建筑施工队作用，促进贫困劳动力就近就地稳定就业。全面梳理开发公岗，精准做好人岗对接，实现人人有事干、月月有收入。三是补齐"六个全覆盖"短板。聚焦"两不愁三保障"突出问题，集中优势兵力，落实一户一策，加快实现住房安全、饮水安全、庭院改造、村容村貌整治和重大疾病、慢性病、精神病、地方病、传染病以及行政村"五通七有""六个全覆盖"。

我们更要在继续发挥自身主观能动性的同时，用好宝山教育、卫生、管理、信息等方面援助资源，巩固好组团式对口支援工作，承接好医院学校结对、社会事业人才支援、金融扶贫探索等传统项目，更要加快补上产业合作、劳务协作等方面的短板。要继续坚持和发扬好宝山、叶城脱贫攻坚长效机制，坚持资金、项目、人才向基层倾斜，集中力量解决叶城各族群众生产生活中最直接、最现实、最紧迫的问题。"幸福"是如今叶城人最真实的体会，也是对上海援疆成果的最大肯定。

展望未来　信心满满

十年来，上海援疆干部始终按照"政治安全、项目安全、资金安全、人身安全"的要求，切实抓好项目资金管理和干部人才队伍建设。面对新疆稳定和发展两个"三期叠加"的形势，全体上海援叶干部人才讲大局、守纪律、讲奉献，不忘初心、不辱使命，经受了考验，得到了锤炼。援疆干部作用发挥明显，文化、人才等方面交流不断深入，帮助培训了一大批各级干部和专业技术人才。

近年来，宝山认真贯彻落实中央新疆工作座谈会精神和上海市委、市政府决策部署，按照"上海援疆看叶城"工作目标，充分发挥自身优势，示范带动

▲ 2020年5月13日,由宝山区副区长陈云彬(前排左八)带队的宝山区"消费扶贫"工作代表团到访叶城,喀什地区行署副专员、叶城县委书记李国平(前排右八)与代表团和上海宝山援疆干部合影

效应明显,各族群众普遍受惠,双方在干部人才、教育文化、医疗卫生等领域的交流合作不断深化。叶城的发展离不开中央关心和上海援助,我们将认真学习借鉴宝山好理念、好经验,持续深化交流合作,同时,希望双方进一步深入推进对口援疆工作,助力叶城社会稳定、脱贫攻坚"两大历史任务"开创新局面、再创新佳绩。我们将坚定信念信心、狠抓工作落实,完胜脱贫攻坚,向上级党委和全县各族人民交一份满意答卷。

昆仑见证,叶河做证!感谢董义、张未杰、梅勇、胡广、张彬等一批批援疆干部舍身忘我,为叶城县的各项事业付出了大量的心血和汗水。希望他们有机会多来叶城走走看看,多给叶城提出更多宝贵意见,多关注叶城的发展。祝福他们和他们的家人身体健康、家庭幸福、工作顺利、事业有成。

用心用情用力　全力助推对口地区打赢脱贫攻坚战

范建军，1969年8月生。现任宝山区机管局局长，区对口支援领导小组办公室副主任，区合作交流领导小组办公室常务副主任。2016年8月至2018年7月，担任宝山区合作交流办主任。

口述：范建军
采访：李艳阳　阮仁忠
整理：阮仁忠
时间：2020 年 4 月 16 日

2016 年 8 月，组织上任命我为宝山区合作交流办主任，至 2018 年 7 月调离。在区合作交流办的两年，正好是东部承担对口支援任务的省市助力西部承担脱贫攻坚任务的省市共同开展精准扶贫的两年。国务院扶贫办对东部省市开展对口帮扶任务越来越明确，要求越来越高。虽然我在合作交流办只任职短短两年，但是我见证对口帮扶地区发生了显著的变化。作为参与者、亲历者、见证者，深切地体会到社会主义制度的优越性，深切地感受到我们党的初心和使命。

深入调研，全面掌握情况

2016 年 8 月到任后，为了尽快熟悉情况，我首先抓的是深入调研，全面掌握宝山区的对口支援工作情况。据了解，宝山区自 1994 年起，根据上海市委、市政府统筹安排，先后承担了对口帮扶四川万县五桥区，西藏日喀则地区亚东县、萨迦县、江孜县，新疆阿克苏地区乌什县，云南迪庆州维西县，四川都江堰市向峨乡灾后重建，新疆喀什地区叶城县，青海果洛藏族自治州，云南曲靖市的罗平县、师宗县、富源县、宣威市、会泽县的任务。我到任时，与宝山结对帮扶的县有新疆叶城县和云南迪庆州维西县。2017年底，根据上海市委、市政府的统筹安排，宝山区又增加了与云南曲靖市下辖的宣威市、会泽县、罗平县、师宗县、富源县结对帮扶。其中云南维西县、新疆叶城县属于"三区三州"深度贫困地区。2018年底，根据上海市委的安排，宝山区委常委、副区长袁罡赴新疆克拉玛依市挂职，任市委副书记。2019年，宝山区与克拉玛依市签订了战略合作框架协议。

从1994年至2020年，宝山区除上缴市财政的统筹对口支援资金以外，自筹资金实施"自选动作"项目共1444个，援助物资资金1.94亿元。先后向对口支援地区选派挂职干部155名，专技人才337名等，帮助对口支援地区培训各类干部人才22022人次，与29个深度贫困镇、589个深度贫困村建立携手奔小康结对帮扶关系。

对口支援工作除了传统的资金帮扶、人才帮扶、教育帮扶、医疗帮扶外，还呈现四大变化：一是突出党建引领。援受两地建立高层联席会议制度，每年援受两地党政主要负责同志要牵头召开联席会议，共商对口支援计划。二是帮扶内容更丰富。产业扶贫、就业扶贫、消费扶贫、旅游扶贫成为对口支援的主旋律。三是帮扶效果更精准。所有帮扶项目从立项开始，一直到项目完成绩效评估，都将建档立档贫困户作为首要受益对象，真正体现精准扶贫。四是社会动员更广泛。宝山形成区与县、镇与深度贫困县、镇与乡（镇）、村（企业）与村四级联动携手奔小康机制，宝山区共发动20个街镇、120个村居、277家企业和34个社会组织与深度贫困乡镇、村结对。这些变化体现了从党中央到县、乡、村，各级政府、各级领导对精准扶贫的重视，都把打赢脱贫攻坚战作为一项必须完成的政治任务扛在肩上。这些变化也反映了对口地区从资金、项目、人才的需求进阶到招商引资、发展产业、解决就业的需求，也从另一个侧面说明对口地区完成了基本的基础建设，进入了发展式建设的阶段，也充分体现了这么多年来对口帮扶的成效。

面对新形势、新要求，我把对口支援工作的重点放到帮助对口地区恢复"造血"功能，将人、财、物等生产要素引向对口地区，具体来说，落实到两方面，一是帮助对口地区发展产业，二是帮助对口地区培养人才。为确保对口支援工作规范有序开展，宝山区委、区政府完善工作机制，出台相关政策文件，指导全区对口支援工作在上海市委、市政府的统筹部署下，既不折不扣地完成规定任务，又因地制宜开展自选动作项目，有力地助推对口地区脱贫攻坚。

发展产业，致力于拔穷根

助力对口地区发展适宜当地的特色产业，一靠"引进去"，二靠"走出来"。

1. 把资金"引进去"。从2017年起，我区"自选动作"项目资金用于产业扶持的比例逐年递增。考虑到对口地区以农业生产为主，受气候条件、农产品价格等因素影响较大，我们特地在产业扶持资金中开辟了农业保险专项资金，为对口地区建档立卡贫困户种植农产品提供保险。通过农业保险专项资金的引导作用，对口地区发展特色农业，建档立卡贫困户开展农业生产有托底保障。

2. 把企业"引进去"。在罗平县，支持宝钢包装赴对口地区设立扶贫车间，改善当地农产品包装，提升农产品附加值，增加农民收入，扩大建档立卡贫困户就业机会。2020年6月底，宝钢包装与罗平县甜言蜜语科技开发公司共同建设的蜂花粉覆膜铁罐精品化包装生产线正式投产。在会泽县、宣威市，协调推动湖北小龙虾养殖能手到会泽县、宣威市建立小龙虾养殖示范基地。在师宗县，促成宝山民营企业家在师宗县成立农业企业，建立蔬菜种植示范基地。在富源县，引进浙大食品加工技术在富源县开发紫薯深加工系列产品。在维西县，促成上海黄海制药有限责任公司赴云南维西县收购松花粉，签订1000亩的五味子种植包销合同。在叶城县，促成上海隆信化工有限公司在叶城县投资4000万元，年收购当地盛产的10万吨核桃青皮，形成年产6000吨甘宁酸生产规模。

3. 把人流"引进去"。发展旅游事业，以旅游带动经济发展，已成为对口地区推动经济发展的主要抓手。对口地区有需求，宝山尽所能。一方面，搭建平台，把对口地区旅游资源推出去。从2018年下半年起，宝山连续举办"国

▶ 2019年4月8日,宝山区举办"爱心扶贫 有你有我——2019年精准扶贫走进宝山暨宝山区对口支援地区旅游文化及农产品展销会启动仪式",范建军(左一)参加

家扶贫日对口地区特色商品展销会暨文旅推介会""宝山对口地区特色商品迎新春展销会暨文旅推介会""爱心扶贫 有你有我——2019年精准扶贫走进宝山·顾村公园站活动",都把对口地区的旅游资源作为重点推介。我们还把对口地区的旅游资源推向长三角,提升对口地区在长三角地区的知名度和影响力。另一方面,组织广大市民、机关企事业单位职工赴对口地区旅游、疗休养。2017—2019年,组织近2000名宝山群众赴新疆喀什地区"包机游"。

4."走出来"。一是建直销店,让对口地区特色商品在上海扎下根。宝山区近几年相继开出13个直销门店(柜台),展示展销对口地区特色商品。二是开展各类线上线下展销活动,让对口地区特色商品在上海开枝散叶。由区供销合作总社牵头,组织系列展销活动,节假日进商圈、进超市、进社区活动,工作日进食堂、进写字楼、进园区、进企业,多渠道推广对口地区农特产。今年元旦过后,我们抓住春节购年货的契机,组织对口地区农特产品进区级及街镇食堂系列巡展活动、机关干部爱心认购对口地区农特产活动。今年疫情防控期间,组织对口地区蔬菜、肉禽类配送到家活动,系列活动销售额达130万元,既促进对口地区农特产销售,也方便了广大上海市民。同时组织对口地区农特产线上销售,食行生鲜平台上销售云南、新疆、贵州遵义等对口地区上百种商品，区域内的金融单位也积极在网上开辟对口地区农产品销售平台。三是搭建农产品直通车，让对口地区特色商品以最实惠的价格、最快的速度呈现给上海市民。去年宝山供销合作总社派了 3 名业务骨干到云南 3 个县挂职，他们的任务就是要搭建宝山自有的从云南田间地头到宝山市民餐桌的农产品直通车。今年春节前，3 位援滇骨干直接从当地合作社采购了近 20 万元野生核桃仁、黑山羊、藏香猪、绿壳鸡蛋、羊肚菌等农产品，供应上海春节年货市场。

人才支撑，致力于蓄后劲

对口帮扶地区可持续发展的关键在人才。一方面，我们派干部人才到对口地区帮助开展工作。另一方面，加大培训力度，提高对口地区整体人力资源素养；加大劳动力转移就业的力度，提升劳动力职业技能。

向对口地区选派干部人才、培训人才的情况之前已谈到过，在这里，我再讲两个例子，一个例子讲培养未就业大学生，从中可以看出，从党中央到地方，高度重视对口帮扶地区的人才培养；一个例子讲转移劳动力来沪就业，从中可以感受到，帮助劳动力开阔眼界，转变观念，提升劳动职业技能，不仅是改变了一个人的命运，更是改变了一个家庭的命运。我感到，培训、培养人才就像是培育一颗颗种子，洒在对口帮扶地区，总有一天会生根、发芽、开花，长成枝繁叶茂的大树，成为对口帮扶地区发展的中坚力量。

2011 年至 2013 年，国家四部委联合发文，要求对口支援新疆的 19 个省市在两年内培养 2.7 万名新疆未就业高校毕业生。上海市承担 1243 名学员来沪培养任务，其中宝山区承担 133 名学员来区培养任务。接到任务后，时任区委书记斯福民、区长汪泓与上海大学主要领导协调沟通，由上海大学承办为时两年的培养任务。上海大学与宝山区建立工作机制，上海大学抽调精兵强将，组成专门的领导小组和工作班子，实行全方位、精细化的教育和管理。时任宝山区分管教育、分管合作交流工作的陶夏芳、秦文波副区长多次前往上大关心指导工作，出席培养班的有关活动。在上大和宝山区、嘉定区各有关部门共同努力下，克服重重困难，完成了三个学期的课堂理论教学以及一个学期在宝山 16 所学校实习的任务。这个培养班，政治性强，学员构成复杂。133 名学员，

2011年12月1日，上海大学——新疆喀什地区高校毕业生培训班开学典礼在上海大学举行。副区长秦文波（右三）参加

全部是未上岗定向培养的维汉双语教师。其中维吾尔族占95％，女学员占53％，年龄最大的33岁，最小的23岁，毕业时间最长的已有十二年。具有少数民族学员多、女学员多、学员年龄跨度大、汉语水平参差不齐等特点，增加了实习和管理的复杂程度。实习学校与驻地相距较远。实习学校在宝山区，驻地在嘉定区，两地相距近30公里，每天安排三辆大巴接送学员往返。另外，实习学校无法供应清真食品，学员午餐只能由学校提供鸡蛋、饮料、水果，主食要靠上大食堂准备干粮，其复杂程度可想而知。可就是在这样复杂烦琐的情况下，上海大学、区合作交流办紧密合作，派出专人跟班，随时随地掌握学员学习、生活情况，掌握思想动态，及时做好思想工作，使得133名学员圆满完成学业，返疆后都走上了双语教师岗位，分赴在叶城县乡镇村教学第一线，成为叶城县教师队伍中的中坚力量。

从2017年开始，国务院扶贫办给承担东西部扶贫协作的东部9个省市下达了转移劳动力的任务。其实，早在2011年，宝山区在这方面就进行了积极的尝试与探索。区合作交流办组织了区民营企业——上海明天纺织制衣有限公司、上海汉康豆类食品有限公司到云南维西县招了15名贫困劳动力来沪就业。这是一次有益的探索和尝试，关键是为维西县老百姓打开了一扇窗。维西县是

◀ 2018年7月24日，宝山区合作交流办、人保局共同举办维西县来区就业人员入职仪式

全国唯一的傈僳族自治县，是集边疆、生态脆弱和限制开发为一体的贫困县。老百姓世世代代"靠山吃山、靠水吃水"，没有外出务工的习惯和传统，转移就业率仅16%。2018年7月16日至21日，在区合作交流办的协调下，宝山区人保局组织15家宝山区域内的大中型企业远赴维西县开展劳务招聘，提供3500余个岗位。既有适合普通工人的普工、装配工和切割工等岗位，也有适合年轻求职者的护卫特保人员、检验员和客服人员等岗位，更有技术类的维修电工、驾驶员和电焊工等岗位，税前薪资平均在5200元/月左右。通过招聘会，最终17名维西青年被8家企业录用。宝山区人保局派两位同志从维西到上海，全程陪17名维西青年乘长途巴士转火车，风尘仆仆两天两夜将其护送到宝山。7月24日，宝山区合作交流办、人保局共同举办维西县来区就业人员入职仪式，17名维西青年分赴各企业上班。各企业为务工人员提供免费食宿，并派带教师傅手把手教。区合作交流办、区人社局联合走访了上海汉神机电股份有限公司、中冶宝钢技术服务有限公司等5家企业，与维西务工青年座谈交流，做好稳岗工作。在宝山与对口地区两地人社部门的共同努力下，2017—2019年，宝山共转移云南曲靖市的罗平县、富源县、师宗县、宣威市、会泽县以及迪庆州的维西县劳动力来沪就业约700人。为了来沪就业的稳岗工

作，曲靖市、迪庆州的人社部门在宝山设立劳务工作站，为在沪就业人员提供服务和帮助。

健全机制，致力于可持续

宝山区在历次机构调整中，一直保留区合作交流办独立的建制，直至2019年机构改革中，将区合作交流办并入区府办。为统筹推进全区对口支援与合作交流工作，2006年，整合原宝山区治贫帮困领导小组和区国内合作交流工作联席会议制度，成立了区合作交流与对口支援工作领导小组，成员单位有16家。组长、副组长由区委、区政府分管领导担任，设领导小组办公室在区合作交流办，办公室主任由区合作交流办主任担任。2010年，根据上海市委、市政府的相关要求，宝山区合作交流与对口支援工作领导小组更名为宝山区对口支援与合作交流工作领导小组，组长、第一副组长分别由区委书记、区长担任，分管副书记、组织部长、分管副区长担任副组长，成员单位调整、增至20家。2012年、2014年、2017年相继调整领导小组成员单位，增至43家。2019年机构改革后，及时调整充实了区对口支援与合作交流工作领导小组办公室成员，形成区委办、区府办、区机管局"三驾马车"齐抓共管的局面，加强执行操作层面的力量。考虑到我曾任区合作交流办主任，对对口支援工作比较熟悉，组织上任命我为区对口支援领导小组办公室副主任、区合作交流领导小组办公室常务副主任，全面负责区对口支援与合作交流日常工作。

区对口支援与合作交流工作领导小组强化顶层设计，先后制定出台《宝山区助力对口地区打赢脱贫攻坚战三年行动计划》《宝山区关于深化携手奔小康行动的实施方案》《宝山区深入开展消费扶贫助力打赢脱贫攻坚战的实施方案》《宝山区关于对口支援"自选动作"项目资金的管理办法》《宝山区街镇、园区结对帮扶工作实施细则》《宝山区援外干部工作经费管理实施细则》等相关文件，编制了人才支持、产业合作和劳务协作等专项政策，完善了政策体系，明确了工作规范，强化了对成员单位、前后双方的工作指导，确保脱贫攻坚工作有规可依、有章可循。

为充分动员区内社会各界力量，助力对口帮扶地区脱贫攻坚，建立区与县、镇与深度贫困县、镇与乡（镇）、村（企业）与村四级联动携手奔小康机制，宝山区共发动 20 个街镇、120 个村居、277 家企业和 34 个社会组织与深度贫困乡镇、村结对，实现对口地区的 29 个深度贫困乡镇结对全覆盖，589 个深度贫困村结对全覆盖，形成了全方位、多层次、立体式的全区帮扶新格局。

脱贫攻坚是我们党对全国人民的庄严承诺，我有幸参与这份伟大事业，唯有不忘初心、牢记使命，和对口地区一条心、一起拼，全力以赴帮助对口支援地区打赢脱贫攻坚战，为全面建成小康社会展现宝山作为，贡献宝山力量。在脱贫攻坚这项对中华民族、对人类都具有重大意义的伟业中，交出一份经得起历史检验、人民检验的宝山答卷！

对口支援日喀则　牢记使命助发展

刘建宏，1961年1月生。现任上海市宝山区公共租赁住房运营有限公司监事长。1995年至1998年，作为上海市第一批援藏干部，担任亚东县县政府办公室副主任，兼任经贸局局长。

口述：刘建宏

采访：林秋雁　许建础

整理：林秋雁

时间：2020 年 3 月 25 日

2020 年是决胜全面建成小康社会之年，也是上海市派遣干部对口支援西藏的第二十六个年头。在此期间，许多为了西部发展、民族团结毅然选择奔赴雪域高原的援藏干部，肩负时代和历史赋予的重任，弘扬"老西藏"精神，把日喀则当作"第二故乡"，打基础、谋发展，为建设西藏、巩固边疆、加强民族团结作出了积极贡献。

对党忠诚为国家

1994 年 7 月，党中央、国务院召开了第三次西藏工作座谈会，开创了"分片负责，对口支援，定期轮换"的援藏工作新方式。

1995 年 3 月 14 日，宝山区委召开了选派援藏干部动员大会，明确宝山区两个选派干部名额，一个是亚东县县长，还有一个是亚东县县政府办公室副主任，我符合第二个名额的条件。会后，工作人员给所有符合条件的人发了一张实名制的问询表，表上有关于"你对援藏工作的态度"的三个选项：一是坚决报名，主动请缨；二是服从组织安排；三是不愿意去。当时，孔繁森同志的感人事迹在各大新闻报纸上刊登，我们受到孔繁森精神的激励，对西藏的情况也

宝山的责任

◀ 1997年6月，刘建宏（右）在亚东县帕里镇与县人大主任索朗合影

有了一些初步的了解。我考虑到各种情况，再加上我认为去西藏对自身各方面要求都比较高，最终填写了"服从组织安排"。

由于我之前没有去过西藏，对那里的工作环境、生存环境、物资管理保障等肯定会有些担忧，不知道这一去会面临什么样的困难与挑战。而且我们第一批援藏干部共49人，平均年龄为36岁，正是上有老下有小，家庭责任与社会责任集于一身的年龄，每个人的心中肯定都会有所牵挂。但是作为一名共产党员，我仍然时刻听从党组织召唤。

1995年5月17日中午，带着沉甸甸的使命，带着对家人的牵挂，我们踏上了援藏的征程，对口支援日喀则地区。听从专家的建议，我们首先到了成都，躺在床上养精蓄锐两天。5月20日清晨，我们登上了去拉萨的飞机，经过100分钟的高原飞行后，抵达拉萨贡嘎机场。从繁华都市上海来到这里，从温暖的家庭生活变成单调的独自生活，我们必须要适应生理上和心理上的双重转变。

西藏的自然环境恶劣，空气稀薄，高寒缺氧，对我们的生存能力是极大的挑战。进藏之初，首先遇到的难题就是高原反应。我们不少同志反应比较强烈，有一位陪同我们去的女同志，她是西藏驻沪办的汉族"老西藏"，但在去往日喀则的中途下车没走几步就突然晕倒了，因为她很长时间没进藏，就不再适应高原环境了。之后我们每次休假再回到西藏后，也都需要一个重新适应的过程。我算是其中适应得比较好的，在西藏三年多的时间里，没有吸过一口氧，可能也与我保持良好心态和身体素质有关。

我们去的时候正逢达赖喇嘛在境外从事分裂祖国的政治活动，我们时刻绷紧政治这根弦，始终坚守反对分裂，积极参加各种维稳工作，主动放弃休假，与当地干部一起一面开展督查巡逻，一面保护当地民众正常的宗教活动。

贡献才智为发展

维护稳定是援藏工作的首要政治任务，而促进发展则是根本大计。援藏三年间，我们始终坚持两手抓、两不误、两促进，在尽心竭力维护稳定的同时，也为当地社会发展出招出力，做出积极贡献。

我们 7 位分别来自宝山、金山、杨浦、青浦的干部来到了亚东县工作。亚东县是日喀则的一个小县，面积 4200 余平方公里，但是人口很少，有时候出去几百公里都看不到一个人。但亚东县是西藏乃至整个中国的边境要县，和不丹等邻国山水相连，边境线达 290 公里。

真正进入工作的地方后我们才发现，实际上我们对西藏的了解非常有限，去之前一直以为各种设施条件都很落后，待亲眼看了之后才发现西藏的整体建设发展比我们想象中好不少。亚东县北高南低，最高处海拔近 5000 米，最低处 2500 米，夏季山清水秀，风光旖旎，干净整洁，独特的美丽风光使其拥有"小江南"的美名。

对于工作，我们一行人一直保持务实的态度。进藏之初，我们首先用了三个月的时间进行调查研究。因为我们对当地情况还不够了解，不能茫然做决断。我们开展实地调研，累计行程 3000 余千米，撰写了 14 篇调查报告。其中一篇名为《科教经济一体化同步发展——对亚东科技兴县综合发展战略的构想》的报告获得了日喀则地区科技论文二等奖，并在省级学术刊物《西藏研究》上全文发表。

1996年8月，亚东小组7人在县政府宿舍合影

这次调查对我们做好援藏工作起了很大的帮助。经过调查研究，我们发现当地教育资源稀缺。思想教育对当地干部和年轻人十分关键，不同的教育会造成完全不同的感受度、认知度。当时亚东县是没有幼儿园的，全县只有一个完全小学，导致就学率非常低。因此，我们决定将工作重点放在教育上，同时加强卫生、公共文化等方面的建设。

在上海市委、市政府和社会各界的大力支持下，我们争取资金做了一些实事：一是教育方面，资助当地的一些不能入学的贫困儿童。紧接着，为了从根本上解决教育问题，我们建设了亚东县历史上第一所幼儿园和"世界高城帕里镇"希望小学。二是医疗方面，改造了帕里镇卫生院。青浦医疗队顺利完成一个月的赴藏巡回医疗任务，7名医生带来价值10余万元的医疗设备和药品，在一定程度上缓解了缺医少药的矛盾。三是后期我们也开始发展一些二、三产业项目，例如利用森林资源，对当地的胶合板厂进行技术改造；利用淡水鱼资源，建立了渔业加工厂；从上海引进品种，搞家禽养殖；为历史上都无电的边境村落阿桑村通了电。这些事都是真真切切为当地百姓带去获得感的，也使得我们受到了当地干部群众的尊重和感谢，为今后更顺利地开展工作打下了基础。

克服困难为大局

入藏的难关有缺氧、通信困难，还有初期和当地干部的沟通问题。

高原反应这点我们都不陌生，在进藏之前大家也都有心理准备。但是在西藏，最怕患感冒。感冒在其他地方可能算不上什么大病，吃点药休息下就会痊愈，但在西藏若遇上，就是件大事，弄不好还会丧命。我在西藏就感冒过一次，打点滴用的是橡皮管，我们现在都是一次性的，当时却是反复使用的。在医护人员的精心照料下，我总算挺过来了。

通信困难这点可能也是我们第一批援藏干部独有的体会。那时候，西藏和外界联系不方便，家人朋友对我们比较担心，我们也想多传递些信息给家乡的父老乡亲。我们主要依靠电报和书信，也有通过卫星转北京然后再转上海，打一次电话至少要等三四个小时，而且经常没讲几句话就断掉了。当我们第一批援藏干部回沪后，西藏开始铺设光缆了，之后的援藏干部在通信方面就不会有那么大的问题了。

还有一点是当时不适应西藏的饮食习惯，经常感觉肚子饿。那里的米饭是先水里煮，再捞起米粒，营养容易流失。我们吃饭可以吃六两七两，但是中午吃完了，到下午四五点就又开始饿了。尽管生活环境艰苦，但是我们始终怀着"情系浦江，做上海人民的优秀儿子；功建高原，当西藏人民的忠实公仆"的豪情壮志，牢记自己的使命，牢记上海市委、市政府的重托和宝山区委、区政府的要求，发扬特别能吃苦的精神，缺氧不缺精神，兢兢业业为当地人民做贡献，为上海人民增光。

一到西藏，大家都希望能尽快融入新的工作环境和新的工作群体，但如何打开工作局面，起初也是个困难。我们与当地干部之间的关系就是一个例子。我们通过融合，工作上和生活上相互关心、相互尊重、相互学习，各自发挥长处，形成一股劲，共同在当地开展工作。

那三年多的时间里，我印象最深的是 1995 年 11 月 9 日的那场雪。江南地带的我们总是会盼望着下雪，每年一到冬天下雪的日子，孩子们打雪仗就是一番充满诗情画意的景象。但是在藏区，下雪可没有这样的温情美景。这场雪

▲ 1995年12月，刘建宏在拉亚路44道班留影

可以说是百年未遇的雪灾，积雪的深度达到80厘米，全县交通断绝、通信瘫痪、供电中断。县里第一时间成立了以张兆田同志为指挥长的抗灾指挥部。天一亮，张兆田就率领我和另一位上海援藏干部披上沉重的老羊皮军大衣驱车上路探雪情，掌握第一手资料，为正确指挥抗灾提供有力依据。我们跟着铲雪开道的推土机前行，一路上的景象使我不再觉得雪是美丽的。路上满是老百姓被压垮的种菜温室、冻死的羊、东倒西歪的电线杆、散落的树枝，我们要时不时下车撑起电线杆，清除路障。越往海拔高处走去，积雪越厚，车子动弹不得，我们就下来铲雪。在海拔4000多米的地方铲雪可没有这么轻松，除了缺氧、低温，人在没过膝盖的大雪里还会站不稳，只能跪下来铲雪。没有经历过这场雪的人可能体会不到，就算车子只开出县城20公里，也足够我们领略那场雪的破坏力。当时雪灾最严重的是康布乡，一位牧民葬身雪崩，一对牧民父子被风雪严寒冻成雕像。我们县领导班子立即决定组织一支工作队到康布乡了解灾情、慰问灾民、指挥救灾。这场罕见的大雪还造成两位解放军战士冻死，全县近千人冻伤，三万多头牲畜冻饿死亡。最终我们克服各种困难，打通了道路，使得外界的救援物资顺利进来。这场雪前后持续了三个多月，在历经千辛万苦后，各级领导干部身先士卒、奋不顾身，军民团结一心，共同奋战，

最终使亚东县逐渐恢复了元气，但所有人对于这场雪灾的记忆永远都不会被抹去。

重回西藏为信念

　　三年时间转瞬即逝，在这段艰难但珍贵的时间里，我看到了很多，学到了很多，心灵得到了净化，思想得到了升华，让我觉得自己变得更成熟了。上海人历来给别人的印象是娇气、吃不起苦，但是在西藏的这三年里，上海干部用实际行动证明了自己，改变了民众对上海人的看法，上海人也是吃得起苦、做得了事的。

　　事实证明，中央对口支援西藏是一个非常正确的决策，对西藏的发展起了十分关键的作用，很大程度地推动了西藏经济、社会、文化等方面的发展，加强了各地与西藏的交流往来，也促进了民族团结、民族进步，更加坚定了西藏各族人民跟着中国共产党走的信心和决心。我们援藏干部都能感受到西藏人民对党的深厚感情。所以三年援藏结束以后，又立刻启动了第二轮、第三轮的援藏工作，一直持续到现在。

　　当我们即将离任返回上海的时候，那种百姓欢送的场面，是我从来没见过的。日喀则万人空巷，老百姓都自愿过来欢送援藏干部，那种发自内心的感激之情溢于言表，每个援藏干部脖子上都挂满了哈达。

　　回到上海后，我们又重新投入到了上海的工作之中，在各自的工作岗位上继续奋斗。但三年来在高原工作、学习、生活的经历，使我终身受益、终身享用、终生难忘，对我今后的工作学习也都有极大的帮助。同时，我们也始终记得、怀念那个世界屋脊。

　　离藏回沪工作的二十多年间，援藏时期的许多往事仍然历历在目。如果时光能够倒流，我还想再去三年。对现在很多年轻干部来说，如果有机会去对口支援我觉得是一件非常好的事。这是一个很难得的锻炼机会，无论是工作能力上，还是意志品质上，都能得到很大的提升。好多以前没有遇到过的问题、突发的事件，在这种场合你就会遇到，有这么一段经历，今后再回到上海工作，面对各种困难也能迎刃而解。在实践中，不断锤炼自己的意志、增长才干，个人的理想信念也变得更加坚定。在外工作很关键的一点就是要摆正心态，要做好吃苦耐劳的准备，不能抱怨不断。心态好了以后在工作中才不会觉得累。最重要的是要好好利用三年的时间，结合当地的实际情况去工作去谋划，踏踏实实做出成绩来。现在的情况已经比我们那时候要好很多了，包括资金、人力、物力、工作的规范性方面。因为我们当时第一批去，好多事情也没经验。现在随着一次次的对口支援工作经验的积累，上海干部的工作水平也在不断提高。

2014年，时隔整整二十年的时间，我再次回到了西藏，回到了这个我留下足迹的地方，回到了这个可以称为我第二故乡的地方。与我第一次进藏相比，我真真切切地感受到，西藏的变化可以用翻天覆地来形容，尤其是基础设施这方面发展得非常快。我们再次走进亚东，从将近5000米的高处看下去，山沟里一幢幢房子整齐地排列着，红色的屋顶好似一朵朵鲜艳的杜鹃花，道路也改造成了柏油马路。我们明显地感受到，老百姓日常生活方面幸福感提升了，物质生活水平得到了改善，各方面都变得越来越好。

"路漫漫其修远兮，吾将上下而求索"，希望之后去的每一批援藏干部都能继承和发扬"老西藏精神"，不辜负党和人民的重托，为西藏的经济社会发展和长治久安做出自己的贡献。

美丽的亚东，我的第二故乡

李明，1967年12月生。现任上海市宝山区政协秘书长、办公室主任。1998年至2001年，作为上海市第二批援藏干部，担任西藏自治区日喀则市（原日喀则地区）地区亚东县副县长。

口述：李　明
采访：鲍群凤
整理：鲍群凤
时间：2020年4月23日

我生在上海，长在上海，即使参军入伍也没有离开过上海，而立之年能踏上雪域高原，在雪山之巅与西藏结缘成为我一生中最珍贵的记忆。巍峨的雪山、碧蓝的天空、洁白的哈达、浓浓的酥油茶和奔腾不息的雅鲁藏布江，成了我一直以来最魂牵梦绕的思念。在我们援藏干部的心中，西藏不仅是我们曾经工作和生活过的地方，更是我们终生难以忘怀的故乡。

西藏，我来啦

1998年初，宝山区委组织部拟在第七期中青年干部培训班中，确定一名35岁以下的正科级干部援藏，我属于符合条件的报名对象。当年网络媒体不像如今这么发达，西藏对我们所有人来说只是一个充满神秘色彩和遥不可及的地方，传说中"天上无飞鸟，地上不长草，风吹石头跑，氧气吸不饱"，果真如此吗？当时中央已经召开了第三次西藏工作座谈会，全国性对口援藏已经拉开大幕，我想既然是组织上选拔，那报名就是义不容辞的责任。况且父母将要退休，他们身体也都康健，儿子虽年幼但还没上学，家庭的负担相对也小，在家人的支持下我积极地报了名。一开始我内心也有过矛盾和忐忑，恶劣的自然环境、艰苦的生活条件、特殊的工作对象都是需要面对的现实问题，我经常问自己，如果名单定下了，自己能不能抗得住、能不能做得好？而在确定名单到进藏之前的这些日子，我晚上常常辗转反侧，到了西藏能干些什么、怎么干？上海的那些工作方法能不能管用？我生长在农村，当过兵、做过工、待过机关，有一定的独立生活能力，自己也不怕吃苦，再加上父母妻儿也都十分理解和支持，原有的忐忑也就慢慢释怀了，思想上的坎过了，心理上的准备也就更充分了。

在做好思想准备的同时，也对自己身体进行了调整，为调节耗氧量，我停止了所有高强度的运动，包括最喜欢的足球，尽量让身体保持最好的状态来"备战"高原的气候环境。进藏的当天，还在为自己没有出现高原反应而庆幸时，"高反"就猝不及防地给我来了个下马威，半夜开始头痛欲裂，感觉全身的每根神经都在酸痛，即使是深呼吸都会腰酸背痛，无奈之下我只能用毛巾扎紧额头来缓解头痛。直到第二天被送入医院急诊室吸氧、输液之后，症状才开始慢慢缓解。经历了这次高反，也让我对西藏、对自然界多了一份敬畏，对在这片雪域高原上生活的藏胞多了一份敬佩，更对生命多了一份珍视。

宝山来的"奔布啦"

初到亚东，最大的感受是这里与我想象中的西藏不太相同。亚东是我国的藏南边陲县，面积约 4400 平方公里，对外山口通道 43 条，东邻不丹，西邻锡金（现印度锡金邦），虽然位置偏远，山高隐匿，但战略位置十分重要。亚东地势北高南低，世界上海拔最高的帕里镇就在这里，县城下司马镇海拔 1800 米，在西藏算是低的，俗称"亚东沟"。每年 5 月至 9 月间，印度洋的暖湿气流在此交汇，每到傍晚总会下起沥沥小雨。亚东气候湿润、植被茂盛，自然资源丰富、风景秀美，被称为西藏的"小江南"。无论是自然环境、居住环境还是饮食环境都比想象中要好很多，使得我能较快地适应了那边的生活。

藏民有着自己的传统文化，有相当一部分群众信仰藏传佛教，讲求修行积德。我原本对同藏民们交流还是有些困惑的，毕竟我们之间存在着较大的文化差异。但真正与藏民们接触下来，所有的疑虑就都释然了。随着普通话的普

宝山的责任

1999年9月，赴吉汝乡途中车辆陷入泥坑

及，除牧区以外的藏民基本上都掌握了普通话，交流上并没有什么语言障碍。藏族是一个十分淳朴善良的民族，只要你把他们当亲人，他们也会把你当亲人。而感情的认可和付出总是相互的，藏民对我们援藏干部的感情是在第一批援藏干部真诚付出的基础上慢慢建立的，同样对我们第二批陌生的援藏干部充满了期待。我们经常去藏民家中走访慰问，一来是了解和融入他们的生活，二来也是希望与他们真心交朋友，听听藏民们需要什么。我们的每次走访都受到藏民们的欢迎，他们盼望着我们能带去新的事物、新的认知，虽然不善表达，却总能在他们眼神中感受到对我们的信任和期待。每次下乡走访，藏民都会仔细擦干净杯子，郑重地倒上酥油茶，恭恭敬敬地捧到你的面前，虽然初期我喝不惯酥油茶，却总是无法拒绝藏民执着的真诚。下乡期间，我经常会带着一些诸如土豆、萝卜等容易储存的蔬菜和铅笔、饼干、衣服等礼物，家里有孩子的送些文具、饼干，家里有老人的送点蔬菜、送件衣服，借此表达我们的诚意。为了尽快融入当地，我努力学习藏语，可能在这方面有些天赋，一年多的时间，配上夸张的肢体动作，竟然也可以与藏民进行简单的对话了。与藏民交流其实很简单，只要你带着十分的真诚，便会有十二分的信任，这种真心以待换来的是埋藏在大家内心深处的信任。藏民们知道我们来自上海，是外面派来的

"奔布啦"（"奔布啦"在藏语中是"领导"的意思）。

再穷不能穷教育

到亚东后，我们援藏七人小组通过走访和听取汇报等形式，掌握了大量第一手材料，基本摸清了亚东县经济社会发展现状和干部群众的思想情况。亚东县人口仅1.1万，独特的气候条件孕育了丰富的林下资源，蘑菇、蕨菜、青竹笋、木耳、莴笋等野菜和各种藏药材达一百余种，算得上地广人稀、资源丰富。由于亚东是边防重镇，人员出入都必须持有边境通行证，加上当时西藏的交通不便，人员往来很少，外来人口主要以四川籍为主，从事一些餐饮和小百货之类的商业贸易，经营成本很高。综合考虑当时的交通、环境和人口因素，我们形成了"把提高人口素质和为民办实事作为工作重点，以亚东人民高兴不高兴、满意不满意、赞成不赞成作为我们对口支援工作标准"的共识，结合亚东实际，着手兴建一批有实效、看得见、受欢迎的实事工程。

当时我在亚东县分管教育工作，西藏的学校有些特殊，特别是在农牧区，由于生源少、居住分散，一般在镇一级设一所小学的同时，还会在若干个村再设一个教学点，而教学点实行混班制，学生到五年级后再进入镇一级的寄宿制小学。教学点的设置要符合偏远地区的条件和普及小学教育的要求，由于农牧区师资匮乏，教育资源难以均衡配置，在这样的背景下，宝山的第一批援藏干部援建了一所堆纳乡小学。我到任后，县教育局巴多局长陪我走访了几个村里的教学点，孩子们在泥凳子泥桌子上上课、蹲坐在泥地上吃糌粑的情景我至今难以忘怀。他们比我儿子大不了几岁，清澈的眼睛在灰扑扑的小脸上格外令人揪心，让孩子们有书读、有结实的桌椅、有明亮的课堂是我当时最朴实的想法，也是在那个时候，我深刻地体会到要解决高原上的孩子"屁股离地"不能只是一句简单的口号，必须要有实实在在的举措。

下乡回来后，我与亚东小组的其他同志交换了意见，反复听取当地和地区教育行政主管部门意见，商定了"要在第一批援藏项目的基础上重点对希望工程加以巩固、完善和提高"的思路，并综合考虑亚东县"普九"的目标，确定再新建一所希望小学。项目定下后，进入了漫长的选址、设计、建造、验

◀ 2000年10月，李明与夏日村希望小学学生在一起共度开学第一天

收等过程。选址上，我们考虑再三，选择在下亚东乡建一所希望小学，主要考虑：一是此处海拔较低，环境较为适宜；二是下亚东地处南哨，处在反分裂斗争的最前线，加强对孩子们的教育引导显得尤为重要；三是可作为扶贫搬迁基地的教学资源配套。为什么说"这是一个漫长的过程"，因为西藏的客观条件比较差，亚东又很偏远，钢材、水泥等建筑材料都要由内地运出，光建筑成本就比内地高出三成左右；西藏建筑方面的技术力量相对薄弱，又缺少建设必备的机械设备；此外西藏苛刻的气候条件，每年只能在5月至10月期间施工，影响工程整体进度。好在我们的项目得到当地干部群众的支持，再加上上海的资金保障使我们底气更足了，藏民也被我们的决心和韧劲所打动，机械不够就人力来凑，许多藏民自带干粮为学校做义工。经过两年多努力，在我离开亚东的前夕，下亚东小学终于落成开学啦！望着宽敞的校舍、明亮的课堂、舒适的桌椅，我曾经暗许下的诺言在此真的实现了。虽然我知道还有很多孩子没能搬进教室，有的甚至还面临着辍学，但我相信只要在我们一批批援藏干部的努力下，琅琅的读书声一定会成为高原上最动听的旋律。

教育是援藏的一项重要工作，"少年强则国强"，扶贫要从扶智开始，西藏要稳定、要富强,关键在于青少年的教育,治穷先治愚,只有紧紧抓住教育,才能抓住未来。在任三年,我走遍了亚东县所有的学校、教学点,有些教学点只有一名教师和几个孩子,但教师的坚韧意志和淳朴情怀时常令我感动,他们拿着微薄的工资,兼顾着多门课程,从不向组织上提困难、提要求。当时,我委托了顾村镇的铅笔厂和羽绒服厂寄来了几大箱铅笔和几十件羽绒服。每次下乡都会给学生带些铅笔,给老师送件衣服,拿出一两百元慰问老师。教育不是一项一蹴而就的事业,需要有一批批扎根雪域高原的教师在无怨无悔的奉献中去实现,我有理由相信,未来可期的新西藏必将在长期稳定、民族团结进步的大家庭中开出绚丽的"格桑花"。

我们是你的汉族"阿爸"

因为分管教育的关系,我对孩子们的成长格外关注。与第一批援藏干部潘栋梁交接时,他提及了一个想要辍学的藏族女孩德庆卓嘎。得知情况后,我去亚东中学向校长了解情况,站在我面前的小卓嘎很腼腆,甚至有些自卑,都不敢抬头。据校长介绍,孩子在父母离异后遭到抛弃,已然成了一名"孤儿",只能与听力不济、几近失明的奶奶相依为命,原本的学费都是其他学生的家长拼凑的,小女孩成绩很好,因无力缴付学费而面临辍学。得知情况后,我鼓励孩子:"书一定要读下去,学费叔叔会给你解决,如果你愿意读书,叔叔会供到你上大学。"小卓嘎眼含泪花,终于抬起了低沉的头。说这些话并非我一时冲动,西藏农牧区的孩子读书不易,读到初三更不易,我不能让贫穷孩子失去读书的机会,更何况这是一个内心渴求知识的孩子,教育的道路上,在校的孩子们一个也不能少。就这样,我开始帮扶卓嘎,解决她的学杂费,并经常去探望她和奶奶。1999年8月,德庆卓嘎收到日喀则地区高级中学的录取通知书,面对600多元学杂费,我马上从自己的工资里拿出2000多元给了她,还带着卓嘎买好全部的学习用品,解决了她上高中的所有顾虑。有一年暑假,卓嘎的奶奶病得很严重,假期结束后为了不耽误学习,奶奶还是逼着卓嘎回到学校,卓嘎整天为奶奶的病而忧心忡忡。恰逢我到日喀则出差,去学校看望卓嘎时得知了这个情况,我安慰她,奶奶的身体我会让帕里镇领导好好照顾。此后,我隔三岔五去看望老人，虽然语言不通，但老人每次都会流下感激的泪水，拉着我的手，嘴里不停地说着"托其其、托其其"（藏语"谢谢"）。

2001年6月，我完成援藏工作将要回上海了，但放心不下德庆卓嘎，便向亚东县第三批援藏干部李友钟交代了卓嘎的情况，希望他继续关心孩子，帮助她完成学业。离别之际，我带着友钟去看望卓嘎，并给卓嘎留下2000元生活费。第二天在日喀则广场，卓嘎和她的班主任老师特地来为我送行，她郑重地给我献上哈达，突然抱着我大声哭道："叔叔你走了，我今后该怎么办啊！"其实在我心里早已把这个孩子当作女儿一般了。对她今后的一切，我已有了妥帖周全的安排，这个接力棒肯定会一棒棒地传递下去。

回到上海后，我经常向友钟了解卓嘎的情况，给她寄去生活和学习用品，我也会时常收到孩子的来信。2002年7月，德庆卓嘎高中毕业，因一分之差与本科失之交臂，被湖北孝感职业技术学院录取。当时西藏还没有通铁路，上学只能坐飞机到成都后再换乘火车，以她的经济能力，根本无力承担机票的费用。当时第三批援藏干部的领队——日喀则地委副书记尹弘知道后，就号召上海全体援藏干部为德庆卓嘎筹集捐款11000元，解决了她第一学年的学费、路费及生活费。每年的寒假，我都会把卓嘎接回家过年，儿子会把房间让给姐姐，自己打地铺，我爱人怕孩子在学校受苦，总会给孩子买很多衣服和零食。寒假结束卓嘎返校时又恰逢春运高峰，买不到站台票，我恳请检票员，告诉他们女孩是西藏来的，普通话讲不好，带的行李又多，让我送她上火车。检票员通情达理，也很体谅，我一直觉得这种通融大概也代表了我们同胞的情谊和对我们援藏同志的支持。

二十二年过去了，我与德庆卓嘎的联系一直没有中断过，现在她已经在亚东成家立业。卓嘎是个不幸的孩子，但她又是幸运的，遇到了我们上海援藏干部，有了一群"汉族阿爸"，有了继续学习的机会，这或许也改变了她今后的一生。在当时，西藏还有很多孩子，由于各种原因上不了学或被迫辍学，虽然我们个体的力量很有限，但通过对口支援帮扶，通过政府的力量、社会的力量共同参与，建学校、建图书馆、建体育场所、通网络，为他们创造了各种学习条件。

2000年8月，亚东县帕里镇自来水工程竣工

如今，西藏已经发生了日新月异的变化，教育环境也得到了很大程度的改善，我们曾经追求的一个都不能少的理想已经慢慢实现，这就足以让我们释怀。

心中的亚东

西藏是一片神奇的土地，生活的艰苦能使意志更加坚定，道路的崎岖能使脚步更加坚实，通信的不畅能使信念更加坚韧。西藏的生活条件、工作条件与上海反差很大，进藏后才真正领悟了"特别能吃苦、特别能忍耐、特别能战斗、特别能团结、特别能奉献"的老西藏精神。这五个"特别"之处不仅是因为要克服高寒缺氧、生活艰苦、交通不便、通信落后等诸多现实困难，更是因为内心要始终坚守自己的初心，为藏区注入新的活力，为藏民带去党的温暖。我们第二批的援藏干部邵海云进藏半年后因公殉职，这也对我们每位援藏干部的内心产生了较大的冲击。在这片高原上，有太多的人用自己的生命诠释着什么是无私奉献、什么是无怨无悔。当时能让我坚持下去的不仅有家人和组织上的支持，还有高原上迫切需要我们去改变的现状，更有身后1300万上海人民的殷殷嘱托，这份坚持可以使自己的内心变得更加坚强。现在回想起来，正是在援藏这三年间，山岭巍峨、深蓝苍穹看久了，在潜移默化中自己内心得以伸展扩大，变得从容豁达，在风轻云淡中不再计较一些细小琐碎，会更加珍视现在的生活。

亚东有一个著名的乃堆拉山口，位于西藏亚东县和锡金（现印度锡金邦）的交界处，如今这里的乃堆拉哨所驻扎着一支边防部队。乃堆拉，在藏语中意为"风雪最大的地方"，这里海拔达到4400多米，风雪雨雾四季不断，由于高寒大雪，每年的封山期达半年之久。有一年八一建军节，县里安排我们慰问乃堆拉哨所，下车后，由于强烈的高原缺氧，仅仅十几步的台阶我是手脚并用才爬了上去。山顶上迎风飘扬的国旗下，哨所战士们用蔬菜罐头在斜坡上拼摆了一副中华人民共和国地图，在北京的位置做了个五角星，并用罐头拼写了一行"祖国在我心中"的大字，哨所门口一副"边疆岁月苦九州更辉煌，哨位寒风冷万家睡眠香"的对联格外醒目。那一刻我动容落泪了，打心底为那些长期坚守在高海拔地区的战士而感动。每年大雪封山后，这里就会变成一座雪域孤岛，人员进不去也出不来，而战士们所有的坚守和付出，只因为是祖国的需要。和这些驻守边陲的官兵们相比，我们援藏不过短短三年，这些苦这些累又算得了什么！

随着时间的推移，回家的日子越来越近了，我内心又开始矛盾起来，一方面，我思念亲人，渴望与家人早日团聚；另一方面，心理上也舍不得离开这片土地和善良淳朴的当地同胞。在整理行李时，房间里的每一条哈达都有着一个动人的故事，有初到西藏时的，有自来水工程完工时的，有希望小学建成时的，有下乡走访慰问时的，每条哈达都承载着西藏人民对我们工作的赞许，对上海援藏干部的认可。望着一条条洁白的哈达，我的心情久久无法平静。离开亚东的这天，县委一行人驱车100多公里，一直把我们送到亚东县界的多庆湖边，县委副书记曲珍给我献上哈达，她含着热泪说道："李县长，这是亚东人民今天最后一条哈达了。"我强忍的泪水再次夺眶而出，这次离开，也许我还会再来，但以后要和我牵挂的当地孩子、当地同胞还有朝夕相处的同事们再见就难了。回到上海后，我又去过三次西藏，但是很遗憾，每次都因为时间和行程原因，亚东之行一直没能成行。不过看着西藏整体的发展变化，我相信亚东的发展也一定会蒸蒸日上。

"太阳和月亮,是一个妈妈的女儿,她们的妈妈叫光明……藏族和汉族,是一个妈妈的女儿,我们的妈妈叫中国""一次援藏路,一生援藏情",雪域高原上的工作生活至今仍记忆犹新。回到上海后,我调换过几个单位、多个岗位,但我办公室中始终挂着中国地图,一来是乃堆拉哨口战士们用罐头摆放的地图给我带来的震撼,二来我时常会抬头看看西南边陲的最美县城。经常有年轻的同志问我对着地图在看什么,我会告诉他们,这是我曾经工作生活的地方,有奔流不息的亚东河,有波光粼粼的多庆湖,有绿波翻滚的原始森林,有漫山遍野的杜鹃花,有碧空如洗下的绵延高山,有广袤草地上的成群牛羊,以及那些天真无邪的孩子、淳朴善良的同胞……

在我心里,美丽的亚东就是我的第二故乡。

艰苦锤炼砺意志　多策并举援边陲

李友钟，1973年4月生。现任上海工会管理职业学院党委副书记、院长。2001年5月至2002年6月，担任西藏自治区日喀则地区亚东县副县长。2002年6月至2004年6月，担任中共西藏自治区日喀则地区萨迦县委常委、常务副县长。

口述：李友钟
采访：戴建美　郭莹吉
整理：郭莹吉
时间：2020 年 4 月 20 日

三年对于人生来说是短暂的，但它在我的脑海里留下了深刻而永远的记忆。西藏这个熟悉的名字和这片神圣的土地，是我永远魂牵梦绕的主题。三年援藏，我无怨无悔；若干年后，甚至两鬓斑白之际，追抚往昔，让我重新抉择，我仍将初心不改，毅然踏上援藏之路。

首站亚东　因地制宜建家园

我在西藏的三年，先后在两个县工作。2001 年 5 月，初到西藏时在亚东县，任副县长，分管教育和城建。亚东地处中印边境的一个山谷，气候宜人、山清水秀，植被非常丰富。亚东在西藏算经济发展比较好的，县域面积 4100 多平方公里，2001 年人口 1.1 万多，县财政收入 420 多万元，在当时有这样的财政收入是很不容易的。

但亚东独特的自然环境，也给工作带来了诸多困难和不便。首先是交通线长，公路条件差。最远的乡镇距县城 100 多公里，雨季公路经常发生塌方等灾害，冬季大雪封山，堵路时间长。其次是海拔落差大，气温变化大。南北海拔落差 2000 多米，最低的地方海拔 2800 米，海拔高的地方 5000 米以上；气温相差15 ℃—20 ℃。因此，在亚东工作，一出门就是爬山，经常是一两个小时车程，海拔就上下2000多米，这其实对身体也是考验。再就是县域雨水不均，南部降水多，几乎每天一场雨，空气太潮湿，很容易患上关节炎、痛风；北部下雨少，气候干燥，空气稀薄。刚到亚东不久，有一次我们去吉汝乡调研，海拔4700多米，当时条件不好，没有便携式氧气钢瓶，用的都是一般的氧气袋，充不了多少氧气。那次我缺氧厉害，氧气袋的氧都几乎被吸完了，我们一位援藏干部还在费尽力气使劲挤袋子，希望能再挤点氧气出来，当时还留下了一张宝贵的照片。但为了掌握第一手资料，我们没有丝毫畏惧和退缩，艰苦不怕吃苦，缺氧不缺精神，克服高原缺氧的困难，走遍了全县七个乡镇和所有县直机关单位，有的乡镇甚至去过四五次。

通过调研，我们在亚东启动了一批适合当地特点，也比较受农牧民欢迎的项目，比如亚东县的康布温泉项目。康布温泉历史很悠久，当地很多老百姓得了关节风湿或摔跤受伤了就拄着拐杖去那里，泡上二十多天就能基本治愈，将拐杖扔一边，轻松回去了。所以那里有个地方是专门用来扔拐杖的，堆了一大堆。但是那里原来的温泉设施很简陋，就几个泉眼，搭了一个简易棚子在上面遮挡风雨。我们亚东援藏小组就把康布温泉作为一个重点项目，投资600万建成温泉理疗中心，这也是上海市第三批对口支援亚东的最大项目。温泉理疗中心建成后，一方面推进了当地旅游业的发展，很多慕名而来的游客可以在这儿住两天，帮助当地农牧民增加一些收入；另一方面也为当地老百姓造福，亚东湿气很重，农闲的季节到康布温泉去泡一泡对身体也很有帮助。此外，我们专门改造了亚东的自来水建设。亚东原本不缺水，但因为泥沙很大，自来水管经常堵塞，我们就援建了自来水工程，以解决当地老百姓用水问题，取得了较好效果。再比如，我们针对亚东雨水多、道路冲刷严重的问题，专门对道路进行修复建设。我们一直在努力，想把亚东建设成一个干净、整洁、舒适的西藏"小江南"。

转战萨迦　从无到有打基础

2002年6月，根据中央第四次西藏工作座谈会精神，上海要扩大对口支援西藏，新增萨迦县。萨迦历史悠久，但自然条件恶劣。萨迦新增为对口支援县后，上海没有另外单独选派干部，而是从已在藏的上海第三批50名援建干部中进行选派。萨迦首批援藏干部共7位，其中4位常驻县里，另3位还在日喀则地区相关单位兼任职务。我有幸被选中成为首批对口支援萨迦的常驻人员之一，被任命为县委常委、常务副县长，协助县长开展工作，并分管教育和城建。

根据上海对口支援萨迦的要求，争取利用"五年两批援藏赶上其他受援县十二年四批的援藏成效"，由于首批对口支援萨迦只有两年时间，因此必须抢进度、保质量，创造性地开展对口支援工作。我和其他6位援藏干部进驻萨迦后，顾不上对新环境的适应和调整，就开始了对萨迦的调研，好在已在西藏工作了一年，上手也快。萨迦地域面积广，县域面积8000多平方公里，有的乡镇离县城300多公里，去调研单程就要一天，早上一早出发可能下午甚至晚上才能到，所以经常要在乡里办公室过夜，钻进睡袋就是一晚，有时一下乡就是三五天，吃的多是泡面和火腿肠，当地干部可能会带上一些风干牛肉。就这样，短短两个月，我们就走遍了全县11个乡镇，累计行程10000多公里。

通过调研，我们发现萨迦有四个困难：一是自然环境恶劣。萨迦县城海拔4300多米，我们每天上班爬到二楼就要喘气；萨迦很多地方寸草不生，水都是硫黄水，当地老百姓喝这个水，50岁就开始掉牙齿了；春秋季风沙特别大，我们办公楼的窗户，关上以后还要用透明胶把所有的缝都封起来，尽管这样，每天早上还是一抹一层灰。二是经济发展落后。2001年，萨迦县共4万多人口，但是当年县级财政收入只有150多万元，农牧民的人均年收入只有900多元，而亚东当年农牧民人均年收入则达2100元。三是城市建设滞后。萨迦虽是一个历史名城，但基础设施落后，县城全是土路，高低不平，一下雨地面非常泥泞，天晴一刮风又全是风沙，经常都是灰蒙蒙的；县城里没有公共厕所，很多乡连卫生院都没有。四是交通不便。从萨迦县城到日喀则市虽然只有150公里路，但要耗时大半天，路也都是土路，车辆一过，尘土飞扬，所以这时会车、超车是非常危险的，我们一位援藏干部因此出车祸，额角上留下了一道长长的、深深的疤痕；萨迦县城到318国道，只有25公里，但要颠簸两个小时，

▲ 2002年9月，李友钟在宿舍阅审萨迦宾馆项目设计资料

有时车就在河床里开。就这样，我们援建萨迦从零开始，从一点一滴做起。

当时萨迦县城没有一家像样的宾馆，餐饮等配套设施也不足。不少游客因为萨迦吃住不便而取消了到萨迦游览的计划，或者是上午来，下午就走了，这对萨迦旅游业的发展影响很大。我们投资500万建造了一个萨迦宾馆来解决当地旅游设施缺乏的问题。宾馆建好后，旅客就可以更加从容地参观，萨迦寺文物丰富、壁画辉煌、经书浩瀚、建筑宏伟，可以细细品读；同时，旅客还可参观规模宏大、历史悠久的萨迦北寺及其他历史文化资源。这样，让游客留下来消费，既推进旅游业发展，也能提高农牧民收入。宾馆建好后，一般会以交钥匙的形式移交给当地政府，我们考虑到当地管理经验不足，又到拉萨找了专门做酒店经营管理的公司合作经营。当时合作方还追加投资购置设施设备，并配备专业管理团队。这样，县里每年不仅有一笔租金收入，宾馆经营产生的税收也交到县里，提高了县级财政收入。

除了萨迦宾馆外，我们还投资300万元援建了机关办公楼，投资700万元进行县城道路硬化，另外还修建了四个公共厕所，建立了一个垃圾处理场，配备了若干固定和移动垃圾箱，整修美化了老县城的围墙，组建了县环卫队，配备专门力量来推进城市建设管理，大大改善了萨迦旅游城市的形象。

除了工程项目外，我们还抓了安康示范村建设。为示范村建好村委办公地点，配备办公家具，修建温室大棚，安装粉碎机、磨面机等农牧民需要的加工设备，并为养殖藏鸡、牦牛等副业的家庭提供资金支持，为农牧区致富奔小康创造了条件，受到了当地农牧民群众的欢迎和好评。现在想来，当时上海第三批援藏干部联络组的眼光还是挺超前的，安康村建设跟我们现在推进的脱贫攻坚工作十分契合。

由于中央对西藏支援力度的加大、援藏项目的推进以及城市管理的加强，萨迦县城变化很大。时任上海市第三批援藏干部联络组组长、中共日喀则地委副书记尹弘同志来萨迦调研时，对萨迦的援藏工程建设给予了较高评价，他说："在萨迦这样恶劣的自然环境中，能在短短一年内，建成质量这样好的工程项目，很难得，出乎意料。"许多来过萨迦的人说："萨迦过去二十年来县城面貌都没有变，援藏干部来后，这一两年就发生了巨大变化。"

理念先导　凝聚共识谋长远

对上海干部来说，援藏不仅是援项目、援资金，很多时候也是观念和方法上的碰撞。对口支援工作仅有资金物资上的支持是远远不够的，还必须从解决思想观念入手。我们在工作中，也特别注意思想上、理念上的引导，凝聚思想共识，形成推进当地工作健康发展的持续动力。

比如，我们特别强调规划意识。亚东第一批援藏干部就做了规划，我们到后，就特别注意按照规划去推进县城建设，不搞挂在墙上的规划。到萨迦后，我们立即着手与当地干部一起，推进县城的规划设计，反复听取意见建议，让制定规划的过程也成为统一思想认识的过程，为县城建设提供蓝图。在后续的城市建设中，在红线控制、建筑风格、文物保护等方面，我们就严格按规划去实施。

又如，我们特别强调制度意识。我们到亚东后，发现当地工程项目招标不是很规范，于是就会同城建局出台了项目招标制度，援藏及县财政出资项目，不管大小，都要招标，这样就把工程建驻市场逐步规范起来了。到萨迦工作后，我们发现城市管理很薄弱，环境脏乱差，于是就出台了门前"三包"、县城"亮化、绿化、净化、美化"、常态性环境卫生检查等制度，经过努力，县城面貌得到了彻底的改变，受到了当地干部群众的广泛好评。

再如，我们特别强调质量意识，特别是对于工程项目，真正把"质量就是生命"融入血液。我大学里学的是金融和法律，对于建设这块纯属外行。萨迦县原本连城建局都没有，更缺少工程专业人员，我们去了以后，专门组建了城建局来推进项目建设与城市管理。为了避免外行指挥内行的尴尬，影响工程质量，我特地让家人从上海寄了很多关于城市建设管理、规划编制、质量控制方面的书籍。那段时间，我一边学习专业知识，一边到施工现场实践。当时检查一个工地时，我发现他们捆扎钢筋操作不规范，就让进行整改。这件事情传开以后，当地人都说："这个李县长管质量管得很严的。"另外，考虑萨迦是古城，我们为县城铺的都是石板路，是真正从山上打下来的石头。石板路中间的缝用水泥黄沙填充，石板与石板之间的缝隙太密了不行，太宽了也不行。施工队希望缝隙宽一点儿，因为水泥黄沙便宜，可以省钱，而石板都是从外面运进来，成本高。在检查施工过程中，我就会拿一个卷尺，严格对照施工规范，如果石板间的缝隙超过这个标准，我就要求重新返工。那时候上下班路上、吃过晚饭散步时，我都会习惯性拿着卷尺去工地上走一走、看一看、量一量，落小落细，严把工程质量关。正因狠抓质量，当地干部群众对援藏干部还是很佩服的。在日喀则地区基建大检查中，萨迦县的工程建设质量在全地区18个县市中名列前茅，并得到了地区建设局的通报表扬。

智力援助　提升教育激励人

物资援藏是基础，智力援藏是根本。我作为分管教育的同志，工作中不敢有丝毫的懈怠和疏忽。2001年是亚东"普及九年制义务教育工作"迎验年，县里专门成立了"普九"迎验领导小组，县委书记是组长，县长是第一副组长，我是副组长。"普九"最难的就是挨家挨户上门做辍学孩子及家长的思想工作，很多小孩读几年书就辍学回家帮忙干农活去了。我们一边上门动员一边慰问，通过慰问让这些农牧民在情感上更容易接受，配合让小孩去读书。有时候去一次不行，就要去两次甚至更多。为了迎接检查验收，我和当地干部一

◀ 2003年6月1日，萨迦县庆祝六一儿童节，李友钟给学生送去学习用品

起，加班加点整理材料数据，曾经连续工作过 36 个小时。亚东援藏联络小组组长、县长韦明跟我说："你别拼命了，你跟当地的干部还是不一样，身体各方面吃不消的。"但我想的是，当地干部都在加班，我不能搞特殊化。而且工作量实在很大，当时网络信息系统也没有，就靠人工进行数据统计、材料整理。就这样，经过我们的努力，亚东县于 2001 年 12 月顺利通过自治区人民政府组织的"普九"工作验收，成为日喀则地区第一家、自治区第三家通过"普九"的县，2001 年亚东县还被评为全区基础教育先进县、地区教育先进县。这些成果里凝聚了全县各族人民的汗水，也凝聚了援藏干部付出的心血！

通过"普九"后，我们在亚东还推进教育规范化建设、信息化建设试点和发展职教三大任务。尤其是职业教育，当时我们推"双证"，一是毕业证，二是职业教育绿色证。从小学高年级开始就引进劳动技能课，根据当地农牧业生产需要，开设了畜牧兽医、蔬菜种植、木工、绘画等职业技术课。我们当时的口号是"升学有基础，就业有技能"，成绩好的可以继续升学读高中，成绩不好升不了学的，有一个技能就业也就有一个出路，所以当时这项措施很受欢迎。

2002 年调到萨迦后，我发现萨迦教育的历史负担重，基础差，管理乱，教学水平不高，全县教育还没实现"普六"。有了亚东"普九"的经验，一方面有信心，一方面也倍感压力。我多次到教育局调研，研讨萨迦教育发展的目标、计划、措施，经常到乡镇中心校、村教学点走访了解基层学校的困难和问题。经过努力，萨迦县于2002年顺利实现了教育"普六"目标，2003年顺利通过自治区"扫盲"验收，在2003年小学毕业生报考内地班的升学考试中，萨迦有10名学生上线，最后录取8名，这是萨迦历史上考得最好的一次，在全县产生了良好反响。

2003年秋，为了提高萨迦小学毕业生上初中一年级的入学率，我克服种种困难，带领工作组下乡做辍学家庭的工作。有时动员一名学生上学需要做家长三个小时的思想工作。经过近一个星期的努力，终于让280多名辍学生重返校园，为实现萨迦教育"普九"打下坚实基础。

另外，我还接过前两批援藏干部的接力棒，联系资助亚东一名叫德庆卓嘎的藏族姑娘考上了大学。德庆卓嘎两岁的时候母亲去世，父亲又再婚并分家，德庆卓嘎就跟奶奶相依为命。宝山区第一批援藏干部张兆田发现这个事情后就开始资助她，第二批援藏干部李明接力，这样连续资助她从小学到高中，我从她高三开始接力资助，她考上大学后我们50个援藏干部都捐款进行资助。她大学毕业以后回到亚东工作，建设自己的家乡。

情真意切　深爱的第二故乡

三年来，作为上海市第三批援藏干部中的普通一员，我与其他援藏干部及当地干部一起，积极推动受援县经济社会协调、快速发展，增进民族团结，促进局势稳定，改善农牧民群众的生产生活条件。而援藏的这段经历，对我来说也是心灵上的一次洗礼。在西藏三年，我有几个体会特别深：

第一是讲政治。在西藏工作，讲政治是第一位的，必须紧跟中央统一部署，时刻紧绷政治这根弦，不能有任何动摇。要有政治敏感性，要通过深入细致的工作，注意将党的关心和温暖送到农牧民心坎上，让他们真切地感受到共产党好、社会主义好。

第二是讲团结。懂团结是大智慧，会团结是真本事。我觉得团结有几个层次：第一层是援藏干部内部团结。援藏干部来自上海方方面面，如果援藏干部不团结，既影响上海干部的形象，也不利于自身愉快地度过援藏历程。第二层是团结当地干部。我们要尊重当地干部，对上级要多请示、多汇报，对下级多沟通、多商量。他们可能文化基础薄弱些，同样一项工作要多花点时间，这个时候就要有耐心。第三层是团结驻地部队。驻地部队在当地是一支很重要的力量，他们很辛苦，他们遇到什么困难需要我们地方支持的，我们也是全力以赴。第四层是民族团结，我们援藏就是要做民族团结的使者。

第三是讲定力。在大城市的喧嚣环境中，一个人很难能够静得下来。西藏，对浮躁的心绪是一种很好的净化。西藏的高山厚土，哪怕是一块石头、一棵小草也会给你内心带来一种触动，使你内心安静，对待世事万物的态度也会更纯粹一点。有一个场景至今我都很难忘怀，那还是在亚东，有一个周末早上，我们在县城小店吃早点，小店门口几位当地的环卫工人劳动后席地而坐，提着几个保温瓶，拿着杯子喝酥油茶。太阳升起，这几个人脸上是非常灿烂的笑容，怡然自得、宁静祥和，洋溢着满足与幸福。

四是讲韧性。西藏条件的确是艰苦的，自然环境的考验是必须面对的，当地干部其实因高原因素身体不好的也很多。特别是在萨迦工作期间，晚上睡觉经常头痛，吃了安眠药也是迷迷糊糊，睡着没睡着不知道。尽管很吃力，但想到当地干部长年累月奋战在这块土地，想着农牧民更加艰辛的生活，心里也就坚定多了。当地牧区的牧民是跟着羊群移动的，在哪里放牧就在哪里搭一个帐篷。帐篷很矮，生火取暖做饭都要烧牛粪，走进帐篷一两分钟我们就闷得不行，但是牧民们就是那样生活的。牧民这种坚韧的品格，也激励着我们，所以群众观念也在我们头脑里深深地扎根，想问题、做事情就要为群众着想。

也许我所做的一切都微不足道，但我可以自豪地说，我热爱这片热土，我深深地把西藏当成了自己的第二故乡。很难忘最后要离开萨迦、离开日喀则的情形，当地干部群众倾城而出，喇叭里反复播放着《送战友》《一个妈妈的女儿》等歌曲，同事、朋友、结对的学生、群众代表一个个排着队给我们献哈达，我们的脖子、头上全是雪白的哈达，只露出两只眼睛，此情此景，催人泪下。常言说男儿有泪不轻弹，但在那个时候，援藏干部没有不流泪的，每个人

2001年8月，李友钟（右一）在亚东县吉汝乡走访慰问农牧民

眼睛都红红的。离开西藏时，有的援藏干部直接趴在地上亲吻那里的土地，有的用瓶子装了一些泥土带走，我也从萨迦带回一罐泥土放在书房。诗人艾青说："为什么我的眼中常含泪水，因为我对这片土地爱得深沉。"援藏尽管过去这么多年，但这样的情景总是历历在目，难以忘怀。

三年援藏回沪后，按照时任上海市第三批援藏干部联络组组长尹弘同志的教导，我们"忘记西藏"，从来没有向组织上开口以援藏说事。但是那个周末日出时，挂在藏族同胞脸上灿烂的笑容，始终印刻在我的脑海里，那样纯粹、那样温暖，一如我们的援藏时光。

缘聚雪域　情系百姓

陈江，1968年8月生。现任中共宝山区杨行镇党委副书记、镇长，西城区管委会副主任。2004年6月至2007年6月，担任西藏自治区日喀则市萨迦县发改委第一主任。

口述：陈　江
采访：刘朝晖
整理：刘朝晖
时间：2020 年 3 月 17 日

我与西藏的缘分，要从 20 世纪 90 年代末说起，那时我在宝山检察院工作，西藏来了三个交流干部，我们经常在一起聊西藏的话题，我对西藏的文化历史非常感兴趣，很想去那边走一走、看一看。2001 年，宝山区启动第三批援藏工作，我报了名，可惜没有被选上。到了 2004 年，第四批又开始了，时任宝山区委组织部部长朱勤皓对援藏工作很重视，要求组织部带头，我当时在区委组织部干部科工作，就再次报了名，终于光荣地踏上了这段难忘的征途。

高原反应给了我一个下马威

2004 年 6 月 4 日，我们这批 50 位上海援藏干部离开了上海，在成都暂住一夜后，6 月 5 日一早就登上航班飞往拉萨。从拉萨机场出来，我们几位对口支援日喀则地区的干部坐着地区前来迎接的车辆直接翻山越岭前往日喀则。在我的第一印象里，海拔 3850 米的日喀则市区很干净，马路很宽阔，绿化还不错，也有高楼，但和繁华的大上海还是没法比。在日喀则地区完成和上一批援藏干部的工作对接及相关培训后，时任上海市委组织部副部长丁薛祥送我们一行 5 人前往这次对口援助的目的地——日喀则地区下辖的萨迦县。

当时萨迦县正式纳入上海新一轮援藏计划不久。这个平均海拔4400米的县距离日喀则150公里，面积为8126平方公里，全县人口不多，县城人口只占十分之一。到达县城时，当地的干部群众都出来欢迎我们，跳着藏族特色的歌舞，小山一样的哈达把整个人包裹得几乎看不见了。我们感动得热泪盈眶，但也深知肩上的责任更重了。

萨迦县的气候比较差，总有风沙，绿化植被不多。县城楼房非常少，房子最高的也就四层，基本是藏族特色的房子，主干道只有三条。援藏干部欢迎大会在县里的大礼堂举行，说是大礼堂，其实就像一个仓库，窗户上几乎没有完整的玻璃，还好当时天气不太冷，到了冬天我们才体会到没有玻璃的痛苦。

初到西藏的短短的几天，由于交接工作很忙，大家都觉得时间过得挺快，我也一直处于一种好奇与兴奋的状态，虽然感觉有点儿头重脚轻，但总体感觉尚好。等一切安顿好之后，立刻觉得不对劲了——高原反应找上门了。虽然宿舍里都配备了氧气瓶和氧气包，也有红景天等药物，但是时值6月中旬，我穿着羽绒服羊毛衫，还是浑身发冷、头疼恶心，晚上睡不着觉，其他四名同志也是如此。老县长达次每天都会来看看我们生活是否习惯，发现我们高原反应很厉害，就劝我们回海拔低一些的日喀则地区调整适应一下。我们谁也不愿意先下去，认为再坚持一下，过了这一关就好了，如果连这点困难都不能克服，怎么完成三年的援藏任务？为此，援藏干部联络组副组长丁宝定等特地从地区赶到县里看望我们，发现大家氧饱和度都很低，不得不以"组织命令"的方式，让我和常务副县长肖立两位高原反应最严重的同志到日喀则进行调整。无奈之下，我俩只好先"下山"休整。

尽管日喀则的发展程度不如拉萨，更不如上海，但当我们从像荒漠般的萨迦县再度回到日喀则，看到高大的树木和楼房，这种反差突然让我们感觉日喀则就像是"温柔乡"。说来也怪，海拔虽然只是稍微降低了一点儿，但身体感觉好了许多。隔了两天，症状有所缓解，我们立刻回到萨迦县。尽管高原反应还是比较厉害，依旧有气喘和睡不着觉的现象，但已经比较适应了。

在组织的关怀下，我们最终通过了自然的考验。而在这场考验中，我们对自己也做出了更高的要求，开始思考如何在极端条件下与当地同胞们共同发展。

"安居工程"改善百姓居住条件

回到工作岗位上，县委书记建议我们先去走访一下，除了到县政府所在地走访，还要下乡去实地调研。萨迦县有两个镇，一个是县政府所在的萨迦镇，还有一个是靠近日喀则的吉定镇，此外还有13个乡。下乡是比较艰苦的工作，很多乡是没有路的，越野车一路颠簸，有时还需要从河里蹚水开过去。

我当时担任萨迦县发改委第一主任兼建设局局长，主要负责项目制定、建设和扶贫等工作，同时我的部门里还包含了国土资源、劳动保障、市容环卫等职能，同事们开玩笑叫我"八局长"。下乡了解情况，熟悉环境熟悉人，是必须要做的功课。相关项目必须尽快安排时间节点，尽快落实，因为西藏海拔高，天气冷，施工期一般只有4月到9月间。

下乡调研中，我发现大部分当地百姓的房子就是土坯再加一点儿石板搭建而成的，两层的房子一般是上层住人，下面养牛羊，条件比较差。一些贫困户的家里，一眼望去，破旧不堪，根本没有什么电气设备。有的一家人五六个孩

◀ 2004年10月，在吉定镇下乡调研

◀ 2005年5月，在扯休乡考察安居工程牧民安置点

子就挤在一间破屋子里，可见生活之艰苦。

调研后我们首先确定了一个项目，称为"安居工程"。当时，在离开吉定镇约十公里的扯休乡，我们决定重新建立一个镇，选址在318国道旁的河谷地，地方很大，海拔只有3900米，水环境也不错。利用援藏资金，我们集中建造了一批住房，也进行了一些配套设施的规划建设。当时建筑成本比较低，一栋房子的造价只有四五万元，百姓只是象征性地出一些劳动力。做这样的"安居工程"，我们希望将那些在偏僻地区的贫困农牧民迁移出来集中居住，这样不但能改善县里各乡农牧区百姓的居住条件，也可以方便配套的一些资源辐射，比如水电、医疗、邮政、移动和电信服务等，这是非常有意义的一项援助工程。

"安居工程"是分期分批的，第一年迁入三十多户，后来扩大到了两百多户。之后我们把这个工程延伸到萨迦镇中，通过政策引导，把一些相对富裕的百姓吸引过来，由他们自己出钱建房。后来形成规模，成了民俗一条街，房主可以自住或开个小店做点生意。再之后，几乎每一个乡都有这样的工程，让百姓尽量往乡政府所在地集聚，方便资源配套。

2012年，我又去过一次萨迦，经过扯休乡318国道旁这块空地时几乎认不出来了，已经发展到相当规模，连乡政府也搬过去了，已经变成了一个镇。

新建大礼堂，带动发展文化旅游

萨迦县当地小孩子很调皮，用石子把县里大礼堂的玻璃都砸破了，四面透风，当时我们只能用纸糊一糊。到了冬天，县里在大礼堂开"两会"的时候，当地人穿着藏袍，我们即便穿着羽绒服还是冻得瑟瑟发抖，在零下二三十度的环境中，很容易生病。

我们下定决心造一个新的大礼堂，作为县里的综合文化中心。新的礼堂选址在萨迦小学的南边，在建造的同时，四周也进行了基建规划。建造完成后，新的大礼堂带来了很好的辐射效应，不仅带动了镇上民俗一条街的发展，也拉动了萨迦县旅游产业。围绕着新的大礼堂，周边慢慢发展得十分热闹。

其实，萨迦有着得天独厚的文化资源。当地有座萨迦寺，兴建于1268年，1962年被国务院列入第一批国家级重点文物保护单位。萨迦的温泉资源也很特别，含硫量比较高。距县城18公里的卡吾法王温泉，据传是历代萨迦法王洗浴休闲的地方。此外，萨迦的藏香是比较有名的，尤其是寺庙内自己监制的"八思八藏香"，还有唐卡、藏刀、银器等手工艺品都很不错。

萨迦县当时没有什么产业，除了农牧业，唯一产生税收的产业是建筑业，整个县一年的财政收入300多万，维持基本运行都比较困难，我们希望通过打响萨迦的旅游品牌来增加当地的财政收入。围绕着这些旅游资源和产品，加之上海援建的神湖宾馆，通过合理规划，我们推出了几条旅游线路，取得了很好的效果，有不少国外旅游者也慕名前来。并且，后来的援藏干部在此基础上对旅游业有了更大的投入，使当地旅游产业的收入不断增加，对县财政提供了有力支持。2012年，我再次来到萨迦县，发现旅游产品一条街已粗具规模，旅游产业的发展让当地老百姓的收入得到了实实在在的增加。

"洗澡事件"催生了自来水厂

说实话，在萨迦县援助的头两年里，生活条件是比较艰苦的，也比较枯燥。当地的饭菜口味不太习惯，蔬菜不多，"老干妈"辣酱成了必备品。县城里有一个饭店，川菜做得不错，但只有招待朋友或改善伙食才偶尔去一次。到了晚上，电视节目没有几个频道，县里的电视差转台除了中央一套，也就两三个频道，网络信号也不好，还经常断电。现在萨迦县的条件已经改善很多，但当时吃过晚饭，看着8点多还高挂在空中的太阳，生活相对单一、枯燥，我的烟瘾正是那时候"培养"的。晚上也休息不好，这三年中，我经常到凌晨4点多才入睡，早上8点起来，也没觉得很疲惫，中午补个觉就好了。

在县里调研的最初一个月，我和上海过来的几位干部都没洗过澡，因为不方便，虽然县里有一家澡堂，但感觉去那边洗也不太合适。我们只好在自己驻地用热水擦擦身，开玩笑叫"干洗"。一个月后回到地区开会时，才有机会洗了一次澡，当时由衷地觉得，洗澡也是一件很奢侈的事，感觉很享受。

开会回来，我们和县委书记商量，这里太阳光照条件好，可以建个太阳能淋浴器，水源可以用井里的。就这样，没过多久，我们五位干部的房间都装上了太阳能淋浴器。平时中午一点下班，三点半上班，中间洗个澡，人感觉舒服多了。但是仅过了两天，我们发现淋浴器放不出水了。我让通讯员尼玛去察看一下，结果一会儿水来了。过了两天，水又断了，满腹狐疑的我们向尼玛了解情况，原来，井水有个特点，水是需要慢慢蓄起来的，而我们五人每天用热水器洗澡，短时间内大量用水，让井水一下子来不及补充，对其他人的用水造成了很大影响，而这小小的一口井要供150户人家使用。当了解到这个情况后，我们立即组织了一次内部谈论会，彼此"约法三章"：每周每人只能洗一次澡，每天晚上洗完脚以后用洗脚水洗袜子，细节之处要注意，树立节约用水的观念。老县长达次看到后说："原来以为你们援藏干部都娇娇弱弱的，吃不起苦，你们现在这样，让我很感动。"于是，他也帮忙做一些居民的工作。经过努力，用水矛盾这一小插曲暂时解决了。

只有设身处地地同当地人民在一起，共同生活，才能了解他们的需求。这次用水矛盾也让我们体会到当地百姓用水不易，而我们要发展，必须先做好"民心工程"，让当地人民满意。于是，修建自来水厂提上了议事日程。

萨迦居民打的井水，水质很差，又不方便，而且深水井含硫量特别高，喝了以后容易牙齿松动、掉头发。当时在离县城19公里的地方，有三口井枯水

2005年6月，在雄玛乡现场考察

期相对较短，我们就决定从这里取水，然后又建了一个沉沙池，通过过滤净化以后输送到千家万户。这个项目，我们总共投资了五六百万，后来我们在国庆节之前举行一个供水仪式，老百姓们都很开心。自来水厂建好以后，为了让老百姓们增强节约用水的意识，当时我们规定，每家出20元作为保护维修费用，结果有部分居民不愿意出，后来又降到10元，象征性地收一点儿，但要求居民必须要付，目的在于培养大家的公共意识和自来水来之不易的观念。

就这样，一场用水小纠纷却为我们在这里摸索奋斗之路找到了方向，那就是实实在在地为当地百姓做实事。

抓环卫搞绿化，市容露新颜

作为县里发改、建设、环卫等职能部门的主管，我深刻地意识到，一刮风就沙尘漫天的环境必须得到转变，而一个有效的办法，就是进行植树绿化。为此，我们进行了绿化工程。

由于当地水质的关系，当时种下去的树和草皮，成活率只有百分之二三十。后来我们发现，县委大院里的几棵树长得很好，秘诀在于用井水浇灌。我和负责绿化工程的人员商量，尽量改用井水进行浇灌，还和他们达成协议，至少要保证80%的绿化成活。在我的要求下，通过不断强化工程管理和控制，县城的绿化大有改观，我也觉得很有成就感。

县城的几个公共厕所，我刚去的时候，根本没办法进去。县里有个环卫队，五六个人，工资不高，有一辆拖拉机，一般一天打扫一次，上午九点多打扫完就收工了，到了下午，垃圾就随着风沙漫天飞舞，我们走在路上必须背风，遮脸捂嘴，我觉得这种情况必须改变。于是我要求环卫队必须对公共厕所等场所一天打扫两次，每个月给他们发一次肉作为奖励，做得好就有奖励，他们的积极性一下子就起来了。后来还增添了两辆摩托车，招聘了两个人，要求他们在县城监督检查市容卫生，相当于"城管"的角色。在县城里发现随地大小便或乱扔垃圾，就罚款一角到一元，用这样的措施来纠正当地的卫生习惯。

为了从根本上改善当地的市容市貌，2005年初，我和县长、书记和县人大常委会主任商量，是否可以推出萨迦县的市容管理条例，领导们都很支持。我根据上海的管理办法，结合当地的具体实际，制定了一个规范，之后县人大开会讨论并通过了萨迦县的《市容卫生管理办法》，以这个办法为依据对市容卫生进行管理。这些规范还印成小册子，向群众广泛宣传，在厕所等公共卫生场所也张贴了双语的规范要求。

从第二年末开始，萨迦县的卫生环境等市容面貌开始慢慢转变，逐步展现出美丽的容颜。当时县委书记表示，打算把萨迦县打造成"日喀则西部最美县城"。我想，萨迦县如果成为最美，我将为那里有我的付出而感到自豪。

最真实的情谊，最珍贵的财富

2007年6月，我们在结束援藏任务即将离开之际，萨迦县里开了一场欢送文艺晚会，当地干部的热情让我们很感动。三年里，我们和当地的干部、群众结下了深厚的友谊。虽然每位援藏干部内心都有回到家乡的渴望，但是真当离别到来时，却又有些舍不得脚下这片为之奋斗了三年的土地。

当地的干部、群众对我们很尊重，评价也很高。包括达次县长和县人大常委会主任巴桑，以及后来的帕珠县长在内，从一开始就对我们的生活非常关心，常常嘘寒问暖，对我们的工作也很支持。同时，觉得我们援藏干部是非常务实的，也感受到了我们的援助工作给他们生活带来实实在在的变化。除了"安居工程"、自来水厂、大礼堂等这些实事项目，还有一些村村户户安装太阳能光伏等小项目。另外，我们还组织了"蓝天下的挚爱"活动，去结对帮助当地的贫困学生，发动宝山区青联的青年企业家与贫困孩子结对，帮助他们完成学业，并捐建了一所希望小学，受益的学生有上百人，哪怕我们离开了，这些援助活动还在继续。我们的成绩，大家看在眼里，记在心里。此外，我们同样是用相互尊重和平等的理念与当地干部、群众打成一片，我们尊重他们的工作习惯、生活习惯，包括宗教信仰。作为援藏干部，我想我们不是要灌输给他们什么，而应该是融入，只有融入他们，才能形成合力，才能拧成一股绳。

援藏经历也让我自己改变了许多，使我看待事物比较淡然，有一颗平常心。在困难面前，不怨天尤人，而是要保持好的心态，尽自己的能力去做。我们这些援藏干部在一起曾说过，等我们年纪大了退休了，可以对我们的下一代、第三代自豪地讲，我们曾经在西藏待过，我们可以讲出很多的故事。

援藏结束的时候，我总结了一句话：经历就是财富。这段难忘的记忆，是我终身的财富。

"有志而来、有为而出"

——追忆我在西藏江孜县的援藏岁月

陈云彬，1966年6月生。现任上海市宝山区人民政府副区长。2007年至2010年，为上海市第五批援藏干部，担任中共江孜县委书记。

口述：陈云彬
采访：陈　亮　朱晓明　郭莹吉　张　耘
整理：郭莹吉
时间：2014 年 2 月 26 日
　　　2020 年 4 月 16 日

2007 年 6 月，经过组织的挑选，我作为第五批援藏干部来到西藏江孜县，带着"有志而来、有为而出"的理想抱负，开始了为期三年零三个月的援藏征程。

地委书记当面给我交任务："江孜交给你了"

刚接到援藏报名通知的时候，我心潮澎湃。从年轻时我就渴望到艰苦的地方摔打磨炼，总想着到外面去开阔眼界、增加阅历，而现在终于有这样一个机会能弥补年轻时的遗憾。怀揣着对西藏的无限憧憬和投身高原的满腔热血，我义无反顾地报了名。

应该说，我和江孜是有一种缘分的。江孜一直以来都是浦东和闵行轮流对口支援的，但当时由于人员调整，宝山的援藏干部被派到了江孜，而我也就成了宝山第一批到江孜的援藏干部。

2007 年 6 月 8 日下午，我们来到了日喀则。当时支援日喀则地区的有四省市、两企业，其中上海和山东的援藏干部同时到达。10 日晚上，日喀则地委、行署领导欢迎我们上海、山东的援藏干部和陪送团。当时发生的一件事，让我至今记忆犹新。我们10位援藏县委书记坐在一起。吃饭的时候，当时的地委书记格桑次仁走过来敬酒，他拿着酒杯，没说敬你们10位县委书记，而是先问了一句："谁是江孜县的县委书记？"我马上举手说："格桑书记，是我。"他说："我先敬你一杯，江孜很复杂，江孜很重要，我把江孜交给你了。"

当时，我心里"咯噔"一跳，顿时感觉到前所未有的压力——按道理来说，一般都是10个人一起敬酒的。这一杯酒敬好以后，他才说："各位辛苦了，未来三年你们都是各个县的大员，你们不是来挂职锻炼的，你们是自治区党委任命的。"后来当我了解了江孜的历史，才深刻理解了它的重要性：江孜是西藏的人口大县、后藏重镇，历史上寺庙多、僧尼多、旧贵族多，现在仍是西藏的粮仓，所以它的地理交通位置、社会经济发展在西藏都是举足轻重的。

环境的复杂、领导的重视，让我备感压力，也深感责任重大。一句"江孜交给你了"，不仅是一份重托，更承载了组织和人民无数的信任与期盼。责任就是使命，压力就是动力，我暗下决心：既然来了，就要在江孜这片热土上干出一番事业。在日喀则休整三天后，我们便启程前往江孜县。江孜县平均海拔4040米，高原反应对我造成了严重的影响，我一直感觉头重脚轻，头痛得厉害，整个人昏昏沉沉，经常要依靠安眠药才能入睡。

我走遍了江孜的每个乡镇

到了县里以后，伴随着身体上的高原反应，我们迈开了援藏工作的第一步：下乡调研。山高路远、路况艰险是县镇道路的最大特点，每次下乡调研都是对精神与肉体的一次严峻考验，但为了深入全面了解情况，我坚持走遍了全县每一个乡镇。江孜县有19个乡镇，最远的加克西乡距离县城约100公里。早上天蒙蒙亮就出发，回来时天已经黑了。加克西乡是江孜县唯一的纯牧区，海拔高、地处偏远，老百姓居住得也很分散。相比其他农区的乡镇，那里的自然条件更为恶劣，土质、气候条件较差，水资源紧缺，老百姓完全靠天吃饭，条件十分艰苦。干部长时间在那里工作生活，身体上多多少少都会出现问题。

◀ 陈云彬（左二）在农村实地调研

所以后来我一方面考虑给加克西乡多配几名干部，让他们能够轮番休假，身体能做适当的调整；另一方面组织县里四套班子领导和干部轮流到加克西乡慰问，主动关心他们，为他们带去新鲜的水果、蔬菜和肉类，让他们补充营养、增强体质。

江孜县有个规模不小的奶牛场，我去调研的时候，发现他们还在用手工挤奶，就建议他们扩大投资规模，发展机械化挤奶。可是毕业于西南农大的时任县长达娃卓玛告诉我："在西藏，气候环境恶劣导致花白牛奶量减少，如果用机器吸，会把奶牛的血都吸出来，导致奶牛受伤甚至死亡。并且就算把内蒙古品种好的奶牛运过来，在这里的成活率也只有50%左右。"这件事对我触动很大，本来我想把好的奶牛品种引进来，扩大规模，批量生产，但就是这些原本简单的事情到这里都变得极为复杂。开展援藏工作需要符合西藏当地发展的实际情况，要量体裁衣，因地制宜，不能自己想当然。如果项目不切合当地实际，就算愿望再好、投资再多，也不会成功。为了实现项目与当地特殊环境和经济社会发展条件相结合，做到"对症下药"，我坚持多听、多问、多走动，每个乡镇、每个村，一个不落地去跑、去看，进行全面深入的调研摸底，力求为江孜探索一条切实可行的特色发展道路。

努力为老百姓办实事

经过历时半年的调研，我对江孜的环境特点、生活条件、风土人情、干部队伍等基本情况有了比较全面的了解，初步掌握了江孜老百姓需要什么、缺少什么的情况。要想真正用好3800万元的援藏资金，就必须坚持从为老百姓办实事出发开展民生项目，做到把每一分钱都用在刀刃上。

我当时考虑做的第一件实事是投资建造自来水厂。2007年6月到江孜后，我发现当地老百姓的饮用水都是从年楚河里打上来的泥浆水，当时正值雨季，河水浑浊、污染严重，水质很差。大部分单位也基本上都是打井取水，但即使是30米深的井中依旧是一些受过污染的地表水，而老百姓则只能去河里打水。面对水资源匮乏、用水质量差的实际情况，当务之急就是要建造自来水厂。但这个想法刚一提出就招来很多反对意见，因为江孜曾经先后两次投入大量资金建自来水厂，却至今滴水未出，大家不愿意再浪费资金了。为了把原因弄清楚，我找到当时的地区发改委，把六年前建造水厂的事情经过问清楚，并把得出的结论向大家公布。我告诉大家："过去的水管已经腐烂，这次要重新建造，而且绝不会出现以往的问题。"最终，这个项目得到了大家的认可。

要建水厂，首先就是要找到稳定的深井水源。我请自治区地质勘查院过来勘测，勘测队要勘测深井周围100多平方公里的地下水流向。当时我听了吓一跳，原本以为打井很简单，但勘测队的专业技术人员告诉我，如果不这样做，贸然挖下去没有水，资金就白白浪费，当时打一口深井大约要20万元。经过专业勘测，我们先后打了四口80米的深井。之后我更加谨慎，专门请上海自来水公司的高级工程师帮我们设计管道铺设方案，包括水流的压力、管线的直径、海拔的位置、用户的数量，都通过严格测算，并用电脑进行模拟演示，不断修改完善设计图纸。为了确保万无一失，我还委托县城建局局长和县委办主任到上海，请专家对设计方案进行确认。这个项目总共投入1300多万，其中自来水主管就铺设了16公里。接下来，通过自治区人畜饮水工程配套安装水管通到居民家门口。居民只要买个水表、接上水管，就能用上自来水。

由上海援建的自来水厂，于2009年9月14日正式通水。通水这一天的日

宝山的责任

◀ 2009年9月14日，由上海援建的自来水厂正式通水

期用上海话来讲，刚好是"就是要水"的意思。自来水厂投入运行后，解决了全县城1.2万人的用水问题，为他们解决了一个最直接、最期盼的"大难题"，也让他们对我们的援藏工作有了高度的认可。

我们做的第二件实事是建造让老百姓认可的"幸福小区"。西藏当时正在开展安居工程，通过"四个一点"（国家出一点，贷款贷一点，自己筹一点，援藏出一点）来解决老百姓的住房问题。但江孜的情况有点特殊，安居工程主要是针对农牧区的老百姓，而江孜县城的居民无法享受补贴政策。当时县城的老百姓还住在20世纪50年代的破旧老房子里，大部分房子已是三面透风，有的甚至没有房顶，有的就是搭个棚。而且他们生活上也没有稳定的经济来源，妇女主要靠织卡垫、藏毯谋生，男同志就在县城里面骑三轮车、卖小商品，自己根本没有能力掏钱买房子、修房子。看到这种场景，我心里十分难过，并下决心要解决这个问题。恰好当时县委老党校搬迁，留下一块空地，于是我想就利用这块空地建一个居民小区，来解决老百姓的居住问题。在征求意见的时候，可以说是众望所归，大家都十分赞成。

这项工程从调研到完工，历时三年，先后建造了三十几套房子，独门独院，像连体别墅一样，房间里自来水、电话、有线电视等配套齐全，小区道路也全部"硬化"。我给它取名叫"幸福小区",就是想让居民生活幸福。当时,俞正声书记、韩正市长、刘云耕主任、冯国勤主席等上海市四套班子领导专门来到江孜县,为我们"幸福小区"揭牌剪彩。

在分新房给百姓的时候,我们没有收取一分钱。但为了把这三十几套房子分到真正需要的老百姓手里,我们规范了项目程序,成立了专门的工作小组,进行摸底调查,了解居民的实际住房情况,最后对符合条件的家庭进行公示。江孜的老百姓在拿到自己新房的时候,激动得流下了眼泪,这一幕让我心里久久不能平静。

然而,建房子只能暂时解决居住问题,要让他们真正富裕起来,还是要帮助他们发展经济。"授人以鱼,不如授人以渔",我们援藏不仅是带去资金和项目,长久之计还是帮助当地群众开阔思路,找到增收的渠道。在"幸福小区"建成后,我们把群众的老房子回收,通过市场途径维修后进行旅游开发,出发点就是增加县城居民的就业岗位,也使江孜县多一个增收渠道。另外,我在援藏期间还和当地群众一起做了11亩的蔬菜大棚,利用菜叶养猪,利用猪的粪便施肥并做沼气,也算是小型的循环经济。我们还把老的村委会腾出来,帮助一家氆氇加工厂扩大生产,为一个村70%的居民解决了收入来源问题。我觉得去西藏就要做最基础、最能让老百姓得实惠的事,但又不是那种高不可攀的技术,是要普及和推广群众力所能及的一些项目,这样他们的生活才会慢慢地好起来。

来自各方面的支援和帮助

从建造水厂到发展经济,援藏工作之所以开展顺利,除了我们自身的努力,还有就是受到当地老百姓的拥护,以及来自各方面的帮助和支援。在我援藏三年中,宝山区委、区政府给予了大力支持。除了当初市里给的援藏项目3800万元资金以外,区委、区政府另外援助了300万元。第一笔是2008年,时任区长斯福民同志带着宝山代表团来到江孜,给我们带来150万元捐助款。当时考虑到江孜县的老干部很多,却没有休闲活动的地方,我就用这150万元捐助款建成了一个老干部活动中心,深受老干部的拥护和认可。2009年,时任区委书记吕民元同志因为上海正在筹办世博会不能亲自来慰问，就委托区人大常委会主任沈秋余同志带队到江孜慰问，当时的区委副书记陆学明同志、宣传部部长袁鹰同志、组织部部长盛亚平同志和区人民法院院长姚荣民同志等一同前来，并且又带来150万元捐助款。后来我用这笔钱给公、检、法、司、统战部等单位以及19个乡镇各买了一辆皮卡车和桑塔纳轿车，帮助他们解决了办公出行难的问题。300万元援助款虽不是一个大数字，但这在宝山援藏历史上是第一次，代表了组织上对我们工作的特别关心和支持。时至今日，只要想起来我都非常感动。

我在江孜工作期间，还有一项非常重要的工作，就是编制了江孜县2010年到2030年的总体规划。这是西藏历史上第一个县级总体规划，并且是通过西藏自治区政府批复的具有法律效力的文件。这份规划发布以后具有很强的引领作用，它不仅指导江孜县整体产业结构布局，而且明确规划了县城中每条马路、每个节点的设计。当然，做规划的过程并不一帆风顺，多亏了多方领导和各部门人员的帮助和支持。从规划编制的一开始，自治区政府副主席邓小刚听了我做规划的汇报以后，便极力赞成我的想法，给了我许多的支持。后来在编制过程中，宝山区规划局局长邵雷明牵头帮助我们，住建部卢英方司长当时在自治区建设厅分管规划，也给了我们很大支持。规划编制完成后，自治区政府和地委领导都非常认可，经过县、市、自治区的层层审批，最终得到法定通过。

可以说，援藏期间我们受到了各级领导、各个部门，还有社会方方面面源源不断的帮助和支援，解决了我们在工作、生活上的种种困难，让我们在离家万里的西藏真正感受到来自组织关怀的温暖，更加坚定了我造福江孜的信心和决心。

花力气抓好基层党组织的建设

要想真正做好江孜的发展建设，光靠我们县一级领导是不够的，要靠各级党组织齐心协力、团结一致，发动基层组织和群众力量，只有各级组织积极努力和得到群众的支持，才能有效推动江孜的发展建设。在江孜，我深深感到党的群众工作要从最底层抓起。平时，村一级组织与群众的联系最直接、最紧密,关于老百姓的事情,村委会要第一时间掌握情况并及时汇报。因此,抓好村一级的党建工作是加强基层力量的重点。在调研过程中,我发现当时江孜县许多村没有像样的村委会,大多是一个很破的小土坯房,办公条件很差。所以我在十几个最困难的村,分别投入 20 万元资金,完善部分硬件设施,建造了办公室、学习场所,拓宽了宣传教育的渠道。硬件到位以后,软件也要跟上,而最重要的就是干部和人才队伍建设。当地的党员数量较少,党员比例不高,为了加强干部队伍建设、增加人才储备,我坚持主张挑选有一定文化基础的、年纪轻的或者退伍回来的人员,优先作为党员发展对象和支部书记的后备人选,并对他们重点关注和培养。

在乡镇层面,我关注的重点也是干部队伍。江孜县的干部队伍缺编十分严重,很多该有的职位都空缺。有些单位因为干部空缺太多,连工作都无法正常开展。调研以后,我把一些年轻干部派遣到乡里进行两年的挂职锻炼,并从基层挑选一些优秀干部到县里帮助工作,让干部队伍流动起来。经过三年的调整,不仅解决了干部空缺,也调动了大家工作的积极性。县委书记如果不去研究、不去考察、不去培养干部,最终干部队伍断层,就会降低大家工作的积极性,所以我坚持一级带动一级,努力使各级各层面都转动起来。

县一级在行政序列中处于承上启下的枢纽地位,组织建设当然要更加规范。作为县委书记,我在这方面责无旁贷。到江孜以后,我对县委议事规则、常委会议事规则、全会议事规则等进行了全面梳理,对照基层组织建设的标准和要求,也参考我们上海的成熟做法,提出了一些修订和完善的想法。县长也赞同我的观点,于是我们在集体讨论后开始实施,既规范了班子正规运作,让大家的日常工作更有条理性,也使班子成员受到了组织观念的教育。

当时正在开展学习实践科学发展观活动,江孜是西藏的两个全国督导单位之一。我们结合活动要求,根据县、乡镇、村各个层面的实际情况,坚持以人为本,坚持问题导向,突出抓好制度建设和干部队伍建设,取得了较好的效果。

精心谋划，大胆举办"达玛节"

达玛节是江孜的传统节日，至今已有580多年的历史，活动内容主要是赛马、群众活动、物品交易等，于每年藏历4月10日至28日举行。2008年西藏"3·14"事件刚刚结束，正好赶上一年一度的达玛节，维稳工作面临严峻形势，给我接下来的工作增加了很大压力。当时日喀则和拉萨所有大型的节日活动都停掉了，达玛节到底办还是不办？我内心也在激烈斗争。后来县委常委会上，我大胆提出这个活动还是要举办，当时说了三点原因：一是达玛节历史悠久，不能在我们这届断掉。二是我们完全有能力掌控达玛节的整个活动。三是我相信江孜老百姓是信任我们共产党的，闹事的只是个别极端分子。但考虑到情况特殊，我也提出将时间缩短至五天。

既然决定要办，就要做好万全的准备。经县委常委会讨论决定，我一方面向地委请求警力支援，一方面精心筹划活动方案。为了这个活动，我们连续奋战几个昼夜，布置活动现场，制订安全防范预案。活动期间还组织了公安等人员到现场维护秩序。活动开幕当天，我把自治区原党委常委、统战部部长桑珠请到县里来，请他为我们压阵主持开幕式。最终活动举办得圆满成功，在当地

◀ 江孜县举办"达玛节"

的群众中取得了很好的反响。

对我来讲，援藏工作是一个挑战。因为在进藏之前，我没有干过一天党委书记的工作，更没有体验过强烈的高原反应。担任江孜县委书记以后，我始终坚持一个信念，就是"以人为本"，只要是老百姓需要的，我就去想办法解决；只要是老百姓认可的，我就去努力做好。三年援藏的经历，现在已深深地镌刻在我的脑海里，这是一种历练，更是一份财富。时至今日，我还挂念着那片土地和那里的人民。

年楚河畔沪藏情深
身肩使命踏实奉献

高耀，1972年4月生。现任中共上海市宝山区月浦镇党委委员、纪委书记、监察办主任。2010年6月至2013年6月，担任中共西藏自治区日喀则地区江孜县委常委、县委办公室主任。

口述：高　耀
采访：张晨曦　吴延梅
整理：吴延梅　张晨曦
时间：2020 年 2 月 26 日

2010 年 6 月 17 日，对我来说是个特殊的日子。这一天，我带着上海人民的深情厚谊，辞妻别子、远离故土，做了一名沪藏两地合作交流的使者，踏上了西藏这片热土，开始为期三年的援藏历程。时光荏苒，一晃援藏已经过去十一个年头了。还记得江孜的云天、山峦、浓烈的酥油香、当地群众的欢声笑语。三年间那些感动我的人和事仿佛历历在目……

接过援藏接力棒　勇闯"三关"入"三新"

上海市第六批援藏干部中只有我一个人来自宝山区，感到组织对我认可的同时，也感觉到身上的担子很重，能代表宝山、代表上海援藏是我的光荣。从报名到组织上选拔、体检、出发用了大概一两个月，整个过程比较紧凑。2010 年端午节后，我们乘飞机到成都转机飞往拉萨，又马不停蹄地坐了四五个小时汽车到了日喀则。

在那里，我见到了宝山区第五批援藏干部——时任江孜县委书记陈云彬和县委办主任沈轶群，陈书记也是我在法院的老领导。第一眼看到两人，又黑又瘦，嘴唇发紫，显得很苍老。我们三个人都热泪盈眶，不由自主地抱在一块。

想着即将接过援藏的接力棒，我暗下决心这三年要好好干。

西藏的海拔高，空气稀薄，天气冷，工期短，我们这些上海来的援藏干部，就像南方的水牛被拉到西藏当牦牛，一下子遭遇了各种水土不服症状，呼吸困难、饮食不习惯、睡眠休息不好。这些制约条件迫使我们一开始就要先过身体关、生活关、语言关，尽快融入新环境、融入新集体、融入新岗位。

不惧下马威，克服"身体关"。刚到西藏，身体明显感到不适，和在内地时很不一样，感觉腿有点飘，头有点涨。平地走路心跳100次/分，爬楼更快要到140次/分，甚至更高。有位兄弟半开玩笑地说，把帽子戴上，帽绳收紧点把脑袋勒疼，治高原反应——这是"以痛攻痛"的物理疗法。因为气压的原因，饼干包装膨胀开来，一打开装药的胶丸，药粉会喷出来。日喀则地委和江孜县当地干部对我们很关心，送上最珍贵的礼物：一人一瓶氧气。后来吸氧成了我们的日常，晚上不吸氧就别想睡觉，有时还需要借助安眠药。

没想到下马威还没结束。闵行的一个兄弟感冒咳嗽，到江孜县医院拍片子感觉不好，那时候非常担心害怕，因为在高原就怕感冒，感冒很容易引起肺气肿，严重的话很有可能就永远留在这里了。我们当天又把这位兄弟送到日喀则医院检查，万幸的是他只是严重的高原反应、水土不服，我们这才心定了。

入乡随俗自力更生，渡过"生活关"。县里面有藏菜和川菜两种菜，一开始我们雄心勃勃上来就吃藏菜，实在接受不了再改换川菜，奈何肠胃还在顽强抵抗，川菜吃了一个礼拜，全部拉肚子，然后掉过头来再吃藏菜，这才慢慢地开始适应当地饮食。同时，我们也自己动手、自力更生，对食物加以改良。我们从浓度、口感上改良了当地传统的酥油茶，根据上海口味把原本加盐的习惯换成了加糖，改良后的酥油茶得到了上海同志们的一致好评。我们也偶尔自己动手做粢饭糕、白斩鸡、红烧大排，还顺便教会了当地卖肉的师傅怎样切大排。当地干部也送来非常珍贵的水果和蔬菜，因为当地气候等原因，水果蔬菜不是一年四季都有的，能吃上水果蔬菜就像过节似的。就这样我们逐渐渡过了生活关。

淡身份学藏语，通过"语言关"。各种高原反应习惯了以后就不害怕了，头疼脑热、心跳加速也不当回事了，工作、生活慢慢步入正轨。我们刻意淡化

年楚河畔沪藏情深　身肩使命踏实奉献

2011年3月，高耀在卡麦乡老百姓的开犁仪式上庆祝春耕

援藏干部的身份，入乡随俗，主动适应当地的习惯。因为江孜县98%是藏民，为了便于开展工作，更好地融入当地群众，我们去的第二个礼拜就开始学藏语，学了三个月的时候，可以进行简单的日常交流。援藏干部的装备标配就是加厚牛仔裤、山地鞋、羽绒服。当地很冷，生活条件不像内地，这身装备既保暖又耐脏。因为条件限制，卫生习惯没有那么讲究。到群众家里，他们坐什么地方，我们就立刻毫不犹豫地坐下来。到乡里开会都戴着帽子、眼镜，露天席地而坐，气温并不高但紫外线非常强。开一下午会，腿都是红的，我一开始以为有了"高原红"，感觉很疼时才发现原来是晒的。

扎根基层重"造血"　改善民生做实事

上海援藏主要在日喀则地区的五个县，江孜是其中之一。江孜县地处冈底斯山与喜马拉雅山之间，平均海拔4100米。在这里，雄伟的宗山古堡诉说着不畏强暴、浴血卫国的英雄历史，奔腾的年楚河水孕育了红河谷"粮仓"。江孜县的青稞产量在西藏很靠前，农民也会种一些油菜花，每到春季油菜花开，灿烂的金黄色泼洒在大地，非常漂亮。当地的百姓热情淳朴，西藏和平解放后，当地农奴翻身做主人，一步步走向生活改善、安居乐业、脱贫致富的道路，他们发自内心地感谢共产党，感谢国家，对我们援藏干部如同一家人。

上海援藏江孜小组一共7人，分别来自闵行、虹口、长宁和宝山，我们组长是当时闵行区虹桥镇镇长张伟同志，三年援藏时光我们朝夕相处，一起跑调研、做项目，结下了深厚的友谊。因为西藏工期很短，每年只有六个月可以施工，我们意识到时间紧迫。江孜县当地干部向我们介绍了基本情况，我们在听取了第五批援藏小组的意见后，了解了具体的援藏方向和项目进展情况，满怀着"艰苦不怕吃苦，缺氧不缺精神；气压低不低士气，海拔高追求更高"的豪情，进藏后第二个星期就在当地干部的带领下到江孜的19个乡开展正式调研。我走过最难走的路就是当时下乡调研的山路，到乡村调研都需要经过很多山，山上多是石头，泥土层很薄，因为没有附着物，植物抓不住地，所以植被很少。一下雨就很危险，很容易发生泥石流，很多山路旁边就是悬崖。去江孜县最远的一个乡，当天赶不回来，必须住一晚。就这样我们整个调研小组一天跑一个地方，用了二十天左右摸清楚了江孜的情况和当地人的需求。

从援藏政策环境来看，在第六批援藏干部进藏调研之初，国家发改委对援藏项目建设出台了新规定，即"两个倾斜"：援藏资金要向基层倾斜，向农牧民群众倾斜。这是上海援藏面临的新情况、新要求。整个援藏项目是以上海市的名义在做的，有几个大项目，比如安居工程项目，这个项目是通过合理规划，让原来住在山里面的老百姓集中住到公路边上，以此帮助贫困户告别原先人畜合居、土石垒砌的旧居，住进宽敞明亮、功能齐全的现代房屋。这样也改变了原来因居住分散导致的水电输送困难等情况，集中安居发挥了集群优势，方便更多的惠民工程启动。

2011年10月，西藏自治区党委在全区深入开展"创先争优，强基础，惠民生"活动，我担任卡麦乡塘麦、麻恰、亚杰、曲杰四村的驻村工作队长。卡麦乡位于江孜县北部，水是制约这里发展的决定因素，要解决水的问题，必须全面实施水塘改造和引水管道铺设项目。我走遍了四村的沟沟坎坎，和卡麦乡负责人一起多次跑县有关部门，多方筹措资金，在各方共同努力下，麻恰村43万元水塘改造项目、塘麦村50万元的引水管道项目、亚杰曲杰两村20万元的水井修复工程都已完工。当生命之水缓缓流入广袤的田地时，当看到当地

2011年4月,高耀在卡麦乡亚杰村贫困农户家中查看自来水

群众发自内心的笑容时,我感到了援藏工作的重要意义。

在全区开展的基层建设年活动中,我蹲点在卡麦乡亚杰村,组织该村党员积极开展党的方针政策宣传、村情民意调查工作,发现村子里老百姓榨油是一件极其耗时耗力的事情。当地老百姓日常食用菜籽油,亚杰村里没有榨油的机器,想要榨油就要去乡里,整个乡就只有这一台榨油机。江孜地广人稀,乡村没有柏油路,路很难走,基本上靠牛车或者马车拉过去,非常不方便。从亚杰村到乡里当天无法返回,需要住一晚,考虑到住宿条件差,要么露天住宿无法保障安全,为了榨一点油耗时耗力,成本很高。在村里磨面粉也面临着同样的问题,我跟领导汇报,筹措了三万元钱,买了榨油机和磨面机放在村委会,作为村办加工企业,能够帮助群众解决一点实际问题,也填补了该村无村集体经济的空白。

当时村里条件比较艰苦,开会都是席地而坐,没有围墙。我们就帮他们修围墙,帮村委会提供设施、设备。乡里有一辆皮卡是第五批援藏干部买的,车里柴油没有了,我们就提前买好,趁着去调研的时候送过去,现在想想都是很小的事情,但是对他们来说就是雪中送炭。我们坚持少做锦上添花,多做雪中送炭的事情,让当地更加感受到党和政府的温暖,感受到上海援藏干部的心意。在任职县委常委、县委办主任的工作中,为进一步改善县委办公室的办公条件,提高办公效率,我为县委办公室添置了4台一体机和1台打印机,并更换了地毯、办公桌、书柜等设备,改善工作环境,增加工作"利器"。在西藏待过就知道,脱贫工作非常关键、非常重要。协调东西部区域发展,定点对口支援,精准扶贫就是其中重要的一环。我去过亚杰村最贫困的老百姓家,他们家房子只有一半的房顶,就连盖房子的钱也是资助的,没钱盖下去,另一半房顶就用帆布代替了。这三年我每次下基层,总要深入贫困农牧民和职工家庭,累计捐赠人民币近2万元。我也多次带上农技人员上门帮助和指导贫困户生产,主要是在调整产业结构和品种升级换代上,为贫困户脱贫致富想办法、出点子、谋路子,比如青稞怎样运出去,做成什么样的制品更容易让消费者接受,就是一些实实在在非常小的事情。我们援藏所做的事情一方面是立竿见影地解决实际存在的问题,做老百姓需要、欢迎和真正能帮助他们的事情;另一方面是厘清"造血"和"输血"的关系,从产业结构、经济可持续发展的角度来援藏,为西藏今后整体经济发展奠定坚实基础。在驻村工作期间,我们也始终坚持厚植扶贫产业"大树"、增强"造血"功能,依靠鱼米之乡的产业优势,把重要的东西销售出去,思考外向型经济怎么发展,怎么帮助村级经济发展。三年很难把产业链做清楚,于是我们一批批上海援藏干部接力做,不断积累经验、开拓思路,踏踏实实做实事,对县乡村自身恢复功能和长远的发展非常有利。

厚植理念引模式　建管并举靓新貌

　　以前的江孜县城,人在前面走,牛羊伴左右;红绿灯不亮,人行道没有;环卫不到位,绿化维护累。所以,我们在加强硬件建设的同时,建管并举,将现代城镇精细化管理理念和管理方法带到西藏,从软硬件上综合施策,改善城市环境、设置和管理微循环,展现江孜县"英雄城"、古城的风貌。

　　重点建设的工程是以"一路二场"为主线,我们完成了江孜县英雄路、宗山广场区域综合整治工程和江孜县达玛场改建工程。达玛场改建工程非常受当地群众关注,有六百年历史的达玛节就在这里举行。达玛节是江孜及周边地区

2011年6月，高耀查看江孜县城主干道人行道改造工程

最隆重最热闹的传统民俗节日，每年都会有近10万群众集聚达玛场共度节日。达玛场不仅是群众举行文化体育活动的主场所，有骑牛比赛、赛马、射箭等丰富的娱乐竞技活动，也是节日期间江孜县及周边地区最大的商贸集市。改建后的达玛场重新设置了跑道，修整了看台，最重要的是新建了公共卫生间，使达玛场路面更平整，区域更明确，功能更完善，更有利于达玛节这样大型盛会的开展，同时对传承江孜县传统文化也有着十分重要的意义。

我们江孜小组在投入2300万元建设"美化、亮化、绿化"江孜县城环境的基础上，重点投入400万元实施江孜县城镇维护工程，依托"宣传、服务、管理、执法"的渐进工作模式，使整个县城环境得到明显改善。我们制定了相关制度，从牛羊抓起，规定时间段，这个时间可以进城，其他时间段就不可以进城，也包括各行其道，人行道怎么划分，绿化带怎么设置，从最精细的一点一滴做起。特别在管理方面，江孜县加强城管队伍建设，将城管队员从原有的14人增加至30人，另外，新招10名环卫人员，引入网格化管理理念，对相应人员划定区域、专门定岗、规定责任范围，让群众真正感觉到城市在变化。同时，因为援藏干部不可能一直参与管理，所以我们要帮助他们制定相关的规章制度，尤其要培养当地的管理人员，为管理"造血"做储备。所以一方面我们加大了培训力度,组织他们到上海市闵行区虹桥镇城市综合管理事务中心实地考察学习;一方面建立城管服务中心,制定各项城市管理工作规章制度,如奖惩并举制度、开放违规举报电话制度等。我们还重点落实"四包"责任制,就是让临街单位、店铺、住户的具体责任人,承包自家门前的环境卫生、绿化、公共秩序、公共设施,为的是让更多的商家、群众参与到城市治理中。经过三年努力,人们进入城市后第一印象就是干净、整洁、有序,城市面貌大有改观,基本实现了城镇的绿化、净化和美化,体现了上海特色。

自选动作谋长远 根植教育夯"基石"

江孜县第六批援藏项目共 25 个,江孜小组安排援藏资金加大对农村水利、交通基础设施建设的力度,完善了江孜县旅游服务中心咨询导游、文化展示、证件办理、餐饮购物等一体化服务,提升了江孜县旅游服务能力。除了这些规定内的项目之外,我们还可以做一些自选的项目。宝山区委、区政府对援藏工作非常关心并积极响应,组织上经常问我可以有什么自选动作,能够为江孜的发展做些什么事情。

我经过前期调研、牵头、联络,向宝山区领导汇报了当地情况,并提出了扩建江孜县幼儿园的想法。"再穷不能穷教育",教育是百年大计,要种下未来的希望必须从娃娃抓起,让孩子在起跑线上就拥有向城市看齐的资源。如果能改善教育设施条件,发展江孜的教育事业,那么当地就有了长足发展的动力。教育也一直是宝山区关注的重点,我的建议顺利得到了宝山区委、区政府的认可,宝山区投入了 30 万用于江孜县幼儿园电教化改造工程,购置全新的教学桌椅,安装当时很先进的投影仪、电脑等教学设备,重新装潢内部空间,让学校环境焕然一新,更加适宜幼儿学习。改建后的江孜县幼儿园在硬件上有了飞跃式的提升,师资条件也上了一个台阶,成为整个西藏自治区的县一级幼儿园和第一个达到三语(即藏语、普通话和英语)教育的幼儿园。项目完成的时候,受到了西藏自治区教育厅高度赞扬,这说明我们找对了方向,获得了当地的认可。能够代表宝山人民为江孜县做些实实在在的事情,我也深感荣幸。此外我们还向江孜县高级中学捐赠了多媒体教室项目,开展了帮扶贫困学生助学工程，等等。

　　宝山的援藏事业一直在教育领域聚力，我们相信，教育是功在千秋的大事，虽然教育的过程、人才的培养是长期的，可能一下子看不出效果，但是我们创造一些条件把基础打扎实了，让藏区的孩子也能从小接受更加全面、多元的教育，这对孩子的未来、藏区的未来影响深远。通过三年来对对口支援工作思路的探索创新和实践，我个人也获得了一些经验和启示，比如对口支援决不能急功近利抓表面，而是要打牢基础治根本，使对口地区长期受益，做好这些功在当代、利在千秋的工作，是我们支援干部的责任和使命。

　　在西藏，什么是真正的苦？对我们援藏干部来说，生活环境不是苦，对家人的思念不是苦，工作干不好没成绩，那才真是苦。"援藏"二字，对于受援地而言，是期许，是希望；而对于我，一个普通的援藏干部而言，是历练，也是修行。我们离开的时候，当地县委大院里有一个简短的欢送仪式。我们本不想麻烦大家，交接好工作就悄悄地走，但出来看到路上两边站的都是人，没有组织、没有号召，老百姓自发地欢送我们，用堆得像小山一样的哈达送给我们，一直送到出县城，脖子上叠得厚厚的哈达像西藏人民真挚的情谊一样洁白而深沉，当时的场景让我们深深地感动。

　　"雄关漫道真如铁，而今迈步从头越。"回首三年援藏生活，对我来说是历练、是成长，也是一段深刻的记忆，有时候我还是会梦回西藏，感受当地同胞对生活的热爱，对未来的渴望。回沪后我经常通过微信和当地的同事、陈云彬区长、援藏小组的伙伴聊聊，关注一下我们"第二故乡"的发展。奉献也好，使命也好，去过西藏后，对那里的理解就更深刻，想起这段经历总能触及心灵深处最柔软的地方。我们身为沪藏交流的使者，既把平时在上海工作的严谨态度、高节奏状态带到了西藏，也从西藏带回了朴实、踏实、低调的工作、生活态度。之前，我在西藏做好援藏工作，做到三年不辱使命，体现了我作为一个共产党人的担当；如今，我在上海兢兢业业地做好本职工作，如果能对得起这段经历，对得起组织的信任，便足矣。

无怨无悔的三年援疆情

华建国，1964年5月生。现任上海市宝山区人大财经（农业农村委）主任委员。1997年2月至2000年1月，作为第一批上海市援疆干部，担任新疆阿克苏市财政局副局长。2000年回沪后，历任宝山区机管局副局长、宝山区民政局副局长、宝山区人大常委会城建环保工委主任等职。

口述：华建国

采访：李秋洁

整理：李秋洁

时间：2020年3月10日

有幸成为20世纪90年代末期上海派出的第一批援疆干部，三年援疆任务完成后，我于2000年初回沪，至今已经过去了整整二十个年头。随着岁月的流逝，许多事情都已在我的记忆中慢慢淡忘，但三年援疆生涯的一些片断至今仍不时在我脑海里浮现，让我感怀至深，心有牵绊。

初识：始至边疆的下乡经历

1997年初，我们一行从上海到达祖国的西北边陲，经过舟车劳顿，大伙难掩困倦。越野车在茫茫戈壁上疾驰数小时，不见一只飞鸟，那种寂静、原始，那种一望无际的视野，竟有种神奇的力量，令人豁然开朗、心旷神怡，顿时疲惫感减轻了不少。久居大都市的我深感祖国母亲胸怀的博大和宽广，总听人说"不到新疆，不知道中国有多大"，那一刻我深深觉得"到了新疆，真正感受到祖国如此之大"！

刚到阿克苏市财政局工作不久，局长李晨欣在局务会上传达阿克苏市委、市政府召开的棉花病虫害防治会议，并在会上动员机关各单位下乡参与病虫害防治的劳动。局全体干部第一时间响应，第二天一大早便都带着馕（馕是当地

宝山的责任

114

◀ 华建国（后排左四）在阿克苏市拜什吐格曼乡十六大队棉田做现场指导

群众日常生活中不可缺少的最主要的食品）、水等，前往对口帮扶的拜什吐格曼乡十六大队。

到达后，村党支部书记、主任阿不力孜给我们分派了赴棉花地捕捉害虫的任务。来到田头，看到老乡们在棉田忙碌的身影，机关干部纷纷走进田里一起帮忙捕捉害虫。利用休息间隙，我问了李局长有关棉花的一些情况，李局长说："新疆特别是南疆由于日照充足、热量丰富、降水稀少、空气干燥、昼夜温差大，利用雪水人工灌溉，为棉花生产提供了其他棉区所不及的良好条件。新疆产的棉花吐絮好，絮色白，品级高。阿克苏市植棉条件同样得天独厚，2万余公顷棉田，近年来不断更新棉花品种，产棉3万余吨，居全国棉花百强县、市第十五位，植棉业在农业中所占比例近年不断上升，成为农村奔小康的龙头产业。新疆棉花产量占全国三分之一，阿克苏地区棉花产量占新疆棉花的三分之一，棉花不仅带动了阿克苏以棉纺行业为龙头的产业体系，还是农民增收的主要来源。"

李局长的一番话让我想起了我们刚到阿克苏时参加地区三级干部会议，会上地委书记、行署专员讲得最多，也听到最多，晚上看文艺演出也时常出现的歌舞节目内容——"帕合塔"（维吾尔语"棉花"的意思）的意义所在。

在棉花病虫害防治劳动期间，我和阿不力孜书记还有村民们了解了很多，包括棉花种植面积、农民种棉的积极性、农民对棉花上市后价格的顾虑、棉花重载的情况等，深感棉花对新疆如此重要。

这次下乡尽管时间不长，但留给我的印象却十分深刻。我不仅深入了解了新疆农村的风土人情，对农村工作及农民生活发展的实践性、重要性等都有了亲身经历和主观感受，为三年的援疆工作进行了很好的铺垫。

使命：牢记"四项工程"，当好资金"守门人"

我们这一批援疆干部出发前，时任上海市委书记黄菊、市委副书记孟建柱分别对我们提出希望和要求，我依旧记得黄菊同志的希望和要求：经受新考验、接受新任务、作出新成绩。到新疆后，援疆联络组提出了援疆期间的"四项工程"工作目标，即"自身形象工程"，努力造就一支"让上海人民放心，阿克苏人民满意"的援疆干部队伍；"桥梁纽带工程"，努力促进上海与阿克苏两地的交流与合作；"人才技术工程"，为阿克苏地区建设高素质的干部队伍和专业技术人才而努力；"好事实事工程"，努力为阿克苏地区各族群众服务。

援疆期间，我始终围绕市委领导提出的"三新"要求以及联络组提出的"四项工程"目标，做好各项工作。按照阿克苏市财政局党组的分工，我主要协助局领导分管预算外资金、文教行政事业财务、企业财务、会计管理、国有资产管理、局部分内部管理等工作。刚到任时，我通过阅读历年工作总结、计划和财政预决算报告，与同志们经常沟通，大致了解阿克苏市财政情况以及财政局业务、财政管理情况。我最开始着手做的，就是将自身的专业技术与阿克苏的实际相结合，做好分管的各项业务工作，建章立制、严格监管，当好资金守门人，让每一分钱都花在刀刃上。

党中央、国务院对加强预算外资金管理十分重视，我根据上级文件精神，针对阿克苏市预算外资金管理现状，结合我在上海工作的一些经验做法，起草了《阿克苏市预算内外资金结合使用办法》，并经市委、市政府批转实行。从实际执行情况来看，一定程度上缓解了财政预算内资金紧张的局面，也为建立综合财政预算打下了基础。为此，地区财政局还专门在阿克苏市召开交流会，交流推广我们的做法、经验。

之后，我又根据全国各地及上海的有关做法、经验，结合阿克苏市的实际，制定了《阿克苏市政府采购暂行办法》《阿克苏市车辆实行统一保险办法》，经阿克苏市财经领导小组讨论通过，以阿克苏市委、市政府文件进行批转后实行，为加强财政支出管理、优化财政支出结构、扼制各种腐败和奢侈浪费行为打下了良好的基础。两项办法实行下来，当年的政府采购活动节约资金71万元，车辆保险上半年暂在市委、市政府、人大、政协及公、检、法等部门试行，共节约资金15.34万元，较上年同期减少保险支出近30%，下半年在全市推开，起到了较好的效果，得到自治区、地区财政部门及市委、市政府的重视和肯定。

同时，我结合阿克苏市的特点组织全市的罚缴分离工作，进一步促进"收支两条线"工作的开展，为下一步的收费缴款分离打下基础；制定会计基础工作规范制度，通过检查验收，规范会计工作秩序，使其进一步适应市场经济发展的需要……通过几套"组合拳"，各类资金的分配、使用、监管等各个环节都更加科学、规范和有效。

坚守："柯柯牙精神"给我的鼓舞

初见柯柯牙（柯柯牙工程是阿克苏地区柯柯牙荒漠绿化护林工程），还是初入新疆之时，顶着凛冽的寒风，坐着面包车，在不太平整的林间转了一圈，并未留下深刻的印象。后来在与当地民众交谈时，总能听到对柯柯牙工程的赞美之词，但也并未太放在心上，只知这是一项改善生态环境的绿化工程，受到了中央、自治区各级领导的深切关怀、支持与鼓励。

再见柯柯牙，正值丰收季，眼前的柯柯牙震撼到了我。到处硕果累累，鲜亮的大苹果挂满枝头，绿宝石般的葡萄缀满棚架，黄黄的香梨像满树元宝，红红的大枣似珠宝成塔，空气中弥漫着各色瓜果清甜的香味，着实让人眼前一亮、心情大好。李局长说，十几年前，这里还是一片戈壁滩，沙丘连绵起伏，沟壑纵横交错，风沙猖狂暴虐，碱土寸草不生。维吾尔语称这里为"青色的崖"，因为这里是阿克苏市频发沙尘暴的风口、源头，当地百姓对此地百般痛

◀ 华建国（右）在阿克苏柯柯牙工程纪念塑像前留影

恨却又无可奈何。为根治风沙危害，改善生态环境和人居环境，阿克苏地委、行署在认真调查研究的基础上作出决定，发动全社会力量，在柯柯牙建造大型人工防风治沙造林工程。1986年3月，柯柯牙绿化工程正式拉开帷幕，阿克苏各族军民在这片亘古荒原上开始了持之以恒、可歌可泣的播绿壮举。在国家没有立项和投资的情况下，各族军民坚持不懈地发扬柯柯牙精神，艰苦奋斗，彻底改变了柯柯牙的原始荒漠地貌，在昔日的荒滩戈壁上建成了"绿色长城"。

我看过柯柯牙改造之前的照片，再看看眼前的生机勃勃，足以想象柯柯牙工程的艰苦卓绝。当时的工程建设主要靠人力，靠坎土曼，一辆辆客车、卡车、拖拉机乃至毛驴车、牛车把成千上万的劳动者拉到黄土漫天、风沙呼啸的荒滩上，他们下车伊始，就在工程指挥部的统一调派之下，奔赴各个工地，挖土、开沟、平路、开荒、植树、造林……饿了啃一口馕，渴了喝一口水，累了坐在地上小歇一会儿，再接着干。在多浪河边、托木尔峰下，群雄奋起，前赴后继，不计报酬，不图回报，这是怎样一种"自力更生、团结奋进、艰苦创业、无私奉献"的柯柯牙精神！

柯柯牙工程让我深受鼓舞，之后我多次去了柯柯牙，发现她越变越美，更可喜的是柯柯牙人和阿克苏人更加自足、自信、自豪了。在与当地民众交谈时，也发现他们大多是当年柯柯牙的建设者。当年他们或为在校师生，或为机关及企事业单位人员，或为驻军、武警及新疆建设兵团农一师官兵，或为当地农民，只要提及柯柯牙，都有说不尽的赞美之词，都会带着非常自豪的神色，讲述当年挥动坎土曼、汗流戈壁滩的一幕幕情景，讲述维吾尔族、汉族、回族等各族群众克服困难、团结奋斗的一个个故事，讲述军民携手、民族团结、共建美丽家园的一段段场景……渐渐的，柯柯牙精神也似一盏夜里的明灯，总在悄然间给我力量，催我振奋，激励我做好援疆工作。

收获：架设两地共同发展的桥梁

做好事、办实事是援疆工作"四大工程"的一项重要内容，也是每一个援疆干部应尽的义务。在阿克苏的三年里，我始终牢记这六个字，将其贯穿在工作和生活的点滴之中。

按照阿克苏市委、市政府提出的"治穷致富奔小康"的工作要求，我积极配合局领导做好对口帮扶村的帮扶工作，多次到村里了解情况，帮助村委会改造办公场所、新建阅览室，尽最大力量帮助解决群众在生产生活中遇到的困难和问题，增加农民收入。根据援疆干部联络组提出的"攀贫困民族亲戚"的扶贫帮困要求，在阿克苏市教委的联系下，我对口帮助一户维吾尔族特困户。三年里，每逢节日、开学，我都会到少数民族困难学生家里进行家访，送去学习用品、衣物、食品以及学杂费用，并了解孩子的学习、生活情况，虽是绵薄之力，但也带去了一份温暖，更让我和我的阿克苏亲戚结下了深厚的情谊。

另一方面，根据上海、阿克苏两地领导的指示和上海援疆干部联络组的要求，我在认真回顾第一年在"桥梁纽带工程建设"方面工作的同时，更加认识到我们援疆干部有义务、有责任发挥好自己的桥梁纽带作用，为推动两地共同发展贡献自己的一份力量。

1998年，阿克苏市财政局与宝山区财政局缔结"友好局"，借着这个机会，我在回家探亲期间以及上海宝山有关方面领导来阿克苏期间，主动与派出单位的各级领导汇报阿克苏的一些困难以及我们的工作、学习情况，争取最大的支持。

◀ 华建国（中）为结对特困户送上慰问物品

当年6月，宝山区卫生系统为积极支援少数民族地区卫生事业，捐赠较先进的400毫安X光机一台，价值约15万元，帮助阿克苏提高卫生医疗水平；宝山区财政局捐赠给阿克苏市财政局价值19万余元的汽车一辆。8月底至9月初，以宝山区委常委、组织部部长康大华为团长，宝山区财政局局长吴鸣晨、宝山区卫生局局长杨文虎为副团长的宝山区慰问考察团一行来到阿克苏，就宝山区与阿克苏市在人才、经济、精神文明、卫生事业、财政管理等方面的互动交流进行了座谈。考察慰问团一行了解了我在阿克苏的工作、生活、学习情况，就下一阶段如何做好援疆工作提出了希望和要求，并再次捐赠部分医疗设备。10月底至11月初，阿克苏市组织了以高烈卿书记为团长的阿克苏市党政代表团赴上海进行考察。在宝山考察期间，签订了宝山区、阿克苏市建立友好区市的意向书，宝山区卫生局与阿克苏市卫生局也签订了对口支援协议。宝山区与阿克苏市互相间的考察交流和协作支持，开创了两地友好合作的新开端，拓宽了我们的援疆工作面，也是对我援疆工作的最大鼓励、支持和鞭策，让我有了更大的动力，进一步做好援疆工作的桥梁纽带工程建设。

1999年，在我的联系对接下，阿克苏市卫生系统共派出5人次赴宝山区中心医院进行为期一年的进修学习，为阿克苏市培养专业人才、提升医疗水平开了一个好头。当年 8 月，宝山区副区长张培正来阿克苏考察期间，与阿克苏市正式签订了友好区市的协议，为今后两地的进一步合作奠定了基础。当年，宝山区、阿克苏市的党政机关及部门共组织 5 批 41 人次的两地间考察交流活动，进一步加强了两地的人才、经济等方面的合作，推动了两地的互助合作和共同发展。1999 年 8 月、9 月，我分别被阿克苏地委、行署，阿克苏市委、市政府评为"民族团结模范个人"。

三年援疆，一生收获。如今回想起来，我记忆中的援疆生活已经变成我生命中的一部分。回到上海，我也把记忆带了回来，里面装着我曾经的欢乐、曾经遇到的困难、曾经的每一步，装着阿克苏的领导和人民对我们的关怀和深情厚谊。我会始终怀念着阿克苏，祝愿阿克苏更加美丽富饶，祝愿阿克苏人民幸福安康！

"疆"爱，进行到底

金新宇，1970年1月生。现任上海市宝山区业余大学（上海行知学院、上海开放大学宝山分校、上海市宝山区老年大学）党总支书记、副校长（主持行政工作）。2005年7月至2008年6月，担任新疆阿瓦提县委党校副校长。

口述：金新宇
采访：董曲波
整理：董曲波
时间：2020 年 3 月 20 日

新疆，祖国的大好河山，谜一样的远方，那里充盈着我多少年来对异域风情的无限遐想。

2005 年 7 月，我带着组织的信任与嘱托，挥手告别妻儿，踏上了三年的"援疆路"，作为上海市第五批援疆干部赴新疆阿克苏地区，担任阿克苏地区阿瓦提县委党校副校长，分管教学工作。

弹指间，回沪已十年有余；倏然间，援疆事历历在目。

出征·感受组织的细致关怀

2005 年 5 月，上海市第五批援疆干部报名工作启动，我当时在宝山职校工作，区教育局下发了相关通知，教育系统要推选一名党员同志参加三年的援疆工作。回家后我和妻子商量此事，妻子问我是怎么想的，我说："全区教育系统才一个名额，不一定会选上我。不过作为一名共产党员，态度必须明确，所以我打算报名。" 6 月中下旬，我接到通知，被确定为宝山区推荐的两名援疆干部之一。得知这个消息后，当时心里既激动又担心，激动的是这么光荣而艰巨的任务落在我身上，是组织对我的信任；担心的是家里的情况。没多久，这种担忧便烟消云散了。组织部门为了让我没有后顾之忧，在细致了解我家庭的情况后，主动联系团区委、区妇联、区公安局等部门，关心好我赴疆后家庭的困难和需求。同时，考虑到我是去当地县委党校工作，为了让我对党校工作有进一步了解，区委组织部还安排我去区委党校学习了半个月，为进疆后尽快适应作准备。所有这些，除了感动，更让我有了踏实的感觉。

2005年7月25日，满载着市委、市政府和上海人民的重托和期望，我们第五批56位援疆干部告别亲人，离沪赴疆，踏上了为期三年的援疆征程。"对口援疆后继前，浦江干部志满怀。新栽杨柳三千里，引得春风度玉关。"这是时任市委常委、常务副市长冯国勤在欢送仪式上为我们上海市第五批援疆干部所赋的一首诗。我们56个兄弟带着领导的嘱托，带着满怀的激情与憧憬登上了飞往乌鲁木齐的飞机。13:45，飞机从虹桥机场起飞，18:30安全抵达乌鲁木齐。踏上新疆这片热土的那一刻，第一次有了背井离乡的体会，淡淡的忧伤涌上心头，但这种伤感很快就被我们内心的使命感和责任感所替代：作为一名党员干部，必须到国家需要我们的地方去，对此，我义不容辞。7月27日，我们9名来自上海宝山、松江、杨浦、青浦、奉贤等区县的同志顺利抵达援助地——阿瓦提县。阿瓦提县委组织部派人来迎接我们，一下车，只见路两侧阿瓦提的父老乡亲跳起了热情的木卡姆来，用他们的方式表示对我们的欢迎。这是我第一次近距离见到新疆舞蹈，这载歌载舞的欢迎仪式让我心头一暖，我从他们的笑容里感受到了少数民族的淳朴和热情，更感觉到了肩膀上的责任。

还有一件事令我记忆犹新。2005年9月17日，我们离开上海后的第一个传统节日——中秋节，上海援疆工作联络组以远程视频的方式组织了一个家属联谊会。尽管当时网络技术有限，但丝毫没有影响到我们情感的传达，哪怕是一个眼神，或是寥寥数语，都体现了"明月千里寄相思""每逢佳节倍思亲"的一种情感。当我们在屏幕前看到亲人时，我潸然而感：都说"天涯共此时""千里共婵娟"，此情此景，无论是组织无微不至的关怀，还是家人的坚强担当，大家和小家如此和谐，家国情怀如此深刻，久久难忘，意义非凡。我心里也默默提醒自己，一定不辜负组织和家人的期望，扎实工作，不辱使命。

辽阔疆土，比江南难觅烟雨，却是天高云清，霞光万丈。此次出征，带着组织的嘱托与关爱，我饱含热情："醇厚使命带着，责任牢记心头，家国天下我有，定当不负春秋"。

初识·感受于异乡的丰富热情

到新疆之前，我知道新疆很大、很远，来了以后更感觉到了她的美。

阿瓦提是南疆小城，干净整洁，美不胜收，总有能让你入眼而又入心之处，令人难忘。她是一个微缩的新疆，一个个性鲜明、魅力无边的地方。"阿瓦提"系维吾尔语译音，意为"繁荣"，县域面积为1.33万平方公里，相当于两个上海的面积。这里有深厚的文化背景和独特的自然景观，这里是刀郎文化中心区之一，也是维吾尔族十二木卡姆的源头。阿瓦提县还是全国优质棉生产基地、著名的中国棉城、中国长绒棉之乡、中国慕萨莱思之乡和刀郎文化之乡。

阿瓦提县城不大，半个小时就可以把县城转一圈。我工作的党校离住地很近。有一位当地老师令我印象深刻，她就是党校的教务处主任古努·阿依古丽。由于县委党校教职工日常交流以少数民族的语言为主，我在这边遇到的第一个难题就是语言沟通障碍。正当我愁难时，阿依古丽找到我，她说："金校

◀ 阿瓦提县广场

长，你不用着急，听不懂我们民族语言，我可以帮你做翻译。"她的这一句话说到了我的心坎上，让我忐忑不安的心有了着落。初次见面的阿依古丽给我留下的印象是非常热情，平日里不仅帮助我做翻译，还会教我讲维吾尔语，让我很快地适应了阿瓦提的工作和生活。我很好奇她的普通话怎么会说得这么好，她告诉我，刚来党校工作的时候，她就自学了普通话，一开始觉得普通话很好听，学一点儿普通话可以方便交流，后来她发现讲好普通话对她的工作帮助很大，可以直接、方便地学习一些新的知识。听到这一番话，我发现，阿依古丽不仅是一个热情的维吾尔族朋友，还是一个勤奋好学的维吾尔族好教师，这一点在与她接下来的工作接触中也颇有感触。

初心·落实于教育的具体实践

我工作的县委党校在阿瓦提县城内，党校规模不大，占地面积约6亩，就一幢二层楼的办公教学大楼，当时在职教职员工二十多位，其中三分之二是维吾尔族。

来到党校后不久，为了能尽快进入分管的教学工作角色，我马不停蹄地开展了调研，根据县委党校的实际情况，提出了对教师队伍建设的要求：一方面要抓好教师理论知识学习。我们要求教师每周举行一次理论学习，并做到学习有内容、有要求、有专题、有体会。这一做法起到了不错的效果，一直坚持到现在，通过学习，提高了整个党校教师队伍对理论的准确把握。另一方面要抓好教学质量，提高教师授课水平。我们决心从提升教职工多媒体制作水平入手，教老师们通过运用PPT课件等现代化技术手段提高教学质量。我觉得这是一件很有意义的工作，一来可以帮助老师们提高教学能力，二来在客观上可以提升教学效率，事半功倍。我想，这一项小小的工作是可以开花结果的，教会了这里的老师，她们可以去帮助其他老师，把新的技术、好的方法推广出去，这样就算以后我回沪了也没关系。

语言障碍这个困难我是有充分的思想准备，但还有一点出乎我意料，那就是这边的老师都没有接触过电脑，不夸张地说，大部分老师连电脑开关机都不会，而且当时一个党校只有五台电脑。针对这一系列问题，我推翻了之前准备好的教案，只能从计算机基础应用开始教起。

我们预先分好小组，在一间只有一台电脑的大教室里给大家讲解，我一句句讲，阿依古丽一句句翻译，下面的老师边听边记，有问题马上提出，我们当场解决。就这样每天讲一个知识点，然后大家分小组实践操作。此外，当时电脑上没有维吾尔语的软件，老师们学起来有点吃力，我就联系了县政府办公室的同志，帮我们安装了维吾尔语的软件，从基础开始，篇幅布局、字体美化、动画插入，一步一步，手把手地教大家，老师们也全情投入地学习。终于，功夫不负有心人，在全体教师的共同努力下，历时三个月，大家基本掌握了计算机的基础应用和PPT的制作方法。为了评估教学效果，我们决定开展一次现场操作评比活动，一是可以用这样一种带有激励的方式评测教学成效，二是可以让大家学习的内容得到进一步的内化和巩固。在活动过程中，大家相互交流切磋，在校内掀起了一股学习信息技术的热潮。县委党校也是当时阿克苏地区8县1市第一家启动PPT教学的单位，得到了地委党校的表扬和肯定。

通过这次培训，我发现许多老师真正地喜欢上了这些新技能。他们说："虽然学习的过程比较辛苦，但学会之后确实对教学有很大帮助，使课堂教学显得更直观、生动。现在我们去基层上课，学员们都特别喜欢我们用PPT给大家讲，还让我们教他们这些新技能。金校长，您教的这个技术，现在是遍地开花了。"听到这些话，我心里特别高兴，感觉所有的付出都是值得的。

在党校的工作经历中，师生们热情、乐观的精神以及对待学习的那股韧劲让我感动不已，面对她们满足的神情，我也感受到和她们之间的情感在工作交流中与日俱增。

融合·根植于当地的深厚情怀

除了做好县委党校的教育教学管理，我还参与了上海第五批援疆联络组布置的工作。联络组在前期调研中发现，县医院的医疗条件比较薄弱，医生手术受到医疗设施的限制，无法顺利开展。当地老百姓要手术，哪怕是一个小手术，也要跑到地区去做，所以大家特别希望有条件完备的手术室。在此情况下，2006年3月，联络组决定开展援建县医院手术室项目，解决当地老百姓

▶ 2007年，金新宇（左二）参与阿瓦提县人民医院外科综合住院楼洁净手术室招标会议

的就医问题。联络组把此项目的推进工作交给了我们阿瓦提县工作小组，小组讨论决定由我担任联络员，负责医院和小组之间的协调沟通。我心想：援建手术室项目对当地百姓非常重要，我不能辜负组织的信任，必须要做好这个"桥梁"。

一方面，我要把医院的意见及时反馈给项目组长邓远见，另一方面还要把项目建设的具体要求精准传达到医院。为了能更进一步做好此项工作，我仔细研读有关招投标文件及相关会议精神，专门制定了工作日志，每周三次到医院去就相关事宜进行协调沟通。限于设备招标在阿克苏地区没有条件进行，根据要求，我和县医院林院长及财政局赵忠平三人奔赴乌鲁木齐开展手术室的招投标工作，整个过程非常艰辛，但一想到能给当地的百姓做实事，就感觉很有激情，也特别兴奋，来回奔忙一点儿都不觉得累，喝着矿泉水吃着馕，都觉得是美味。大家心往一处想、劲儿往一处使，克服了许多客观上的困难，最终不辱使命，顺利完成了招投标。

阿瓦提医院手术室整个项目总投资245万元，上海市人民政府无偿援助200万元，阿瓦提县人民医院配套资金45万元，共建五间手术室，总面积670平方米，2007年通过医疗技术专家组验收。手术室的建成，极大地改善了县

◀ 金新宇（左四）和当地农民一起农耕

医院的硬件设施，有利于病人的治疗和康复。林院长激动地和我们说："有了这个手术室，病人受外来感染的概率微乎其微，手术患者伤口感染率降到最低，最大限度地避免了交叉感染，县里的老百姓做一些常规手术再也不用跑很远了，真是太感谢你们了。"听了这席话，我非常高兴，我们的援疆项目能给当地老百姓带来这些实实在在的帮助，得到大家的认可，有种说不出的幸福感。

我们积极响应县委、县政府号召，在组长邓远见带领下，一起下乡参与"三同活动"。"三同活动"指的是去农村，到农民家与农民同吃、同住、同劳动，吃饭的费用是自己出的，每次下乡约两周的时间。开展"三同活动"的对象是家庭贫困户，这些贫困家庭主要是缺少劳动力，有的因病，有的因残疾、老弱。我们选择"三同活动"的时间一般是在棉花需要定苗之际，阿瓦提是中国棉城，当地主要的种植作物是棉花。棉花从塑料地膜出苗后，长出三片真叶时就要进行定苗，防止因播种量大造成株间拥挤而形成高脚苗，这是棉花的一种栽培技术，即把不要的苗去掉，留下有用的苗，减少养分消耗，提高质量和产量。给棉花定苗不仅是技术活也是体力活，那时候在棉花田里干活，除了定苗还要同时去掉一些杂草，人要一直蹲着，有时候站起来感觉两条腿已经不是自己的了。"三同活动"拉近了我们和当地农民之间的感情，我也深刻体会到育苗的艰辛。劳动后在农民家吃上一碗清汤面，放上两颗青涩的杏子，感觉到的却是内心的一份充盈和满足。

农村的路不太好走，虽然距离不远，但耗费的时间却挺长，车子开过，一路尘土飞扬，等下了车，摸一摸耳朵，里面有不少沙粒，头发里的尘土更是可想而知了。每次下乡和同事们一起帮农民干农活，休息的时候就坐在田间地头的大树下，望着这片广袤俊美的大地，内心的宽阔与踏实是那段时光里最真切的体验。

收获·刻画于脑海的不舍眷恋

三年来，作为上海第五批援疆干部的普通一员，我与其他援疆干部及当地干部一起，为推动阿瓦提县的经济发展、社会稳定、民族团结做了自己应该做的。而这段经历，对我来说是一种磨炼，更是一笔宝贵的财富。其中，有三点感悟特别深刻。

一是要有大局意识。"援疆"是国家战略，援疆工作有着深远的政治意义。对整个国家来说，没有边疆的稳定和发展，就没有内地和平发展的环境。大局意识，就是要从大处着眼、从小处着手，深刻领会中央的精神，按照上海市委、市政府的要求，在当地党委、政府的领导下开展对口支援工作。我们要清醒地认识到，援疆工作是为了增强民族团结、促进边疆发展，不是去"镀金"、去增加阅历的，必须处理好个人利益和国家利益的关系。此外，在实践中会碰到一系列的问题和挑战，一切都要围绕有利于新疆的社会稳定和长治久安来进行。比如我们帮助当地发展产业、教育卫生事业，不仅要做好项目本身，还要考虑怎么能让更多的百姓从家里出来就业，帮助他们提高就业能力和树立自信、自强的意识，这就需要从全局的高度去思考、去应对。

二是要做好团结工作。一方面是援疆干部内部的团结。我们援疆干部来自不同的单位和部门，经历和阅历及所从事的工作各不相同，如果每个人都"单打独斗"，即使个人能力再强，也难以形成合力。好在我们上海的援疆干部无论在工作还是生活上都能够严于律己、团结协作、相互关心，营造出"上下一条心、工作一盘棋"的良好氛围,也体现了上海干部的整体水平。其中,联络组起到了很大的作用,组长吴成每季度把我们召集在一起进行集训讲评,包括政策宣讲、案例分析、专题交流等,大家相互倾诉、讨论,共同用心构筑着一个新的"大家庭",也增进了彼此间的情谊。另一方面是团结当地的干部。我们尊重当地干部,包括生活习惯、文化传统等。对于边界不清的问题,要反复和当地领导和有关部门沟通,得到他们的理解和支持,始终抱着谦虚谨慎的态度去开展工作。令人欣慰的是,援疆期间,当地的干部对我的工作非常支持,对我提出的思路和制定的政策、措施,他们不仅充分地执行下去,还给了我很多好的建议和补充,这种团结融洽的氛围使工作开展起来更加顺利。

三是对待群众要有"三心"。首先,要有"仁心",就像习总书记说的,各民族要"像石榴籽那样紧紧抱在一起"。把受援群众当作亲人,把受援地当作家乡,通过交往交融争取民心,使我们的援疆工作能真正打动到每一位受援群众。其次,要能"交心",要善于运用群众语言,善于掌握群众心理。我们援疆干部不是要给群众灌输什么,而是应该主动融入他们,让受援群众真正理解援疆工作的目的,真正认可援疆干部的作风,真正认同党和国家的民族宗教政策。最后,要会"关心",多关心群众冷暖,不能因为自己是干部、来自大城市,就有种高高在上的感觉,只有沉下心去把每项工作做实做细,让每个援建项目都能接地气、谋民生、落实处,才能让民族同胞感受到党和政府的关怀,感受到祖国大家庭的温暖。

援疆不只是使命,更多的是责任,不只是付出,更多的是收获。如果要用任何词汇来概括援疆的心境,都可能是简单的、苍白的,至少不能很准确和清晰地表达"受益匪浅"这四个字。"人,只要有一种信念,有所追求,什么艰苦都能忍受,什么环境也都能适应。"而这份信念的背后离不开责任担当,我想这也是所有援疆人共同的初心。

"大漠孤烟直,长河落日圆。"一次援疆行,一生援疆情,无论我在哪里,她给我留下的人生印记将持续余生,三年援疆,毕生收获。正如鲁迅先生所说:"无穷的远方,无数的人们,都和我有关。"

这是一场"小我"走向"大我"的蜕变。

我把阿克苏当作第二故乡
—— 援助新疆阿克苏市中医医院口述实录

杨耀忠，1965年12月生。2008年7月至2010年12月，作为上海市第六批援疆干部，担任新疆阿克苏市中医医院副院长。现任上海市中医药社区卫生服务研究中心专家委员会专家，上海市社区卫生协会中医药专业委员会委员，上海市中医药学会社区分会常务委员，宝山区吴淞街道社区卫生服务中心党支部副书记、主任。

口述：杨耀忠
采访：赵荣发
整理：赵荣发
时间：2020 年 3 月

我是在 2008 年 7 月选入上海市第六批援疆干部，赴新疆阿克苏地区工作的。按照组织的分配，我在新疆阿克苏市中医医院工作了两年半的时间。2010 年 12 月，我们第六批 63 名援疆兄弟一起完成任务胜利返沪，我回到原来就职的宝山区中医医院工作。

当年援疆我才 40 岁出头，现在已经 55 岁了。好像一眨眼，十多年就过去了，但当年援疆时的许多事情还是清晰地留在脑海里，我与当时认识的阿克苏医生和一些干部群众至今还保持着联系，交往不断，成为我人生经历中最宝贵的财富。

立志学医　悬壶济世

我是一个农家子弟，故乡在现在的宝山区盛桥农村。在我上小学时，盛桥还是宝山北部的偏远地区，各方面条件都比较落后。不过，我读书相当刻苦，接受能力也比较强，所以，我后来考上了宝山名气最响的行知中学。按照当时的情况，行知中学学生毕业时，大多选择名校作为高考的第一志愿，但高中毕业时，我却把上海中医学院作为首选。

我怎么会有这个想法呢？我有个舅公公，曾经参加过抗美援朝战争，在战争中被炮火震聋了耳朵，退役后四处求医无效，最后，是被当地一位老中医治愈的。我希望自己长大后，也能成为这样一个悬壶济世的中医医生。

1984年，我以远远超出录取分数线的好成绩，考入上海中医学院，成为村里第一个医科大学生。1989年，大学毕业后，我被当时刚建立的宝山区中医医院招入，成为这所医院恢复高考后第一个中医学科大学毕业生。经过十多年的磨炼，我慢慢成熟，诊治的病人涉及消化、呼吸、心血管、肝胆、肿瘤，甚至还有小儿厌食等各个科类，赢得患者好评。2000年，我光荣地加入了中国共产党，晋升为副主任医师；2001年，担任院长助理；2003年，担任副院长。

在这个过程中，我从来不提其他要求，但始终坚持一个要求："我要继续看门诊！"

在我心目中，做个好医生，看病是第一位的。

2008年春夏之际，上海市组织第六批援疆干部援疆。我得知这一消息后，毫不犹豫地报名了。

我当时正值四十不惑的黄金年龄段，又是一名共产党员，担任副院长职务，具备副高级职称，各方面都符合援疆的要求。当然，我还有一个更重要的理由，那就是我所取得的这些成绩，都是组织上培养的结果。我出生在一个农民家庭，希望能用我自己所掌握的本领，去帮助新疆同胞，尽可能地解除他们的身心疾苦，同时也为加强两地友谊做出一份贡献。

我爱人是一位小学老师，女儿当时已经读初中，都十分支持我的决定。我母亲曾经担任过生产队长，听说我要去新疆，也对我说："你放心去吧，你到新疆去的这段时间里，我住到你家来，帮着料理家务！"

我的申请不久就获得批准。2008年7月末，在经过一段时间的团队集体培训后，我和其他62名援疆兄弟飞赴乌鲁木齐。在这支队伍中，11名医护人员被分配到阿克苏各个医院，我被安排到阿克苏市中医医院，由此开启了我援疆行医之行。

也许是因为思想上做好了充分的准备，我第一眼看到阿克苏市中医医院时，觉得并没有想象中那么落后。

阿克苏市中医医院坐落在市中心地段，用围墙围拢，前面是医院，后面是家属区。医院共有150名左右医护人员，设有内科、外科、妇科、儿科、中医科和病房等科室。药房除了部分常用西药外，还备有充足的中药，求医的病人不少。

但是，院长在介绍情况时，强调了医院不足的一面。他对我说："我们的医生总体水平还相当薄弱，像你这样的副主任医生更是稀缺！"对此，我明确表示："院长，你放心，我一定会努力工作，为医院贡献上一份力量的！"

很快，医院为我配备了两个助手，一个是担任翻译的维吾尔族护士阿孜古丽，一个是刚从新疆中医学院毕业的锡伯族中医师赵泽英。她俩为我诊疗开方提供了不少帮助，我也尽量通过各种机会带教她们。

这样的搭配，一直保持到我离开医院。

望闻问切　救治同胞

新疆地区最大的气候特征，一是干旱不下雨，下土；二是昼夜温差大，早穿棉袄午穿纱，围着火炉吃西瓜；三是盐碱地，水质碱性重，关节炎等成为多发病、常见病。另一方面，因为新疆光照足、温差大，所以水果特别甜，糖分充足，但这样一来，吃多了也会不知不觉引发副作用，再加上市民喜欢吃羊肉，菜肴习惯用土盐、重调料，所以高脂血症、糖尿病、高血压类和痛风病人也十分普遍。

这些知识，是我在去新疆前以及到了新疆后逐步掌握的。因为我明白，作为一个中医医生，了解这些知识，有助于精准施治，起到事半功倍的作用。事实上，我在阿克苏市中医医院门诊时，正是结合这些知识，治愈了许多病人。

一位阿瓦提县农村的小伙子专程来到阿克苏市中医医院看病，陪同人员有好几个，经翻译阿孜古丽一问才知道，原来他们是小伙子的妻子、兄弟等一大家人。他们一脸紧张地问："医生，病人还有救吗？你救救他吧！"

这是什么情况？我不禁一惊，马上仔细打量病人，发现他面色苍白，精神极度萎靡。经查问，病人已发热多日，畏寒、腹痛、不思饮食。此时，我心里

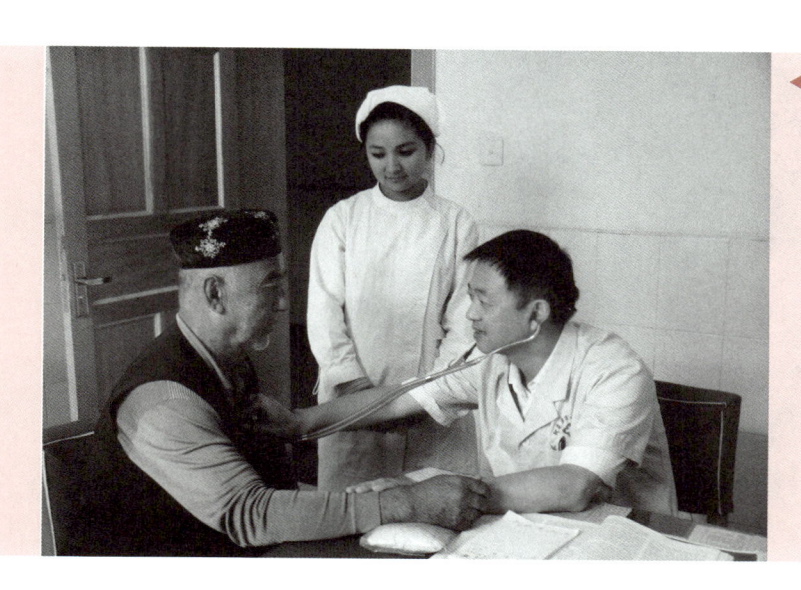

◀ 2009年6月，日常门诊为当地群众看病

已经有了大致判断，于是让病人做血常规、B超检查。做完检查再为他把脉，我便可以确诊了，我告诉他的家人："这小伙子没什么大毛病，他只是胆囊发炎，又耽搁了一段时间。现在我开个方子，再加上一些成药，服用一星期就能恢复正常了。"

"真的？"病人和家属一听，惊喜不已，连声夸赞我，"上海的医生就是本领大！"

我还接诊过一位八旬老太太。老太太看着人很胖，加上有浮肿，显得更臃肿，而且嘴唇、指甲都发紫。经仔细查问，我得知，老太太本来患有慢性心衰，最近几天天冷，家里取暖用火墙，近来咳嗽，不吃东西，乏力疲软，只能来医院求医了。

了解情况后，我再仔细把脉，随后一五一十地告诉老太太："阿婆，你这次是因为呼吸道感染，加重了心脏心衰。不过没事的，我给你开好中药，你回家后每天煎服，病会慢慢转好的。"

为了避免让老人反复上医院，我破例一次开出14帖中药，同时特别叮嘱老太太："阿婆，你回家后就开始煎药服用！另外，你要吃得清淡一点，有利于利尿消肿，千万别忘了！"

2010年5月，参加下乡义诊、咨询

老太太看着我，连连点头："你这个医生本领高，态度温和，亚克西！"

在这段时间里，我不仅治好了不少当地的病人，同时还为一些临时来新疆探亲访友人员，以及其他的一些"外来客"，治愈了各种疾病。

一次，有位援疆兄弟的爱人、女儿来新疆探亲，不料因为旅途劳顿，女儿到阿克苏的第二天就感冒了，晚上高烧不退。紧急时，那位援疆干部就联系上我，一家三口赶到我的住处求治。我当即把脉开方，连夜在附近的"大十字药店"配好中药，让小姑娘回去后服用，服后一小时，她一身大汗。第二天就退烧完全恢复了。

在我的援疆经历中，下乡义诊也是一件十分重要的事情，虽然因为各种原因，我们下乡的机会并不算多，但每一次都有不小的收获。有两件事情，我记得特别清楚。

一次，我跟随当地组织的下乡医疗队，来到阿克苏市下属的一个乡村开展义务巡诊。其中有个老伯，我看他穿着拖鞋，一件汗衫，一条短裤，一双脚和腿上的皮肤又粗又厚，便怀疑他患有下肢动脉曲张。他的腿脚胀痛了很长时间，而且越来越厉害了。于是，我给他做了仔细检查，确定了最初对他的判断，随后把情况告诉他，给他开了两个月的中药，并叮嘱他："老伯，这些药有煎服的，也有浸泡的，你坚持用，腿上的毛病肯定会改善的。"老伯这才如释重负。

还有一次下乡时，我更是碰到了一个紧急情况。那天，我们来到现场后，刚巧有位中年妇女牙疼，疼得简直要死要活的："医生啊，你快救救我啊！"我二话没说，马上给她做了检查，发现她患有慢性牙周炎，牙龈糜烂、渗血，她说已经有三个月了，一直拖着没治疗。这辩证是胃必上炎，下无亏虚，给了知母、石膏、生地、升麻、附子、细辛等清火温阳并举的中药。临走时，我把我的电话、地址告诉她，对她说："如果不行的话，你再来找我。"后来，她并没有找我，也许她的牙病好了许多，或者她直接去牙科医生那里解决问题了。现在想起来，我那时没有打听这件事情的结果，心里总还有牵挂，但愿后来她的牙病治好了吧！

言传身教　助力发展

在援助阿克苏市中医医院的两年半时间里，我除了在医院坐诊、下乡义诊外，还尽力为医院的管理、学科建设，以及医护人员培训等方面做了一些工作，也取得了一些成绩。这也是我们所有援疆援边团队保持的好传统，我当然也不能例外。

首先是结对带教的事。我来到阿克苏市中医医院后，医院给我配备了一名维吾尔语翻译和一名助手，同时也算是医院交给我带教的两个徒弟。除此之外，我还带教了另一名年轻医生，对他的指点更加深入细致。我会给他"上小课"，让他帮我抄方，一边抄一边给他解释其中的"辩症"和"辩证"的关系等要点。中医讲究"君臣佐使"，这是中药方剂配伍的精髓。中药方剂必须安排好各味药的关系，只要教学相长、日积月累，就会不断领会、不断提高。

我这个徒弟经过我两年半的指导，整体水平得到了提高。有一次，有位病人来求医时，我先为他望闻问切，摸准患者因食积、受冷、脾胃虚弱，导致萎靡不适后，再让这位徒弟把脉开方。结果，徒弟写出的病史和开出的药方，居然和我的判断相差无几。据说，这位医生后来回到自己家乡后，不久就小有名气了。

2009年12月，当地政府赠送锦旗

除了带教徒弟外，我还经常为中医医院的医生讲课，其中有关于慢性胃炎、呼吸系统杂症，以及"经方""类方"临床使用等课题，很受大家的欢迎，有时甚至还有其他医院的医护人员来听讲。

不过，我在推进医院学科建设中，最有成就感的还是在加强专科专病治疗方面，而其中最有代表性的，是针对当地关节炎、关节退化、颈椎腰椎病多发的状况，创办了中药熏蒸疗法。这个疗法的创意主要在两个方面。首先，我和大家一起摸索出一个"熏蒸统方"，内含20多种中药，有两三斤重。其次，我和大家一起动手，自行设计制作了用各种形状木板拼接的"治疗床"。治疗时，病人躺在"床"上，下面用电磁炉加热锅里的汤药，用冒出来的热气熏蒸病人的不同部位，达到治疗的目的。这个办法因地制宜、因陋就简，花掉的经费很少，收到的效果却不小，深受患者的欢迎。医院为此制作了十几张相似的治疗床，供患者使用，以满足病人需要，可谓好评多多。

圆满返沪　情谊难解

2010年底，按照上级布置，我们第六批援疆干部队伍完成任务返到上海，我也回到中医医院，回到了原有的岗位上。

但是，我和阿克苏的情谊却始终没有中断。

我忘不了那些上海知青。他们当年来到新疆建设兵团，其中有 5 万多知青还留在阿克苏市。在我援疆时，我和不少知青成为朋友，他们言行举止中流露出的"上海腔调"，对我视如"娘家人"的感情，让我倍感珍惜。

我也忘不了曾经一起工作的阿克苏医生、有过交往的新疆朋友和一些病人，他们给了我许多帮助，对我充满信任，让我心甘情愿地继续为他们服务，做一些事情。

记得回到上海的第二年，我援疆所在的阿克苏市中医医院妇产科的韩医生突然向我求助。原来她因患乳腺癌，在新疆肿瘤医院接受手术后，想再通过中医调理，进一步巩固疗效。我接到韩医生求助后，很快找到龙华医院的一位医生。他是我的大学同学，在肿瘤治疗上颇有造诣。他听说情况后欣然答应，并在我的牵线搭桥下，摸清了患者的病情，先后开出三个疗程的药方。我也特意在龙华医院配好药材，一一邮寄到阿克苏，免除了韩医生的所有不便。

2018 年 1 月，新疆移动公司的一位维吾尔族工作人员买买提也找到了我。他是新疆邮电学院大学生，毕业后留在阿克苏工作，长得十分魁梧，为人豪爽，是我很喜欢的一个朋友。但这个大汉现在遇到难题了，他的岳父被当地一家医院疑为癌症，需要进一步确诊。我带着买买提提供的病史资料，几次到上海肺科医院专家处咨询，最后排除了癌症，免去了买买提七旬岳父的开刀手术。

让我特别欣慰的是，多年来，我始终牵挂着阿克苏的朋友们，而阿克苏的朋友们也一直惦记着我。2017 年 8 月，阿克苏地区中医医院和新疆生产建设兵团卫生局联合发函，邀请上海中医药社区卫生服务研究中心组团，前往新疆访问讲课。他们特意点名，热情欢迎我回到"第二故乡"，我为之兴奋不已。

这次重回新疆，最大的感受是新疆的面貌发生了很大的变化。阿克苏市中医医院已经整体迁建，升级为阿克苏地区中医医院，医院的整体规模、设施设备和人员焕然一新，与我当年援疆时相比，发展甚快。

千里迢迢，久别重逢，医院医护人员对我无比亲热，我的两位助手更是拉着我的手问长问短，宛如家人。

这次重返新疆，我除了参与座谈交流外，也分别讲了"冬令调理""柴胡类方证"两堂课，每次有两百多位医护人员听讲。大家纷纷感谢我，说我的课非常适合新疆，所谓因地制宜，听了以后获益颇多。

我曾经援疆两年半时间，虽然不是很长，但我对新疆、对阿克苏的地理环境和风土人情却有了更多了解和不一样的体会。新疆广袤的大地上，有崇山峻岭，有沙漠河川；南疆的河流中，有叶尔羌河、多浪河、塔里木河、和田河等，其中，多浪河被誉为"阿克苏的母亲河"，而现在的阿克苏地区中医医院就坐落在多浪河畔，展示出一派新气象。

新疆的地貌大气大美，新疆的景物鲜艳明亮，新疆的人民阳光乐观，他们无论碰到什么困难，总是充满乐观地说："嗨，能有多大的事！"

我曾经在新疆工作过，这段经历让我也变得更加阳光、大气、乐观。

一个人，无论工作还是生活，都会碰到种种困难，可是，那又是多大的事儿呢？我将继续努力，为卫生事业、为中医药事业的发展做出新的贡献。

汗洒戈壁黄土　换取春色一片

吴华，1971年11月生，现任上海市宝山区罗泾镇副镇长。2010年10月至2013年12月，为上海市第七批援疆干部，担任新疆喀什地区叶城县农业局副局长。

口述：吴　华

采访：朱广力

整理：朱广力

时间：2020 年 4 月 28 日

作为上海市第七批对口支援新疆工作队伍里的一员，从 2010 年 10 月踏上新疆这片土地，一晃将近十年，但是，很多场景就像放电影一样，历历在目，记忆犹新。那段时期的所见、所闻、所遇，时常让我惊叹，让我感动。

初到新疆叶城，迅速融入角色

新疆地处祖国西部边陲，面积为 160 多万平方公里，占全国国土面积的六分之一，与八国接壤，战略地位突出。同时，新疆拥有丰富的煤炭、石油、天然气、贵重金属等资源，为东部地区发展做出了巨大贡献。

叶城地处昆仑山脚下，塔克拉玛干沙漠边缘，叶尔羌河上游，气候干燥，四季分明。蕴藏金、银、铜、铁、玉石、大理石、煤、石油、天然气和石英等矿产资源，开发潜力巨大。有乔戈里峰、宗朗灵泉、坡龙森林公园、棋盘千佛洞等丰富的自然、人文景观。叶城是农业大县，农副土特产丰富，主要有核桃、石榴、黑叶杏等，是南疆著名的瓜果之地，有中国核桃之乡、石榴之乡的美誉。但同时，这里自然条件恶劣，生态环境脆弱，基础设施落后，自身发展能力有限，是国家扶贫开发重点县和自治区打击暴力恐怖犯罪集中整治重点县。

汗洒戈壁黄土　换取春色一片

▲ 2011年初冬，吴华和叶城县农业局的同事们一起清扫马路积雪

刚到叶城，对这边的情况非常生疏，我要求自己抓紧一切机会，尽快熟悉当地情况，进入角色，开展援建工作。通过查阅资料，以及向当地领导同事请教、平时下乡调查等，我逐渐对整个叶城经济、社会、人文等状况有了初步了解，特别是对农业方面的情况，增加了感性的认识。叶城是南疆的农业大县、强县，主导产业突出，区域优势明显，尤其是林果和设施农业这一块较为发达，形成了50万亩核桃、20万亩杏、10万亩大籽石榴以及2.1万座2.5万亩设施农业格局，在南疆地区农业考评中连年获得先进。

虽然叶城是农业强县，但总体感觉还存在以下几点不足：一是农业基础设施建设不够完善，抵御自然灾害能力较差。二是组织化程度不高，规模经营面积不大。三是农业产业化进程相对滞后。四是农业服务体系建设相对薄弱。五是农业劳动力综合素质不高。另外二、三产业不发达，劳动力转移困难，农业为主要收入来源，占GDP比重超过50%。

牢记援疆干部身份，踏实做好本职工作

援疆工作关系着新疆的跨越式发展和长治久安。作为一名援疆干部，我深知责任重大，必须要做到在工作中认真履行职责，在思想上时刻保持清醒的认

识，牢固树立大局意识，保持高度的警惕，充分预测工作中可能发生的问题和困难，周密部署，严加防范，加强与各部门间的协调配合工作，从思想上、措施上做好充分的准备。

为更好地做好本职工作，我多次参加农业培训，印象最深的就是到武汉参加了农业部主办的全国蔬菜生产大县局长培训班，聆听了领导及专家关于农业发展政策、农业技术、农业产业化、食品安全、机构改革等的系列讲座，参观考察了湖北蔬菜生产先进单位，与全国各地的同行进行交流，开阔了视野，提高了认识，很受启发，获益颇丰。这些培训对于叶城县当地蔬菜生产很具有指导作用。2013年，我还参加了叶城县《自治区11号文件》专题培训班，了解了一些宗教方面的知识，进一步认清了非法宗教活动以及宗教极端主义的本质。通过这次培训，我对于援疆工作的紧迫性、重要性、必要性的认识更加深刻。

此外，我积极配合分指挥部领导，做好临时党支部的党建精神文明工作，负责临时支部组织、宣传工作，制订支部年度工作计划和活动安排。其间，我组织了援疆干部祭扫叶城烈士陵园，资助守护叶城烈士陵园的老兵圆梦北京行，外出参观考察，开展结交少数民族朋友、学维吾尔语、唱民歌、跳新疆舞等活动。日常我坚持自学维吾尔语，能进行一些简单的日常对话，这有利于开展工作。我还利用自己的专长，用上海的特色蔬菜种子，在院子里开辟了一片菜地，组织援疆干部动手种菜，这样既解决了大家的吃菜问题，又丰富了大家的业余生活。

总之，在日常工作、学习、生活当中，我自觉贯彻好、执行好党的民族宗教政策，尊重少数民族的历史文化和风俗习惯，与当地干部群众一道，共同为做好维护新疆民族团结和社会稳定的工作努力。援疆三年，我与同事们和睦相处，始终牢记援疆干部身份，自觉维护自身形象，展示了援疆干部风采，单位里的少数民族同事还给我取了个维吾尔族名字，叫"吾拉木江"。几年时间里，我结交了一些当地朋友，做到了和他们坦诚相见。在面对突发事件时，我也做到了临危不惧。在平时工作中，我坚持值好班、看好门、管好人，严格遵守纪律，坚定立场，不信谣、不传谣，与大家守望相助。

推进援疆项目，促进农业发展

2010年10月，由上海市投入350万元援疆资金的援疆试点项目——"叶城县设施农业育苗中心建设项目"启动，项目建设地点位于洛克乡戈壁滩上，主要建设内容包括20座砖混钢架结构日光温室及水、电、道路和育苗、运苗等配套设施。

针对该项目，我们当时做的工作主要有以下几点：一是抓紧了解项目前期进展情况，掌握项目建设的主要内容、技术指标等；二是督促项目建设进度与质量，具体是与农业局和园艺站领导一起，抓好项目管理协调，经常到现场监督检查，如发现问题，及时要求整改等；三是2010年12月项目主体竣工后，我们开始进行春提早蔬菜瓜果的育苗工作，当年育成530万株种苗，确保了农户适时种植。

项目建成后，年培育良种瓜菜壮苗1000万株以上，可供应全县5000座日光温室生产用苗。育苗中心的主要功能：一是为设施农业培育良种瓜菜壮苗；二是新品种引进与展示，以及优质高产高效栽培新技术与新模式探索；三是开展设施农业技术培训。

在提升种苗质量的同时，我们又加快叶城县设施农业标准化改造，主要涉及巴仁、乌吉热克、恰瓦克、依提木孔、恰斯米其提等五个乡，援疆资金2000万元，改造完成428座温室大棚，配备了钢架、棉被、卷帘机等。大棚改造完成后，进一步推动了叶城县设施农业的发展，扩大了越冬以及春提早蔬菜瓜果的种植面积，确保了蔬菜从春节期间一直到来年5月份可均衡上市供应，有较强的市场竞争优势和价格优势，进一步提高了经济效益。我记得非常清楚，2011年10月底项目主体竣工，部分农民及时种上了越冬蔬菜，买合木提就是其中一个。他们家分到了两个大棚，当地乡干部向他介绍："盖大棚的钱都是上海出的，上海人民来支援我们，谢谢上海。"他又指着大棚顶上："你看现在大棚配了钢架，不用每年维修；以前没卷帘机，每天太阳出来拉棉被，太阳下山前放棉被，一个棚花一两个小时，现在卷帘机一开，几分钟就搞定，省力多了，村里人都抢着要种大棚呢。"

从买合木提大叔家大棚出来时，他举起大拇指说："上海拉巴斯，亚克西。"（维吾尔语"上海大棚好"的意思）那个时候我真的非常开心，成就感和使命感油然而生，也衷心祝愿他的菜越种越好，生活越过越美。

在发展常规农业的同时，我们还对叶城特色产业核桃进行了再提升，顺利完成了叶城县低产核桃综合改造建设项目。整个项目投入援疆资金1600万元，完成了100万株低产核桃的改造、170余万株红枣嫁接，购置了森防器械、施肥器械车辆、嫁接工具，并培训了1000名农民技术服务队员，建设了县、乡两级核桃嫁接改造科技责任田等。通过项目实施，加快了叶城核桃、红枣等果树品种的改良，通过一系列适用技术的应用，提高了果品的品质，加快了果园标准化建设，促进了品牌化战略的实施，从而也提高了产品的市场竞争力，增加了果农的收入。我们又先后完成了富民安居房建设、叶城县金海核桃专业合作社建设以及对家庭畜牧养殖等项目的实施，为当地的产业发展、农民增收做出了贡献。

付出终将会有回报。2012年，叶城县被评为全国粮食生产先进县、全国农技推广示范县，农业局连续几年在喀什地区考核评比中名列前茅。

同时，按照上海市提出的"民生为本、产业为重、规划为先、人才支撑"的援疆方针，根据前指和当地党委政府的要求，我们积极与后方联系，宣传新疆的资源优势，推介优质农副产品等。具体做了以下几点工作：一是帮助解决当地农产品的销售；二是联系企业来叶城考察，寻求招商引资机会；三是联系上海农业方面的专家，来新疆进行技术培训；四是带领农口干部到上海挂职学习，做好对接服务。

叶城干部与群众，令我钦佩

这里的干部，尤其是一把手，真忙、真累。领导干部的模范带头作用相当突出，几乎任何事情都是主要领导牵头在抓，而且是不分白天黑夜，从周一到周日不停地忙碌，几乎没有休息时间。稳定是当地一项重要的工作，单位每天都安排干部值班，乡镇的干部就吃住在乡里，一个月难得回一次家。在这里，我们真正体会了什么叫"白加黑""五加二"的工作节奏，而他们似乎也已经

◀ 2013年初夏，吴华（左一）下乡检查农业生产

习惯了这种工作节奏，极少听到有人抱怨。

我们在与他们接触当中，发现他们很有想法，很有见地，只是条件有限，束缚了他们施展才能的机会。西部艰苦的环境造就了这里的干部特别能吃苦、特别能战斗的品格，他们实干、苦干、巧干、忘我工作、勇于奉献的精神，令人钦佩，值得我们学习。

在他们面前，我们丝毫没有任何值得炫耀的资本，所能做的就是虚心地向他们请教，尊重他们，相信他们，依靠他们，相互学习，相互切磋，共同完成援疆的目标任务，推进当地经济社会的发展。

给我留下深刻印象的赵国庆就是这样一位干部。到叶城的第二天，在育苗中心建设项目现场，我跟赵国庆第一次接触。他中等个头，身体微胖，眼睛炯炯有神，给人第一感觉就是一个"黑"字，黑得油光发亮，简直一非洲小伙儿。脸上挂着憨厚的笑容，嗓门挺大，说话带有浓郁的家乡口音，一听就是山东人。如果不听介绍，我怎么也不会相信这位就是叶城县园艺站站长。

育苗中心大棚一开工，赵站长基本就天天在大棚上，周六、周日从来没有休息过，经常天黑了才回家。11月份戈壁滩上降温很快，下午六七点钟，我穿着棉衣都瑟瑟发抖，他却只穿着一件夹克。

◀ 2013年春，吴华做客塔吉克族老乡家

时间长了，才知道这位赵站长居然还不到40岁，据他自己说是因为读书时武侠小说看多了，怀着对西域大漠戈壁的憧憬与年少的雄心壮志，在山东农业大学毕业后来到了南疆。刚开始帮老板打过工，在林业局又干了几年，再后来到了园艺站，并在叶城安了家。叶城县开始发展设施农业的时候，他们几个技术干部一人负责一片，骑个摩托车，天天在乡里跑，一座棚一座棚地看，手把手地给农民提供技术指导。正是在这群干部的努力下，叶城设施农业迅速发展，现在已经有两万多亩的规模，并且地区考评连年名列前茅。

这就是赵国庆，我所认识的一名普通的南疆干部，他就像他的QQ签名"戈壁红柳"一样，在戈壁滩上深深地扎下了根，顽强地迸发着生命力。他是众多南疆干部中的一个，他们的敬业和奉献精神让我敬佩。

除了这里的干部干劲十足外，这里的人也热情好客，经过农家，他们会很热情地跟你握手，邀请你到他家做客，拿出最好的东西招待你。虽然语言不通，但是他们的眼神中充满真诚，你所要做的，就是同样真诚地对待他们。

下乡的时候，我经常在路边看到农民赶着一群羊，羊在前面走着，人在后边跟着，饿了啃口馕，渴了喝口水。三三两两的农民坐在田边地头、树荫底下，劳作休息，或者干脆躺在田埂边。这里的农民勤俭淳朴，生活简单，日出而作，日落而息，无非分之想。出义务工时，一个馕、两串烤肉已足以让他们满足。

但是这里农民的生活确实艰苦。2010年时，全县农民人均年收入仅3000多元，很多乡村的农民住着干打垒的土房，身着破旧的衣裳，很多家庭一年辛苦劳作下来，仅能维持简单的生计。

真心实意帮扶，感慨万千

当地群众的辛苦，我看在眼里，急在心里，迫切希望能为他们做些什么。我母亲是个农村妇女，她教导过我，做人最基本的底线是"好事做不来，坏事少做做""能帮别人的地方多帮帮别人，好人自有好报"。记忆中，小时候尽管家庭条件并不宽裕，但母亲经常会施舍一些食物给乞讨的。在上海工作期间，我曾资助过几名家庭困难的学生，用母亲的话说，做这种事比较有意义。

2011年古尔邦节的时候，我们几个援疆干部和受资助的几名学生一起聚餐，席间谈到有一名学生父母离异，与退休的爷爷奶奶一起生活，每周生活费才6元钱。听到这些，我当时非常震惊，看着桌上那些饭菜都无法下咽，有一种心痛的感觉。如果不是亲身经历，很难想到竟然还有人的生活会如此困难，当时就暗暗下定决心一定要帮助这几个学生渡过难关，完成学业。后来我主动联系到这名同学资助他，每逢开学，委托学校老师给他送去新学年的学费以及学习、生活用品。我觉得除了给予学生经济上的资助，更重要的是要帮助这个家庭贫困的孩子走出心里阴影，健康成长，所以我经常和他谈心，了解他的思想动态和学习情况，鼓励他好好学习，将来懂得回报家人。当时真心希望孩子能走出困境、学有所成，将来能够拥有一份属于自己的天地和事业。

回到上海后，我身边的同事也纷纷表示要为支援新疆建设做点自己的贡献，所以，他们也一同加入到了资助新疆学生的队伍中来了。

我们这批援疆干部，在叶城县摸爬滚打三年，得到了锻炼，也有了收获。对于支援新疆建设，我有几点感受：第一，援疆工作要在当地党委、政府领导下开展，要紧紧依靠当地相关部门，相互协调配合，共同推进援疆工作；第二，援疆关键是要提升受援地自力更生的能力，因此要加大智力、人才、技术等方面的援助力度，并在援建方式上有所创新，充分调动、发挥当地群众参与的积极性；第三，援疆队伍是一个整体，一荣俱荣、一损俱损，一定要讲政治、讲大局、讲团结，自觉维护好自身的形象，展现上海干部风采。

看到现在国家出台的对口支援政策越来越多，支援的力度越来越大，我由衷地为受援地感到高兴。在昆仑山脚下，在塔克拉玛干沙漠旁边，叶尔羌河缓缓流过这里，滋润着扎根在这里的胡杨，这里的人们就像胡杨一样，顽强地生活着，一代接一代。在这三年的援疆工作中，我接触到很多当地的人，也与其中一些人成了朋友，从他们身上我看到了民风的淳朴和踏实苦干的奋斗精神。对我来说，三年援疆仿佛是一次重要的人生修行，让我的心灵得以沉静。如今，我通过更加努力地工作来激励自己，希望能对得起那段经历，对得起党和人民。

真情奉献　叶城记忆

张未劼，1969年11月出生，现任宝山区民防办公室党组副书记、主任。2013年8月—2017年1月，担任上海援疆前方指挥部叶城分指挥部指挥长、叶城县委副书记。

口述：张未劼
采访：张乐宁
整理：韩　炯
时间：2020 年 3 月 10 日

对口援疆是一项国家战略，事关新疆社会稳定，事关国家发展，事关中华民族伟大复兴。2013 年 8 月，我有幸作为上海市第八批援疆干部的一员，赴新疆喀什叶城县开启为期三年半的援疆工作。这三年半的时间里，我和其他援疆干部一起，始终把改善民生作为一项重要的政治任务来完成，着力解决医疗卫生、教育教学、社会事业建设等民生问题，赢得了各族干部群众的一致认同和广泛好评。

主动请缨，迎难而上

叶城地处祖国西北边陲，新疆维吾尔自治区西南部，喀什地区南部，巍巍喀喇昆仑山脚下，是国家扶贫开发重点县。听到宝山区要选派干部去援疆的消息时，我查阅了一些资料，知道新疆的条件艰苦，任务艰巨，而且当时反恐形势十分严峻，但我还是怀着满腔热血，主动报了名。

因为我认为，担当援疆的使命与责任，可以进一步实现自我认知，明确自己应该担当的责任，寻找个人利益与国家、社会、家庭的平衡点，主动践行个人职责，积极贡献个人力量。我从事过政法工作、党建工作，援疆工作也能丰富我的工作经历。我也有过多年在街镇工作的经验，因此非常有信心把援疆工作做好，以沿海地区相对先进的理念去指导实施援疆工作，增进民族感情，促进民族团结，推动民族发展。

2013年8月20日，经过遴选，我作为上海援疆叶城分指挥部指挥长，带着上海市、宝山区领导和人民的嘱托，来到了这片我从未涉足的旷远之地。

叶城是新藏公路的起点，历史上古丝绸之路重镇，通往世界第二高峰乔格里峰的出发点。总面积3.1万平方公里，辖26个乡镇（场区），当时总人口55余万人，其中维吾尔族占91%。从上海到新疆喀什地区的叶城县路程有4000多公里，首先要坐5个小时的飞机到乌鲁木齐市，再转机后飞行1小时40分钟到达喀什，然后再乘坐汽车行驶3小时256公里的路才能到达。

叶城县的自然风貌和风土人情与上海迥然不同。这里空气干燥，终年少雨或几乎无雨，气温日变化剧烈。但因空气干燥，极少成云致雨，只有狂风沙尘。夜间地面冷却极强，气温日变化非常大，可以高达50℃以上。因此，叶城县出产汁多味美的大籽石榴、皮薄如纸的核桃、黑叶杏等，作物收成质量也都很好。

作为从小在江南长大的人来说，如此大的温差，如此干燥的气候，让我深刻感受到在此工作生活的不易。刚到叶城县时，干燥的气候让我嘴唇开裂，嗓子冒烟，日常生活和饮食习惯上的明显差异也让我一时难以适应。在这样艰苦的环境中，我和援疆队伍都面临着来自自然、社会、家庭、工作的种种挑战，只能不懈努力、咬牙坚守、刻苦修炼，提升自己。特别是我作为上海市援疆叶城分指挥部指挥长，同时也是叶城县的县委副书记，更深感重任在肩。

但眼前的困难并没有阻挡我们开展工作的步伐，我和同行的援疆干部们将压力化为动力，更加坚定了为当地援助建设的决心。我在与当地干部群众接触过程中不断适应当地工作规律和生活习惯，用符合当地实际的方式方法来推进援疆工作顺利开展。经过三年多的工作生活，我彻底融入了当地人的生活，几乎成了半个"新疆人"。

当时，反恐形势十分严峻。在新疆流传着这样一句话：新疆稳定看南疆，南疆稳定看喀什，喀什稳定看叶城。毫无疑问，叶城是反恐维稳的前线。面对

2015年5月，张未劼（左）到山东援疆指挥部参观学习

极其严峻的反恐形势，我们一方面要做好援疆建设扶贫工作，另一方面要确保自身安全。我与叶城分指副指挥长、当时的叶城县委常委、副县长梅勇同志，非常注重援疆干部的安全和日常管理。我们精心安排整个叶城分指的工作，从生活、工作各个方面规范了分指的各项纪律。我们召开了全体援疆干部党员大会，选举产生新一届上海援疆叶城分指挥部党支部，我当选支部书记，梅勇担任副书记。支部根据任务分工，成立了党政干部组、卫生医疗组、活动保障组、安全保障组四个小组，明确分工，落实责任，为顺利开展援疆工作建立了必要的组织架构。

我们所在的指挥部高筑围墙，大门紧锁，除了上班工作，平时不允许人员私自外出，大家都被限制在狭小的庭院里面活动。为了丰富大家的业余生活，指挥部建起了羽毛球场，整修了活动室，还举行各种体育比赛等。这些措施极大地丰富了我们的援疆生活，让我们在小小的庭院里感受到家的温馨，安心援疆。

重视医疗，惠及群众

做实事要因地制宜。到了叶城县后，我们发现这里的医疗条件无论是硬件还是软件都比较落后。叶城县人民医院虽说是二甲医院,但比起上海来说相差很多。我们这支援疆团队中有来自宝山的儿科、精神内科、放射科、普外科、骨科、泌尿科等的医生。我们根据实际情况,要求援疆医生不仅要上一线,还要指导当地医生提高医疗业务能力。

2014年5月,县人民医院收治了一名因误食红枣导致肠梗阻、多处肠穿孔的维吾尔族2岁患儿,当时患儿生命垂危。这个病例,在以往是很难治疗的。医院里没有小儿外科,宝山医疗团队得知后立刻参与救助。孩子前两次手术是由当地医生做的,一直感染,腹壁有许多刀疤,粘连也很厉害,再加上他可能平时吃得比较少,营养不良引起了蛋白质缺乏的并发症。我们组织医疗队为这个孩子做了第三个手术。手术十分成功,我们还为孩子买来了奶粉,增加他的营养。援疆医生们还为他发起捐款,让这个维吾尔族孩子的家人很感动。叶城的儿科医生们也十分感激我们:"幸好有上海的援疆医生,病人最终没有发生肠坏死。"

叶城县有50余万百姓,其中妇女儿童占30余万。当地的妇产科、儿科临床医疗水平和妇儿预防保健水平并不高。2014年8月,我们组织宝山区卫生局派出的妇幼保健、妇产科、疾控、防保等四名专家,开展"三降一提高"工作,提高叶城县妇产科、儿科临床医疗水平和妇儿预防保健水平。专家们对叶城县各级医院产科医生和防疫站进行系统规范的培训,并积极参加临床工作。他们走遍各乡镇卫生院,进行产科工作考核,并结合实际制定了一系列的产科工作规范及制度,举办了叶城县第一次危重孕产妇评审会,受到了一致好评。此外,专家们还指导叶城县首次开展麻疹突发事件桌面推演和个人防护用品的穿脱顺序应急演练,提高了当地防病队伍的素质和能力,为防病工作积累了实际经验。

2016年4月,在上海市委、市政府的关心下,上海市宝山区委、区政府的帮助下,上海援疆前方指挥部叶城分指挥部和叶城县相关部门共同努力下,叶城县妇儿医院及妇幼保健与计划生育服务中心终于开始试运营,当年6月正式运营,成为南疆各县首家妇儿专科医院。新医院由人民医院、妇幼保健院、计划生育服务指导站共同使用,整合功能,共享资源,内设产科、儿科、新生

宝山的责任

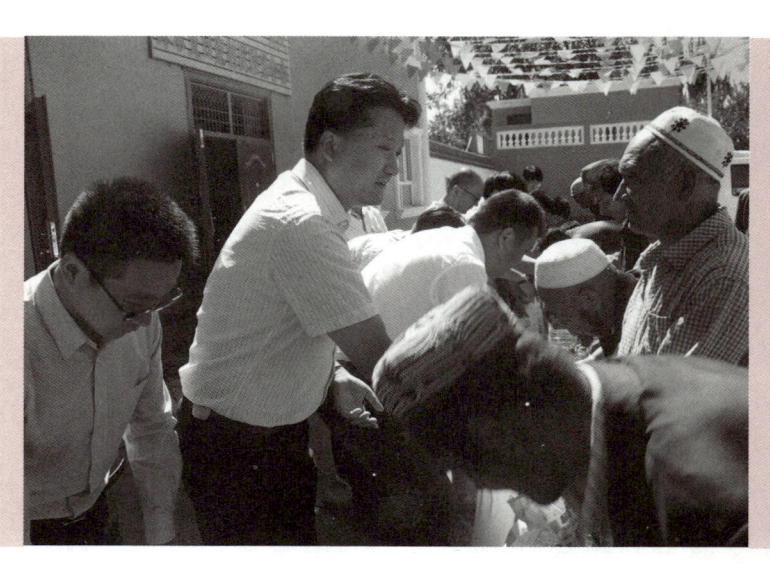

▲ 2015年9月，张未劼（左二）看望依提木孔乡结对帮困的群众

儿科、检验科、放射科等科室，配备数字X光机、全自动生化分析仪、四维彩色B超、宫腔镜、钼钯等先进设备，被评为上海市"白玉兰"优质工程和新疆维吾尔自治区"天山杯"优质工程。

新医院的建成极大改善了叶城县妇女儿童看病难的问题。例如有一个名为古丽波斯坦·休热的11个月大的肺炎患者，在新建的医院里治疗过后，情况好转了很多。孩子的母亲感激地说，新建的医院比起以前医疗条件提升了很多，环境也好，对孩子的治疗有很大的帮助。

当地的儿科主任袁新华前一年曾去上海新华医院儿科进修过半年多时间，一直赞叹上海的医疗水平。"学了太多了！水平太高了！真希望我们这里的医生都能去上海学习一段时间，一定会有助于提高我们的医疗水平。"

这所新医院，为叶城30万妇女儿童及周边地区妇女儿童提供计划生育、妇幼保健、妇儿医疗三位一体服务，为上海"三降一提高"项目顺利开展打下坚实基础。

因地制宜，保障民生

叶城县被列入全国一百个贫困县。这里的农牧民特别多，且大都是维吾尔族,生活极其贫困。当时,叶城县贫困家庭全年只有8000元,有的连8000元都不到。为此,我们紧紧围绕第二次中央新疆工作座谈会精神,因地制宜地提供了28个援疆项目,包括1个交钥匙项目,22个交支票项目,5个市级统筹项目,涉及安居、保障房、卫生、教育等方面,共涉及援疆资金4.6亿元。

刚到叶城,我就带领各项目联系人实地查看每一个援建项目,及时了解情况,并要求各项目联系人认真做好项目推进工作,跟踪好工程结点,管好援建资金,做到即时下拨、专款专用。

为确保实现当年项目当年完成的目标,2014年3月10日,我们指挥部召开了2014年上海援建项目推进会第一次会议。会上制定了每月"逢七"例会和每月20日召开一次项目推进联席会议制度,重点协调、解决在项目建设中遇到的问题,以便工程顺利地推进。

我们从事的援疆项目资金量比较大,必须按照前指的要求,规范化管理。为防止"项目建起来,干部倒下去",指挥部规定了严格纪律,结合第二批党的群众路线教育实践活动,邀请前方指挥部的相关领导到叶城开展指导和培训,还为每一位援疆干部人才开设拒腐防变的党课,以实现上海市委提出的确保援疆干部"人身安全、政治安全、资金安全、项目安全"的要求。

在这28个援疆项目中,富民安居工程是援建项目中最大的一项,共计2亿元,建设任务有24900多户。为完成好建设任务目标,我带领援疆干部和当地的同事深入一线排摸情况,充分了解百姓的建房需求,严格把控材料价格和补贴资金的拨付程序,节约资金约850万元。同时在施工期间严格把控建房质量关,高标准、严要求地建好每一幢安居富民房。房屋于2016年交付使用,改善了11.45万农村人口的居住条件。

三年来,在上海援建叶城县的安居富民工程及城乡基础设施工作中,我们重点围绕如何改善农、牧民的居住条件和环境,提高他们的生活质量。给我印象最深的是,我们去走访依提木孔乡20村玫瑰园2号小区艾尼瓦尔的家时,映入眼帘的是沙发、家电一应俱全,客厅宽敞明亮,卧室、厨房、卫生间布局合理,整个房屋装修的风格极具民族特色。艾尼瓦尔告诉我们:"今年我响应党和政府的号召,申请建设了安居房,原来中央和自治区补助1万4千元,这

2016年7月，西合休乡山洪暴发，张未劼（左一）看望受灾的学生

次上海又援助了1万元，锦上添花，经济压力小了，信心更足了。银行提供了3万贴息贷款，我自己仅出了1万元，就建好了100平方米的安居房，过去想都不敢想的事，今天实现了，太好了，上海援疆东风普惠了老百姓。"在我们三年的援疆工作里，这样的事例还有很多。通过三年的努力，农村百姓居住条件得到了很大提高。

但房子建好了，新农村建成了，要让老百姓真正过上好日子，最关键的是要有效解决农民增收和脱贫问题。我们精准扶贫，把庭院经济建设作为工作重点之一。庭院经济就是庭院整齐划一，屋子外侧有规整有序且功能多样的禽畜圈舍，圈舍有一片狭长规整的田地，这片地由每家后院辟出两亩地，统一耕种了薄膜西甜瓜，混植以土桃树。这种"前宅、中圈、后园"的庭院经济模式颇受当地百姓欢迎。通过利用已建成的庭院基础设施，"一对一"精准帮扶模式，加大上海在新技术、新工艺、新品种引进和经营营销等方面的扶持力度，把庭院经济作为重点，有针对性地提高农民发展庭院经济的能力。发展庭院经济后，巴仁乡干部吾布力托合逊说："上海援建的新农房，除居住品质大大提升外，庭院的经济作物每亩地至少能创收1500元，加上禽畜养殖，脱贫致富不难。"

此外，我们还援建了叶城县民族特色产业孵化中心。这是一项鼓励当地妇女参与的"靓丽工程"，上海向孵化中心的孜拉乐服装公司援助熨衣机、制衣机等机械，生产五颜六色的各具民族特色的长裙、漂亮的花帽、创新工艺的手提包等。在公司里，有35名当地女工，平常的工作就是接单制作校服、民族服装和花帽等，生意非常不错。产品不仅供应县城各单位或个人使用，还开了微店。老板吾尔尼沙·吐鲁甫月收入可以达到两三万元，在这里工作的女工们也能拿到1800元到2000元的收入，这在当地算是很好的。

真情奉献，不忘初心

我们援疆，不光是援助项目、援助技术，更是援助一颗火热的心。三年来，我和前后40多名援疆干部早已把叶城当成自己的第二故乡，把叶尔羌河当作第二条母亲河，与当地干部群众共饮一条河，真正体现了"宝叶"一家情。

我们到了叶城后发现这里的贫困户很多。为了增强援疆干部人才的群众观念和服务意识，转变作风，上海援疆叶城分指挥部开展了与当地贫困户和贫困学生"手拉手、心连心"的结对活动，向20名贫困学生和20户贫困户分别赠送了书包、学习用品，发放了面粉及清油。我们还组织宝山—叶城县青少年手拉手夏令营，为叶城各族青少年到宝山来交流创造条件。

此外，我们建议让宝山区的一些镇街与这里的镇村结对扶贫。在我们的推动下，一些宝山的企业也与当地政府对接，将叶城的核桃、石榴、红枣等特产运往上海销售，帮助当地百姓脱贫。

三年援疆，我们收获丰硕。作为宝山区援疆干部领队，我始终牢记家乡各级领导的嘱托，不断加强援疆队伍自身建设，努力打造一个团结和谐、有战斗力的援疆干部团队。我也从我们援疆干部和新疆叶城的同事身上，学到了为人处世和工作的方法，提升了个人综合素质，收获了援疆战友情，收获了与叶城当地干部、百姓的兄弟情。同时，我们还获得了各种荣誉。

三年援疆，把上海黄浦江的水源源不断流入叶尔羌河，滋润了叶城大地。

三年援疆路　一世援疆情

梅勇，1969年11月25日生，现任上海市宝山区财政局党组书记。2014年至2017年，为上海市第八批援疆干部，担任上海市援疆工作前方指挥部叶城县分指挥部副指挥长，兼任叶城县委常委、副县长。

口述：梅　勇
采访：梁晓峰　李佳文
整理：梁晓峰　李佳文
时间：2020 年 3 月 25 日

2017 年 1 月 4 日，上海市第八批援疆干部人才宝山团队胜利完成了三年对新疆叶城县的对口支援任务，凯旋返沪。唯独我没有与这些援疆兄弟们一起同行。此时，我正躺在第一人民医院宝山分院的病床上，刚做完第二次髋关节手术。

2015 年，我突发全身皮肤湿疹，因忙于工作无暇顾及，觉得自己身体强壮，没几天就会好，等发现问题严重时，下半身皮肤已经溃烂，回上海以后知道这是长期过度疲劳导致身体免疫力下降，因真菌引发的皮肤病。后来进行激素治疗却导致双侧股骨头坏死，如果不进行手术治疗，最终可能会导致残疾。于是，我到上海市第六人民医院进行了两次手术。过程十分痛苦，并且留下了 4 个 20 厘米长的伤疤。

没有与这些奋战三年的援疆兄弟一起凯旋成了我一生的遗憾。

2014 年，中央召开第二次新疆工作座谈会，作出了使新疆社会稳定和长治久安的战略部署，并以举国之力支援新疆。作为上海市第八批援疆干部宝山团队的领队，新领队张未劼和我打前站，先期到达叶城县熟悉情况。我们深感肩上的担子很重，但也信心满满地接好宝山援建叶城接力棒，不辜负上海市委、市政府，宝山区委、区政府和全市人民的期望和重托。

我与张未劼一到叶城，就马不停蹄地投入工作。听取上一轮援疆同志的情况和经验体会介绍，与叶城县领导沟通听取意见，到各职能部门了解熟悉情况，深入基层和各族百姓中体察民情民意。经过两个多月的调研，我们对叶城的情况有了初步了解，对新一轮对口支援叶城的思路逐渐清晰。总的考虑是，既要抓好当前，也要立足长远；既要抓好硬件设施建设，也要注重软件方面的投入；既要尽力而为，也要量力而行。

2014年2月22日，上海市第八批159名援疆干部人才奔赴新疆，我作为上海市援疆叶城分指挥部副指挥长，与指挥长张未劼一起带领宝山区的20名援疆干部人才向新疆叶城县开拔……

援疆路途漫漫　克服严峻形势建立保障机制

要去叶城县，我们首先要飞5个多小时到乌鲁木齐，经停后再飞1小时40分钟到达喀什，然后上高速开3小时的路，行程256公里。以前这里没有高速，2012年建成了一条珍贵的高速。当汽车在高速上行驶时，我看到两旁皆是寸草不生的戈壁滩，一眼看不到尽头，如此场景使我心中萌生一股深深的痛楚，但也更坚定了要为当地援助建设的决心。

叶城县隶属于新疆喀什地区，"叶城"在维吾尔语中叫喀克勒克，意为"可以留下的地方"。很早以前这里就是西域三十六国之西夜国。它位于新疆维吾尔自治区西南边境，总面积为3.1万平方公里，当时共有26个乡镇（场区），13个主要民族，人口55万人，维吾尔族占91％。走到大街上一看，就如同电影里放的西域，到处可见戴着民族小帽、披着纱巾的维吾尔族男女老少。当地气候与土质使这里盛产核桃与石榴，因此叶城县享有"核桃之乡""石榴之乡"的美称。

这是个美丽的地方，但是刚到新疆，总有许多的不适应。首先是这里气候干燥，到了叶城，我才真正感到什么是干燥。由于这里与内地的时差有三个小时，晚上9点天还亮着，这时有人睡不着，肚子饿，准备吃上午从食堂里带回的馒头，没想到，这时的馒头却已是硬得没法吃了。过了一周后，我们开始出

◀ 上海市对口支援新疆前方指挥部规建组组长朱锦（右五）和叶城分指副总指挥梅勇（左五）与叶城县公安边防大队签订共建协议

现流鼻血的症状，这是干燥使鼻孔里毛细血管破裂。另外，一个月后觉得身子发痒，身上出现了一块一块红色的皮疹，随行的医生告诉我，是这里干燥而使皮肤缺水造成的。于是，我去购买润肤露涂在身上，这才缓解了这些症状。同时由于干燥，每天要喝大量的水，但这里的水硬度很高，而且放出来的自来水经常十分混浊，但还是不得不依靠这样的水维持生活，我的身体也有了结石症状。

其次是这里局势十分紧张。当时 20 多名援疆干部人才居住在县政府大院后面的援疆楼里不久，附近 50 米就发生一起爆炸事件，虽然暴恐分子当场被制服，但也足以证明当地反恐形势的严峻。在我们出发前，上海市委、市政府主要领导就提出四个安全，即第一人身安全、第二政治安全、第三资金安全、第四项目安全，并且要求我们这一批援疆干部援疆工作结束后，都要一个不少地安全回来。在新疆有这样一句话："新疆稳定看南疆，南疆稳定看喀什，喀什稳定看叶城。"无疑，叶城是反恐的前沿，叶城分指挥部一方面要做好援疆工作，一方面要确保大家的安全，因此我们高筑围墙，大门紧锁，除了上班，平时不许人员私自外出。

同时，我们对整个叶城分指的工作进行了精心的安排，从生活、工作各方面规范了分指的各项纪律。由于我曾在区委组织部工作多年，意识到要把这支队伍带好，胜利完成各项援疆任务，必须要有强有力的组织架构。面对新形势，叶城分指挥部开始抓队伍建设、抓制度管理。通过召开全体援疆干部党员大会，选举产生以张未劼为支部书记、我为副书记的上海援疆叶城分指挥部党支部。支部根据各自特点，成立四个小组，即党政干部组、卫生医疗组、活动保障组、安全保障组，明确分工，落实责任，为援疆工作顺利开展建立了必要的组织架构。

最后是由于援疆项目多、资金大，必须按照前指的要求进行规范化管理。我决定将各项目分派到各援疆干部身上，让他们作为援疆项目联系人，项目联系人对指挥长和我负责。为防止"项目建起来，干部倒下去"，我与指挥长张未劼制定了严格的纪律，并结合第二批党的群众教育实践活动邀请前方指挥部的相关领导来叶城县对相关人员进行指导和培训，还为每一位援疆干部开设了拒腐防变的党课，以实现上海市委提出的确保援疆干部"人身安全、政治安全、资金安全、项目安全"的要求。

改善民生　因地制宜推进援疆项目

叶城县是被列入全国一百个贫困县的地方。这里的农牧民特别多，且大都是维吾尔族，生活极其贫困，叶城县当时贫困家庭全年收入只有8000元，有的连8000元都不到。上海对叶城县的援助任务十分繁重，三年里，我们因地制宜共提供了28个援疆项目，包括1个交钥匙项目、22个交支票项目、5个市级统筹项目，涉及安居、保障房、卫生、教育等，共涉及援疆资金4.6亿元。我曾在宝山区建交委工作多年，有一定项目建设管理的经验，因此，我主动承接了大部分援疆项目中有关建设项目的管理工作。

援疆队伍刚到叶城，我就与指挥长张未劼带领各项目联系人（由援疆干部组成）实地查看每一个援建项目，及时了解情况，并要求各项目联系人认真做好项目推进工作，跟踪好工程结点，管好援建资金，做到即时下拨、专款专用。

在叶城县挂职县委常委副县长时，为了当地脱贫，尽快完成各项扶贫任

▲ 上海市对口支援新疆前方指挥部副总指挥沈伟民（前排右三）与叶城分指指挥长张未劼（前排右二）、副指挥长梅勇（前排右四）检查援疆项目

务，我一进叶城就开始调研。我带着援疆干部深入援疆项目工地，走遍了叶城县所有涉及援疆项目的乡镇、厂区和县直单位，有的援疆项目工地甚至去过十余次。我们通过与一线施工人员沟通、与周边群众商户交流、现场调研查看等方式详细了解项目建设关键环节的真实情况。我们本着把援疆项目建成百年工程、放心工程的宗旨，本着对当地党委和干部群众负责的态度，努力抓好、抓实资金拨付工作和援疆项目工程质量，全力防止违反安全生产规章、违反财经纪律、偷工减料、违法违规现象的发生。

作为援疆干部，我主动联系上海方面优质的规划设计、工业设计等部门，为叶城县的有关部门献计献策，同时及时与后方联系有关事宜，周到细致地做好两地教育、培训、交流学习活动。我们按建设流程编制了《2014年援疆项目推进形象示意图》，明确时间节点、任务，使援疆项目推进情况简单明了，同时督促每个项目联系人抓紧进度，有效有序推进援疆项目。2014年3月10日，指挥部召开了2014年上海援建项目推进会第一次会议。会上，我们重点协调、解决在项目建设中遇到的问题，以便工程顺利推进，并制定了每月"逢七"例会和每月20日召开一次的项目推进联席会议制度。每逢例会和联席会议，我们邀请叶城县委主要领导、援疆项目单位负责人、援疆项目涉及职能部门、援疆项目联系人一起参加，现场通报项目进展情况，提出存在的问题，现场办公逐一落实，明确下一步的工作要求和时间节点，请县委督查办跟踪督办。正是这些措施，使援疆项目推进效率大大提高，2014年项目完成情况名列前茅。

在28个援疆项目中，安居富民工程是援建项目中最大的一项，建设任务为24900多户，共计2亿元。为完成建设任务目标，2014年叶城县安居房建设任务为7800户，村建配套涉及22个乡72个村，工作任务重，时间紧。为完成这项惠民建设任务，我加大与县安居富民办的协调力度，要求项目联系人援疆干部张骞伟每周汇报项目进度，牵头制定了《安居富民项目的推进制度》《叶城分指援疆资金拨付使用规定》，并多次走访现场，就发现的问题及时督促项目建设单位说明原因并向县人民政府、援疆办、叶城分指挥部报告，主动协调，提出整改建议，为高标准、严要求地建好每一幢安居富民房真心付出。截至2014年12月31日，叶城县已开工建设安居房7800户，开工率100%；已竣工7782户，竣工率99.8%；已入住6850户，入住率87.8%。

经过多次实地调研考察，我发现当地这些维吾尔族居民主要的技能就是放羊。于是我就想通过养羊来改善他们的生活状况。2015年，我和援疆同志们积极商讨方案，从上海援疆前方指挥部申请到3000万元资金，通过招标选购了20650只良种母羊，向首批2590户贫困农牧民每户免费发放7至10只，并由县畜牧兽医站全程跟踪，确保所产羊羔的品质。为了持续发挥"造血"作用，"扶贫羊"实行循环发放的办法，我们希望三年后每个农牧民能把这羊再还给县委县政府，做到一个良性循环。

此外，我积极协调县委督查办对安居富民项目的督查、跟踪、督办工作，确保安居富民项目的质量安全、资金安全，为援疆项目各联系人做表率，为有效落实2014年安居富民项目积极努力。因此，我获得了"安居富民先进个人"的荣誉称号。

改善医疗环境　援疆医生全心付出

做实事要因地制宜。到了叶城县后，我们发现这里的医疗条件无论是硬件还是软件都十分落后，这里有个县人民医院，属二甲医院，虽说是二甲，但比起上海来说相差很多。我们这支援疆团队中有医生，分别来自宝山的儿科、精神内科、放射科、普外科、骨科、泌尿科等，他们来了之后直接就上了一线，指导当地医生提高医疗业务能力。记得有一天，我们影像学专家何光武在叶城县指导这里的影像医生读片，他看到一个影像报告，上面写着一位当地维吾尔族老乡得的是脑梗，他拿起片子仔细一看，却是脑溢血症状，他立刻问起当地那位医生，病人在哪儿，现在怎样。那位医生说正准备输液，老何立刻让他去通知医生换药，这才阻止了一起医疗事故的发生。针对这些情况，我与医疗团队做方案，准备为这里组建一支带不走的医疗团队。为此，我们的医疗团队为这里全体医生开讲座，出门诊，参与指导手术，还坚持下乡义诊，治病救人。他们多次到叶城县最僻远的地区西合休乡去义诊，那里海拔 3000 多米，地势险峻，生活条件很差，没有宿舍和厕所，只能集体蜗居在一个村的房间里，盖着散发着异味的被褥，度过一夜又一夜。但是他们的义诊救助了很多当地农牧民，受到老百姓的热烈欢迎和真诚感谢。

为进一步提高叶城县妇产科、儿科临床医疗水平和妇儿预防保健水平，降低孕产妇死亡率、婴幼儿死亡率、传染病发病率，提高人均期望寿命，2014 年 8 月，宝山区卫生局派出妇幼保健、妇产科、疾控、防保方面的四名专家来到叶城县开展"三降一提高"工作。我和专家们积极交流，认真制定相关措施，建议专家们对叶城县各级医院产科医生和防疫站进行系统、规范的培训，并积极参加临床工作。他们走遍各乡镇卫生院，进行产科工作考核，并结合实际制订了一系列的产科工作规范及制度，举办了叶城县第一次危重孕产妇评审会，受到一致好评。此外，专家们还指导叶城县首次开展麻疹突发事件桌面推演和个人防护用品的穿脱顺序应急演练，提高了当地防病队伍的素质和能力，为防病工作积累了实际经验。

为实现健康城建设目标，按照上海援疆"民生为本"的要求，妇儿医院及妇幼保健与计划生育服务中心项目被确定为上海市援疆第八批交钥匙项目，总投资 8300 万元，其中基建 6000 万元，配套设备采购 2300 万元，于 2014 年 8 月开工建设，2016 年 1 月竣工验收、交付使用。在此期间，我一次又一次地走工地，看实际，听工程汇报，督促施工队按时按质完成，有时在工地一泡就是一个上午。夏天骄阳似火，烤得人难受，但是这里的每个人都在坚持着建设这片土地。如今，妇儿医院及妇幼保健与计划生育服务中心已成为叶城新城区地标性建筑，并成为南疆各县首家妇儿科医院，能为叶城30万妇女儿童及周边地区妇女儿童提供计划生育、妇幼保健、妇儿医疗三位一体服务。

教育改变命运　打造一支带不走的教育团队

百年大计，教育为本。在新疆南疆，教育显得尤其重要。

为了那一双双渴求知识的双眼，指挥部先后派出10人组成的教师团队，他们捧着一颗心来到叶城二中。简陋的教学环境、落后的教学模式，曾经使这里的新生入校率跌入谷底。援疆教师到来后，开始积极参与学校的教学管理，转变教风和学风，发挥支教团队教研活动的引领作用，主动承担公开课，提出一些教研方面存在的问题并制定解决方案。援疆教师们逐渐把上海的先进教育理念传递给了这里每一位教师，为此，援疆教师们付出了许多辛劳。

正是有这样一批无私奉献的援疆教师，通过他们的耕耘，带来了收获。在宝山教师团队的共同努力下，叶城二中的学生当年高考取得了从未有过的好成绩，由此，新生择校率也一下子提升了。叶城二中原校长胡青春说过，从全校的谋划到每一次成绩分析，再到每一次采取的应对措施，上海老师都全方位跟进，全程跟进。当年高考结果能有重大变化与上海老师团队付出的努力密不可分。

此外，为了解决叶城二中教学设施简陋问题，经上海援疆前方指挥部和县委县政府审核后，2014年立项上海援疆资金680万元用于修建运动场、上下管沟和购置教学设备等。同时，我们还为叶城县建起了多所学校，有的还在偏远的西合休乡，我和相关同事多次前往西合休，查看工程进度。

叶城县聚集了维吾尔族、哈萨克族、塔吉克族等少数民族，这里只有两所学校能教普通话。其他都在上维吾尔语，普通话教学薄弱。为了让普通话在当地得到普及，第八批援疆教育方面的一项重要任务，就是让这里的少数民族同胞学习普通话，并从娃娃抓起。经相关会议研究，我们决定在全县印发《叶城县中小学、幼儿园规范使用国家通用语言（试行）的通知》以及《叶城县"双语教育促进工程"规划（2015—2020年）》的通知。另外，以全面实施《国家普通话标准》为契机，大力宣传、学习双语教育政策法规，把"双语优先"的教育理念渗透到教育教学各项活动之中，形成"学双语、用双语"的工作、学习、生活观念。同时，严格按照国家和自治区的课程标准，开齐开足双语课程。从2014年到2016年，共投入韬图双语推广普及项目资金556万元，从小学起各年级全面推广使用上海的"韬图汉语动漫教程"，并以校、班为单位组织开展有关教程推广的系列活动，力争让韬图动漫教程渗透到师生学习、生活的各个领域，成为普通话教学的最佳帮手。

截至2015年底，全县九年义务教育阶段双语班中接受普通话教学的少数民族学生有50003名，占少数民族在校生总数的62.75%；高中阶段54个双语班接受普通话教育的少数民族学生有2702名。

文化旅游援疆　营造宝叶一家亲的氛围

新疆叶城县历史悠久，而且维吾尔族又是能歌善舞的民族，这里经常举行核桃节、石榴节等节庆活动，当地居民在这些节日中，通过歌舞表达丰收的喜悦与对美好生活的向往。在我们的援疆项目中，其中一个是给当地的电视台建立演播大厅，并支援演播大厅的所有设备。同时将电视台的记者、演播人员等送到宝山区广播电视台进行培训，将当地文化系统的工作人员，也送到宝山去培训，让他们更好地通过文化培训，掌握更多的文化传播新理念、新技术，以服务当地百姓，建立和谐家园。为进一步助力当地文化传播，宝山区广播电视台还捐赠了一辆传播车给叶城县广播电视台。

我在调研中发现，叶城县有丰富的旅游资源，如锡提亚迷城景区、宗朗灵泉景区、坡陇原始森林景区等。为完善当地的旅游资源开发，加快推进叶城县的景区配套设施和新景区开发建设，促进景区上档次、上规模，增强旅游业的发展后劲，我多次与援疆干部在县旅游局的同志陪同下，骑着小毛驴走山间羊肠小道，走进大山、跨越戈壁，去实地调研、勘察，饿了就啃口馕，渴了就喝口水。经过各级领导和单位的共同努力，叶城县旅游景点终于再上新台阶。

宝叶一家亲　援疆结情义

刚到叶城时,我们发现这里的贫困户很多,为了尽一份自己的力量,帮助这些贫困户,同时也是为了增加援疆干部人才的群众观念和服务意识,转变作风,我和上海援疆叶城分指挥部同事决定一方面要对一些贫困家庭所存在的困难进行帮扶,另一方面也要为学生的发展提供一些必要的帮助。上海援疆叶城分指挥部与当地贫困户和贫困学生进行了"手拉手、心连心"的结对活动。在活动上,我们向20名贫困学生和20户贫困户分别赠送了书包、学习用品,并发放了面粉及清油。在开学之际,我们每人都去看望了这些贫困学生并送上慰问金。为进一步做好这项工作,我与当地两户贫困户、两名贫困大学生结对,每年多次家访,捐款捐物共计一万多元,得到了他们的称赞、感谢。

此外,我和叶城分指挥部的同事商量,让宝山区的一些镇街与这里的镇村进行结对扶贫。在大家的努力推动下,一些宝山的企业也开始与这里的政府对接,他们帮助将这里的核桃、石榴、红枣等特产运往上海进行销售,助力当地百姓脱贫。

现任叶城县县长阿迪力·玉努斯对我们援疆干部的评价是:第一,他们不

▲ 上海市对口支援新疆前方指挥部援疆干部与喀什大学困难学生开展结对帮扶活动

管在理论水平方面、专业知识方面，还是在工作作风方面，都给我们做出了表率；第二，他们的无私奉献精神，确实让人感动。我们叶城县的条件远远比不上上海市，条件艰苦，他们到了叶城后很长时间不能和家人在一起，但他们克服重重困难，为叶城县做出了贡献。

我这样认为，我们援疆，其实不光是用项目、技术援疆，更是用一颗火热的心援疆。三年来，我们这批援疆干部前后共40多名，早已把叶城当成自己的第二故乡，把叶尔羌河当为我们的第二条母亲河，我们与当地干部群众共饮一条河，这真是体现了"宝叶"一家情。

援疆三年，我们这些援疆干部，正如这里的胡杨树那样，在这块贫瘠的土地上扎下了根，并与当地干部群众建立了水乳交融、难以割舍的感情。这真是三年援疆路，一世援疆情，援疆无悔！

一个无愧的援疆戍边人

胡广,1972年11月生。现任中共宝山区建设和交通工作委员会党委书记。2017年至2020年,作为上海市第九批援疆干部,担任叶城县委副书记、叶城县工业园区党工委书记、上海援疆叶城分指挥部指挥长。

口述：胡　广

采访：王华峰　姜瀚墨

整理：王华峰

时间：2020 年 4 月 22 日

"我在乎这里的每一个人，我在乎这里做的每一件事，我在乎这里的山山水水。"这就是我此次援疆工作的心声。这三年所收获的，所感悟到的，可能是在后方工作一辈子都难以体会到的东西。三年的经历将永远印刻在我的脑海中，使我不忘初心，牢记使命，始终保持昂扬向上、驰而不息的精神状态，跑好持续对口支援帮扶的"接力赛"。

时时刻刻面对挑战

2017 年 2 月 19 日，我带着使命，带着嘱托，带着期望，带着宝山区 25 名援疆兄弟（含喀什六中 3 人），来到祖国西北边陲美丽的新疆叶城，正式开始了为期三年的上海宝山对口支援新疆叶城的工作。我们进疆以后，先到乌鲁木齐集中培训，初步了解这里的政治、经济、社会、宗教、民族、历史等情况。"不到新疆，不知祖国之大"，这是我第一次来到新疆的感受，而后续的援疆生活让我深刻地认识到，这里的困难和挑战从来不会少。

刚到叶城的时候，正是冬季，整个城市没有一点儿绿色。叶城县 3.1 万平方公里，其中 3 万平方公里是茫茫昆仑山腹地，那里的平均海拔达到 4000 米以上，有些干部一下子不适应，出现了高原反应，缺氧呕吐。这里全是茫茫的沙漠和戈壁滩，非常荒凉，人烟稀少，我们去叶城的一路上没有遇到其他车子，一眼望去寸草不生。进了叶城县城稍微好一点儿。初次到叶城，我感觉县城的建筑、道路非常整齐，城市建筑规划方面做得出乎意料的不错。在这里能建造成这样的城市，也体现了国家对于援疆工作的重视和援疆的巨大成果。随着对这个城市不断深入了解，我感到这里的老百姓收入来源少是一个严重的问题，这里的经济状况真的非常落后，经济发展非常艰难，住在这里的老百姓，是我国脱贫攻坚最难的一批对象。

叶城也是边境大县，有102公里边境线。"每一寸国土都是无价之宝"，我们援助叶城，自然就承担了确保叶城边境安全的重任。三年来，我们必须时刻守护祖国的边疆，确保每一寸土地的安全。记得那个时候，反恐维稳形势非常严峻，我们是不能够随意离开援疆楼住所半步的，我们每天要开很长时间的会，有时一天要连续开13个小时，只为研究讨论如何加强作风建设，确保反恐维稳工作步步为营，取得成效。三年中，我每次去边境的时候，每次看到中国的界碑，就有一种强烈的自豪感，爱国之情油然而生，捍卫祖国领土完整也是我们援疆必须完成的任务。

"叶城"在维吾尔语里叫作"喀格勒克"，意思是"值得留下的地方"，因为叶城的山山水水非常漂亮，去过的人都会喜欢上这里。叶城处于昆仑山下，昆仑山是万山之主，新疆的重要河流叶尔羌河起源于叶城的昆仑山山巅，是中国最长的内陆河塔里木河的主要支流，叶城因叶尔羌河而得名。昆仑山的山山水水很壮美，但山里同样存在着巨大的危险。那里的山路非常险恶，经常会遇到沙尘暴、泥石流、塌方，我们经常要从车子上下来，清除道路上的石头、泥沙等路障，才能继续通行。印象特别深的是，有一次与边防大队一同巡视边境，碰到了塌方和泥石流，那时正好下过雨，沙土与水混成泥浆，路面非常滑，整个道路只有两三米宽，驾驶员垫了一些干的土，我们开车从路面冲了过去，冲过去的时候，轮子还在打滑，想想有点后怕，如果控制不好，可能就摔下悬崖了。

叶城的核桃

2017年时，叶城只有113万亩的农田，人均只有2亩地，一亩地的产出平均在1000元左右，两亩地就是2000元。按照2020年脱贫标准，人均可支配收入需要达到4000元，而平原地带的农民主要收入来源是种植林果，无论是种什么品种，一年产出基本在2000元左右；山里的牧民主要收入来源是放牧，一年放一头羊大约能赚200元，一年放10头羊才达到2000元年收入，更何况很多人根本买不起小羊。

叶城是农业大县，林果产业是叶城的主打产业，而核桃可谓是重中之重。叶城113万亩耕地中核桃的种植面积就达到了58万亩，占总耕地面积的一半。核桃一年的产量大概在十二三万吨，老百姓约40%的收入来自核桃种植。为此，县委对发展核桃产业极其重视，全权交由我负责相关工作。

由于核桃全身都是宝，可以吃干榨尽，如核桃果实可以做核桃奶、核桃粉、核桃油、核桃休闲食品，核桃青皮可以提炼单宁酸，核桃壳制作活性炭、炭黑等，核桃木可以做工艺品、家具等，我深知核桃产业具有巨大的潜力，能够实实在在稳定增加老百姓的收入，为此我不遗余力。三年内，我花费大量的时间，针对核桃种植、加工、销售等全产业链的知识加强学习研究，还专程带队赴云南漾濞县核桃研究院和核桃企业考察学习。

我的工作主要是在核桃产业体制建设、核桃种植提质增效、核桃企业招商引资、核桃宣传销售渠道等方面动足脑筋。我们建立了"核桃办"，代表政府统一协调发展核桃产业，组织核桃种植加工销售全环节的企业成立社会组织"核桃协会"，发挥上海和新疆的科研院所作用，成立核桃科研机构"核桃研究院"。编制《叶城核桃产业一二三产融合发展规划》，协调组织上海农科院和新疆大学等科研院所，实施核桃产业质量标准化体系建设和"叶城核桃"区域公共品牌创建，三年内投入上亿元援疆资金实施林果管理项目，提高核桃品质。围绕增收致富打造农村电商，我们成功创建国家级"电子商务进农村综合示范县"，在自治区绩效评价中成绩位列第一，评为优秀。我们积极构建援受双方叶城农产品销售体系，扩建叶城县电商服务中心，新建展示厅，在宝山区开设叶城县特色农产品展销中心。我们组织"双线九进"活动近百场,线上线下对接十多家大型电商平台和十多家大型销售实体企业,大大拓宽了叶城农产品销售渠道。后来叶城核桃入选了"国家品牌计划——广告精准扶贫"项目,央视二台《生财有道》进行专题报道,打造3A级景点核桃七仙园,核桃七仙园获得"平均树龄最长的古核桃园""最大的古核桃(薄皮核桃)树"等上海大世界基尼斯纪录称号。

叶城有"亲人"

"事成于和睦,力生于团结"。"民族团结一家亲活动"也是我积极参与的一项工作。我们指挥部与依提木孔乡14村36户建档立卡贫困户结为亲戚,我带领分指挥部干部定期上门走访慰问亲戚,为他们解决生活上的难题,让他们切实感受到党和政府的关怀与温暖。

因为我是县领导,根据组织安排,我先后与7户维吾尔族老百姓结亲。其中一户是两个老人,令我印象深刻,他们子女都成家立业分户了。三年来,我每年要去他们家三四次,与他们真正成了亲戚。第一次去他们家的时候,相互不熟悉,他们的眼里是茫然的,只是应付式地与我打招呼。可是第二次去的时候,他们已经笑得很真诚了。尤其是最后一次我将结束援疆工作,专程去了一次,与他们话别,老太太当时激动地流下了眼泪,依依不舍。我与老太太结亲后,积极地帮助他们家改善生活。记得第一次去的时候,老太太家里是泥土垒的厨灶,泥土做的棚,家徒四壁,只有泥土做的地坪和院墙,之后每次去的时候,家里的环境都不断改善。男主人,即老太太的老伴下腹部有一个巨大的疝气瘤,我带着医疗团队过去,在医疗方面帮助他们,但很遗憾,男主人在2018年底去世了。老太太的儿子在村里没有稳定的收入,我通过协调,为老太太儿子在美嘉乳业公司找了一份工作,每月有稳定收入1500元。我们援疆干部各自都有结亲,每人都结亲多户。我们以"民族团结一家亲"活动为载体,把增进民族感情、促进团结体现到实际行动上、体现在生活细节中去,积极引导各族干部群众爱护民族团结,共同建设叶城这个美丽家园。

▶ 胡广（左）和结亲户

推进企业合作，促叶城经济发展

按照国家及中央的规定，上海作为支援方，叶城作为受援方，双方有一个约定，上海每年的财政收入中五六亿元资金用于支援叶城。而我在叶城的主要工作内容就是将这些资金转化成援疆项目，并把这些项目和资金管理、监督、落实好，当年任务当年毕。除此之外，我在县里面还担任职务，会承担一些党委和政府的相关工作，所以我们有两方面的任务，一方面就是援疆项目的推进落实，另一方面就是县里面的一些分管工作，比如我分管过经济工作、城市建设工作、教育工作、园区工作等。在推进项目过程中，我们给当地建立一些长效机制。我们一直说，授人以鱼不如授人以渔，我们将上海、宝山的一些优势资源和理念，用于帮助当地建立长效机制，取得了一定的成效。

我在线上线下销售、企业合作等方面下足功夫。我们到上海、广东等一些发达地区，与一些龙头企业对接，对接的过程非常艰难，因为叶城当地的基础差，在产品质量和品控方面很难达到要求。比如，我一共去了来伊份公司三次，多次与企业交流，宣传我们扶贫的重要意义，不断寻求他们的支持，来

◀ 对接来伊份公司，扩宽叶城农产品销售渠道

伊份董事长施永雷也被我们援疆干部的精神感动，亲自接待我们，最终签订合同。

除了主动"走出去"，我们也不断促进自身提高，我们对叶城当地的企业提出了一些要求，要求他们提质增效、提高品控，能够符合外面企业和市场的要求，以促进更多的项目合作。同时，我们也请一些企业派出品控人员，入驻叶城，指导当地企业生产。我知道企业派驻需要成本，很多企业被援疆干部的精神感动，实际也是对当地企业产品潜力的认可，所以愿意派员到叶城现场考察和指导，帮助当地企业不断做强，同时也加强了双方合作。

致力解决当地民生保障问题

住房问题也是援疆工作的重点，为做好"两不愁三保障"，保障老百姓的安居，我们援疆干部必须走在脱贫攻坚的第一线。我深入到西合休、棋盘、乌夏巴什等偏远山乡，实地走访了解安居房的建设情况，及时调整补贴户数和标准。我们一套安居富民的补贴，一般户补贴1万元，建档立卡贫困户补贴2万元。三年来投资5.1亿元为3.52万户农牧民建设了安居房，全面完成了安居富民房这项任务。

▲ 指导"叶城女红"培训，解决困难户结业

　　先安居，而后乐业。我们2019年给叶城投资5100万元实现庭院经济的发展，帮助他们在家建小果园、菜园，搭葡萄架，实施"三新"（新家园、新气象、新风尚）的生活。庭院经济、设施大棚、核桃密植园改造、飞防服务、农村电商、特色农产品销售，大量援疆资金投入到促进农民增收的项目中，帮他们走上了小康之路。更令人欣慰的是，在援疆项目助力脱贫攻坚的背景下，当地老百姓面朝黄土背朝天的生活方式得以改变。

　　就业脱贫是农民脱贫当中的长久之策，具有可持续性。洛克乡十村距离县城将近50公里，中间隔着无人居住的沙漠戈壁，当地大多数人不愿意离开家乡外出打工。叶城分指通过扶持面向乡村的"卫星工厂"，把企业引进来，让农民在家门口实现就业。"叶城女红"是我专门策划的一项活动，主要目的是通过学普通话、学技能、学基本的生产组织纪律，把农民工转变成产业工人，并给企业输送合格的产业工人。每个卫星工厂，就业人数基本是50—100人，而且50%—70%都是贫困户，这些农民基本每个月赚1500多元，一年有18000元，整个家庭就脱贫了。在我们援疆干部的努力下，如今叶城上海产业园入驻规模以上企业38家，在喀什地区排名第一。这些企业以及遍布乡村的近76家卫星工厂实现了13000多人的就业，为叶城县打赢脱贫攻坚战做出了有力的贡献。

"绿水青山就是金山银山",有着"昆仑明珠"美誉的叶城正以自己独特的自然人文禀赋为这一划时代的论断做出了最好的印证。"兴旅业,谋发展。"找准旅游资源,事业就成功了一半。通过调研,我发现叶城县有两个世界级的旅游地标,一个是国道219线的新藏线,新藏线的公路旅游线路;另一个就是世界第二高峰乔戈里峰,海拔8611米。这两个世界级的旅游地标奠定了我们叶城旅游发展的基础。帕提古·买买提,叶城县洛克乡61组的村民,家中有五口人,务农为生,四亩地种的全是小麦,年收入不到3000元,属于贫困户。通过一年的旅游接待,她已经会简单的普通话交流。虽然家中仅帕提古一人就业,但越来越红火的旅游业让她看到了未来的希望。截至2018年底,叶城旅游人数达34万,2019年预计达55万人次。越来越多的人认识了叶城,了解了南疆的风情;越来越多的当地村民百姓摆脱了贫困,走上了旅游致富的道路。

对于叶城人民医院的病患来说,上海医生就代表了希望,但我们只能解决当下的病人,后续的病人还需他们自己解决。把"输血"变成"造血",抓紧培养出一批当地的优秀医务人员,是我们的当务之急。上海援疆医疗团队通过师徒结对带教的形式,有效提高当地医生的医疗技术水平。很多疑难杂症,我们都是召集组织疑难病例的讨论、规划,让当地的医生全程参与,进行自我提升学习。与此同时,我们通过援疆项目进一步把优质医疗资源向乡村延伸,解决当地老百姓看病难问题。我们这批援疆重点围绕着脱贫攻坚,很多项目是往更底下的基层建设。比如说棋盘乡、洛克乡卫生院的业务用房。通过村一级、乡一级医疗机构设施的改善,提升当地基层医疗就医环境。三年来援疆资金共投入4348万元,新建一个卫生院,120个标准化村卫生室,为20个卫生院配备体检设备,组织下乡义诊30多次。在叶城实现了大病不出县、常见病不出乡、小病不出村的目标。

"行万里路,干千日活,结三生缘,留一世情"。在叶城工作生活的三年时光里,我经受了最深刻的党性教育、最现实的国情教育、最生动的民族团结教育、最严峻的反恐怖反分裂教育,同时也收获了珍贵的同志情、战友情。第九批援疆工作已到期结束，我珍惜这段人生经历，努力做到有山一样的崇高信仰、海一样的为民情怀、铁一样的责任担当、火一样的奋斗激情，努力当好脱贫攻坚的"突击队"，搭建好密切党同人民群众联系的"连心桥"。我将顺着这条"援疆"路，一如既往地关注叶城，做永远的"援疆人"！

在昆仑第一城下"申"耕援疆"责任田"

张彬，1972年11月生。现任宝山区体育局局长。2016年12月至2019年12月，作为上海市第九批援疆干部，担任叶城县委常委、副县长，上海援疆叶城分指挥部副指挥长。

口述：张　彬
采访：卞宇江　许　昕
整理：卞宇江
时间：2020 年 3 月 18 日

作为一个土生土长的上海人，我觉得如果有机会能参与边远山区或少数民族地区的工作，无论是加强对国情的了解还是丰富人生阅历，都会受益良多，在家庭允许的情况下，我一直憧憬承担一次对口支援工作，也坚信自己的职业生涯必将与此结缘。自 2001 年起，我共有 5 次进入区委组织部对口支援干部候选人范围，2 次是援藏，1 次是援滇，还有 2 次是第七批和第九批援疆。2016 年 12 月，我非常有幸被选为上海第九批援疆干部，担任叶城县委常委、副县长，上海援疆叶城分指挥部副指挥长，踏上了新疆这片热土。

刚到叶城县，坦诚地说落差很大，一方面是从沿海发达的城市到了一片片戈壁的祖国边陲，时不时会有沙尘暴，生活条件、自然条件差异较大；另一方面是从海纳百川的繁华都市到了每 300 米都有一处检查站的维稳重地，24 小时都处于紧急常态。但是，在艰苦复杂的环境下，在这苍茫云海间，我和援疆兄弟们并肩作战，经历了磨炼，经受住考验，经得起检验，在叶城县这座昆仑第一城下，发挥上海干部的精气神，"申"耕援疆"责任田"。

把援疆项目做精做细做实

第九批援疆项目首次由国家四部委（发改委、组织部、财政部、审计署）牵头负责，首次由后方单位参与项目审计。就叶城县而言，第九批援助资金近18亿元，而叶城县每年的财产收入才5亿元左右，援助资金超过叶城县三年财政收入总额。

如何编制好援疆项目计划，用好这笔数额较大的援助资金，成为统筹推进各项工作的基础。由于前几批援疆项目更侧重大型、紧缺型的基础项目，所以我们在研究实施第九批援疆项目时更侧重提升老项目的实际运营效率，以配套项目为主，体现了项目总数增多、单个项目规模变小、项目聚焦城郊农村、项目侧重软件配套等特点。叶城县平均每年总项目数约30个，子项目近百个，每个子项目都需要准备一套材料，需要走规定流程，所以我们的工作任务比想象中的更为艰巨。

在援疆项目实际推进中，我们要尽快克服几方面的困难，首先是环境的差异。阳春三月，上海已是春红柳绿，但在叶城县几乎看不到一点儿绿色。我印象非常深刻，援疆第一年我们上海的援疆干部还曾经一起去当地的蔬菜大棚看绿色，缓解视觉疲劳的压力。其次是立项时间较长。援疆项目启动时，所有的项目从为什么做、怎么样做、资金匹配等，我们都需要做大量的准备工作。但就叶城县来说，实际问题是县规划局6位干部全部外派参加驻村，我们去履行规划项目手续时必须要跑到规划局干部驻扎的村庄，有些驻村干部在城郊，有些则在离县城300多公里的村庄，一来一去立项申报花费的时间比较长。

面对这些客观情况，我们援疆干部克服各种困难，每年按预期完成援疆项目计划，确保体现上海援疆特色。我根据叶城县的经济社会文化生态发展现状，立足一产、二产、三产相融共促，协同发展，充分发挥援疆资金政策作用，完成援疆总项目103个，子项目230多个，助力叶城县加快脱贫攻坚步伐。同时，我们通过招商引资，牵头引进近百家企业，解决就业人数近3万人，叶城县也成为喀什地区除喀什市外规上企业最多的县城。

把"新"核桃变成"金"核桃

叶城县是新疆的核桃大县,种植面积达58万多亩,每年产量近13万吨,核桃收入占到当地农民人均收入的40%。但由于原先农民种植核桃比较分散,不成规模,且大部分存在"看天吃饭"的原始农业观念,不注重种植品质,产出效应并不高。如何因地制宜提升核桃产业的附加值,是深化当地农业发展的关键要素。通过深入调研,我们制定了核桃"吃干榨净"全产业链和提升农民优质优价意识的工作方针。

我首先从基础性工作做起,用好援疆资金这把"金铲子"。技术投入方面,由于当地种植技术比较原始,我们购买了一批比较先进的机械设备,帮助农民机械施工,科学种植,提高亩产。激励机制方面,每年对亩产冠军进行激励,目前全县每年平均亩产已超过200公斤,亩产冠军达到每年425公斤,产出大幅提升。标准化建设方面,我们进行了核桃"标准林"建设,引进可溯源产地、生产环节、种植农户的体系,提高种植规模和品质。

在基础工作完成后,系统提升农民优质优价的"金理念"也迫在眉睫。我发现当地农户对科学种植和果品质量还缺乏系统认识,比如核桃从掉落到销售之间还有一个去青皮的过程,如果青皮去得不及时,核桃肉就不会是白色或者奶白色的,售价就要打折扣。再比如,核桃砸开后,如果核桃仁是完整的,当地俗称"头路"核桃,售价就会比较高。因此,在生产环节,我们系统指导农民精准加工,通过更科学的劳动获得更高的劳动报酬。

要实现核桃全产业链,那就需要用好招商引资这把"金钥匙"。核桃全身都是宝,如核桃青皮里面含有大量的单宁酸,它是牛仔裤的染色剂跟皮革柔软剂,而核桃青皮中就能提取。为此我们引进了一家拥有提取单宁酸专利技术的化工企业,同步盘活了县内存量冷库用于及时存储青皮,这样每年可以帮老百姓增收近6000万元。又比如核桃壳也能产生可观的经济效益,为此我们一方面主动与六个核桃等知名企业对接,除核桃原果外,还直接向企业提供核桃仁成品,这样每公斤2元左右的加工费就留在当地,给当地大量的老人和妇女提供了就业岗位;另一方面我们引进了一家活性炭企业和一家中草药制剂厂,采

▶ 张彬（左一）在叶城县核桃提质增效现场为村民解答

购原先农民废弃的核桃外壳，分别从中提炼高品质活性炭和中药材"分心木"，前者用于石油冶炼行业，后者可以做成袋泡茶，具有安神、助眠、防高血压等功效。通过全产业链的核桃经济产出，2019年全县核桃产值15.43亿元，核桃全产业链为农民增收约2.5亿元。

为"新"鲜水果畅通供销渠道

新疆水果举国闻名，但如何拓展销售网络，让其他省市，特别是东南沿海城市的老百姓不去新疆也能尝到原汁原味的新疆水果，我进行了深入的调研和探索。我发现，新疆原产的农产品，只要在保证质量的前提下是自带光环的，但最大的问题是新疆当地没有成熟的合作社，加之农民的商品品控意识还需提高，销售情况并不理想。在当时物流冷链不完善的情况下，当地水果从新疆整车运到上海需要5天时间，如果采摘八成熟的水果运输，腐烂率会很高，采摘半熟的水果运到后口感会差很多。

为打通冷链通路，2018年，我们通过招商引资把顺丰南疆分检中心落户到叶城县。随着顺丰的引进，顺丰冷链也实现开通，当地的水果通过冷链配送4天就能够到达上海，保证了采摘地果实的品质。同时，为打通销售渠道，我

▶ 宝山区对口支援新疆叶城县农产品展销中心

向宝山区委、区政府积极汇报，得到了"娘家人"的大力支持，于2019年在宝山区安信广场建立了"宝山区对口支援新疆叶城县农产品展销中心"。展销中心解决了多个问题，如减少了供需双方的商务成本，电商能第一时间在展销中心看到叶城县水果实样，减少飞去产地考察的商务成本。在交易细节洽谈方面，展销中心可以做中间人，供需双方只需要在最后敲合同的环节见面完成交易即可。同时，展销中心也提供包装设计服务，原先新疆运来的水果缺乏包装设计，展销中心就按照电商对于产品包装的需求，直接委托专业的设计公司设计包装，由内至外提升了产品的品质。

展销中心成立不到一年，成功搭建了4个销售渠道，牵头举行营销推广活动30多场，直接销售农产品金额近200万元。

把不一样的"新"藏线印刻在游客心中

为发挥援疆干部优势，整个喀什地区的旅游工作全部由上海援疆干部负责，所以援疆期间叶城县的旅游开发和旅游扶贫工作就落在我的肩上。当时叶城县通过前几批援疆干部的辛勤努力建设了6个A级景区，但现有景区不足以吸引疆外游客领略南疆独特的旅游风貌。我通过多方调研，把目光聚焦到

"新藏线",这条全世界海拔最高的公路,我断定新藏线将会成为叶城县全新的"经济生命线"。

由于未进行过系统规划开发,在我援疆之初,新藏线的知晓度并不高。为全面了解这条天路,我决定全程进行勘察。2017年9月,我们与珠峰大本营的规划团队,即上海师范大学旅游学院合作,邀请业内专家高峻院长带领团队进行全程勘察记录,随行的还有新华社、上海旅游网等媒体朋友。

见之不若知之,知之不若行之。1070公里的新藏线,平均海拔4500米以上,全线海拔在4000米以上的路段有915公里,沿途要翻越13座5000米以上的高山,途经400公里的无人区、16个冰山达坂、44条冰河和中国著名的四大山脉——昆仑山脉、喀喇昆仑山脉、冈底斯山脉和喜马拉雅山脉;沿途著名的珠穆朗玛峰、乔戈里峰等8000米以上的高峰威严屹立,圣山冈仁波齐让人神往,沿途的南疆地域文化和藏传佛教文化熠熠生辉,海拔最高的康西瓦烈士陵园飘扬着爱国主义的旗帜。身临其境,震撼人心,我们下定决心,要把新藏线打造成"风景极致的旅游大道、产业发展的扶贫大道、民族交流的团结大道和爱国主义的教育大道"。

我们坚持要做好新藏线,还源于两大原因。一方面,新藏线沿线有很多风景优美的山村,这些村主要靠援疆资金扶贫,帮助他们改善房屋居住条件。但要可持续发展就要靠导入产业,因为路途遥远使得产业发展道路艰难,而新藏线是"输血主动脉",通过导入游客可以进行旅游产业扶贫。另一方面,我研究了2004年的川藏线,当时川藏线的条件比我援疆之初未规划的新藏线还要差。比如川藏线沿途被称为摄影家天堂的新都桥,当时旅客晚上只能住在农民家中,床是硬板床,墙壁是发霉的。但是,当我援疆期间再次带领叶城县的同志考察川藏线公路旅游发展时,沿途所有的城镇、乡村都是公路旅游的接待点,新都桥高峰时一天要接待几万游客住宿。川藏线每年吸引近300万游客,旅游产出近300亿元。新藏线各方面条件都足以媲美川藏线,我坚信通过不懈的努力,一定能把不一样的新藏线印刻在游客心中。

"新"动必须"行"动。首先,经过与规划团队的研究,我们积极联系上海大世界基尼斯世界纪录总部,对新藏线和乔戈里峰进行认证。2018年1月

18日，新藏线和乔戈里峰分别荣获上海大世界基尼斯"世界平均海拔最高的公路旅游线路"和"徒步登山路线最长的8000米以上山峰"两项纪录。通过牵线搭桥，2017年叶城县与新疆阿里旅发委签订合作协议，2019年喀什地区和阿里地区签署合作开发协议。同时，为打出营销特色，我再一次全程探路新藏线，沿途考察设施建设和风土人情，到深山中走访村户，全面了解沿线旅游资源，并联手规划、营销专家团队共同对新藏线进行刷"新"服务。

一是开发"新藏勇士证"。结合目前游客流行在景点打卡发朋友圈、上传抖音视频等热点，我们决定打出"没有从叶城自驾到阿里，正穿新藏线的自驾游客，你不能成为世界自驾达人"的营销口号，在新藏线沿途设立10个打卡点，开发"新藏勇士证"，分为自驾、骑行、摩托和徒步四大类，所有走新藏线的旅客都可以免费领取这张由叶城县政府、阿里旅发委和上海基尼斯纪录共同认证的纸质版勇士证，满足了特殊旅游游客证明征服世界最高海拔公路的需求。我们牵头推出叶城旅游公众号，将电子版勇士证嵌入其中，旅客可以在每个打卡点扫描二维码进行认证，并在最终的目的地打卡形成完整的电子版勇士证。此举既能加强对打卡点的监管，如果发现服务效果不佳，可以撤销其电子二维码的使用权；同时也可以监控人流量，如果打卡点人流量每年超过3万，打卡点的运营方就要向我们返回一定的收入，用于再投资建设和扶贫工作。

二是建设"新藏线大本营"。为进一步打响品牌效应，我们在叶城县的锡提亚迷城景区建设了"新藏线大本营"项目，并积极协调边防办证中心迁入景区。大本营不仅为旅客提供餐饮、住宿、保险、租车、补给、高原知识讲座、办理边境通行证等服务，而且通过把新藏勇士证的始发打卡点设在景区，提升了景区的旅游热度。我们建设大本营还有另一个用意，那就是环保。当初，我们请了时任国家旅游局旅游资源开发司张司长给新藏线做规划评审，张司长问我："张彬同志，新藏线你做不做高端游？准备做预约制吗？"我当时回答张司长，新藏线目前的旅游接待能力是有限的，我在全程规划中已经把预约制和环境保护考虑进去，从新藏线大本营出发的旅客都会要求签环保倡议书，购买专用的环保垃圾袋，保证旅游途中产生的不能化解的垃圾全部带到有垃圾处理能力的集中点处理。

三是成立本地营销团队。由于当地景区管理和旅游营销人手严重不足，在新藏线规划开发时，我们同步考虑在本地成立本土化的旅游营销团队。我通过叶城县志愿者协会牵线搭桥，组建了5人的运营团队，其中有两位是少数民族小伙，一位名叫艾克，他曾在2008年骑自行车到北京做奥运宣传，有一定的知名度。我们以他的名字成立了艾克队长旅游发展公司，通过运营宣传，从新藏线来的旅客到叶城县都会通过QQ群联系他。同时，随着新藏线知名度的提升，商业、民间投资涌入，景区开始实行托管模式，艾克团队也组织68个当地的贫困户在大本营景区就业，景区周边农户基本实现脱贫。

通过三年的努力，叶城县作为边境探险地逐渐印刻在游客们心中。新藏线网红打卡点——零公里的凯旋门下，来自全国乃至世界各地的游客以各种交通工具纷至沓来，探寻这条天下第一路的奥秘，乔格里峰也吸引了越来越多极限登山爱好者的挑战。2019年，叶城县共接待游客64万人次，比2016年增加346%。新藏线的开发也产生了虹吸效应，2018年9月25日自治区旅游扶贫现场大会和2019年3月喀什地区导游培训会议都在叶城县成功召开。2018年9月第九届新疆国际特种旅游节和叶城·新藏线房车自驾游活动更是成功地吸引了沿海地区的广大游客。"天路零公里、昆仑第一城"的叶城县，获评首批全国最具特色魅力旅游胜地。

援疆工作的民族"情"和民族"义"

援疆期间，作为一位沿海城市的干部，我站在新疆这片热土，所见所闻是祖国疆土的壮美风景，更是当地老乡的善良和热忱，他们会用家里仅有的两个鸡蛋来招待客人；所思所想是改善当地百姓的生活，更是祖国的民族团结，尽自己所能为深化民族交流做最大的贡献。在援疆过程中，我们一直秉持着一个原则，即加强叶城县当地少数民族百姓与内地游客的交流，拓宽民族互动的阳关大道。

为此，从2017年开始，我和其他几位上海援疆干部们牵头组织"新疆旅游包机游"项目。整个前线指挥部三年期间共组织74架次包机，其中叶城县组织12架次，这些包机游客都是我们援疆干部自己的亲朋好友和机关同事。

▲ 张彬在新疆维吾尔自治区乡村旅游与旅游扶贫推进会上介绍经验

我们还倡议包机游客在新疆旅游时奉献爱心，捐献家里的衣物、闲置物品，或者来叶城县现场捐款。2019年，通过包机游客献爱心，累计捐款捐物价值超10万元。通过旅游包机的宣传效应，更多的沿海游客来到新疆，来到叶城县，感受大美新疆的安全和团结。

同时，我们在新藏线大本营一路向南105公里处的努尔阿巴提村投资建起一座由废弃的物资站改造的新藏"益"栈，"益"体现在销售的商品虽然运输的成本很高，但坚持平价出售。"益"栈不仅是传统的驿站，解决村民就业问题，而且是文化和民族互动的交汇地。我们在"益"栈内规划展示当地民族特色文化，村里的少数民族妇女会出售自己制作的精美刺绣，晚上有当地独特的民族篝火表演。我们还规划一个共享大厅，鼓励内地游客把手机里的内容投在投影仪上，和村里面的小朋友讲述自己的旅游感受、生活轶事和工作经历，分享自己家乡城市的故事，加强双方的文化交流和心灵共鸣，也让当地的小朋友感受到祖国的强大和繁荣。同时，"益"栈也带动当地建立了民宿发展合作社，当地特色产品的销售通路也逐渐拓宽。

通过以新藏线为主线带动的旅游扶贫和民族互动，援疆三年期间，我发现当地老百姓已潜移默化发生了变化。叶城县的商户在知道要接待游客后，都会提前一天整理个人卫生，不会再有影响游客旅游感受的问题，景区贫困户的普通话水平也迅速提升；景区歌舞表演结束后，参加表演的文工团和教培中心的学员都会依依不舍地和游客道别，特别是教培中心的学员，你能感觉到他们的互动都是发自内心的，他们的思想在转变，他们真切感受到只有中国共产党才能带领他们致富脱贫。很多当地老百姓都和我说，没有共产党，我们一百年也过不上现在的幸福生活，感谢中国共产党，感谢援疆干部。每当此时，我的内心涌满了暖流，感觉一切的辛苦与汗水都是值得的。

转眼间，三年的援疆工作已经结束。"一草一木总关情，高山流水永难忘"。回忆援疆工作的点点滴滴，充满着艰辛和汗水，也充满着收获和喜悦。我感谢组织对我的信任，让我有机会为祖国边境的发展和民族交流奉献自己的力量，宝山区委汪泓书记一直给予我们关心和鼓励，实地对我们进行慰问。我感谢当地各族干部们对我的支持和帮助，他们是我推动援疆工作中的良师益友，更是保障祖国边境安稳的民族战士。我感谢一同奋战的上海援疆兄弟们，援疆期间每个人的喜怒哀乐，每个人家中碰到的困难，大家都互相帮助，休戚与共，我们是真正的"战友"。特别在援疆期间，我的岳父因食道癌过世，兄弟们与我一起担忧、一起扛痛，我收获的这份友谊，将是我一辈子的宝贵财富。每当我们共同唱起自编自创的《援疆兄弟》，友情的暖流就像新疆热情的阳光洒满我的心田。

一丝丝援疆的情愫，一缕缕真情的流动。三年援疆路，一生边疆情。

西行万里路，不负家园情

袁罡，1976年8月生。2014年2月至2018年12月，先后担任宝山区副区长，中共宝山区委常委、区政府党组副书记。2018年12月至今，担任中共克拉玛依市委副书记、上海对口支援克拉玛依前方指挥部总指挥、中共宝山区委常委、宝山区副区长、区政府党组副书记。

口述：袁　罡
采访：戴建美　郭莹吉　钱骋宇
整理：郭莹吉　钱骋宇　李博伦
时间：2020 年 6 月 19 日

我于 2018 年 12 月受组织委派，任上海对口支援新疆克拉玛依前方指挥部总指挥，全面负责上海对口支援克拉玛依前指工作，2019 年 1 月兼任克拉玛依市委副书记，在克拉玛依市分管招商引资、重大项目推进等专项工作。对口援疆是我们每一位援疆干部淬炼党性的熔炉、打磨品性的明镜、增长才干的平台、厚植情谊的沃土。做好援疆工作、带好援疆干部人才队伍是上海各级党组织和领导交给我们的光荣任务，是对我们的信任和重托，我们时常感到肩上沉甸甸的责任。

前后贯通，共建独特指挥部

"克拉玛依"是维吾尔语"黑油"的意思，是世界唯一一座以石油命名的城市。清宣统元年（1909 年），新疆地方政府从俄国购买机器，在独山子钻出第一口油气浅井，克拉玛依从此成为我国近代石油工业策源地之一。1956 年 6 月，2000 多名复员军人组建的"石油钻探团"到达克拉玛依矿区，开启了克拉玛依的移民进程。经过六十多年的发展建设，克拉玛依已从当初"没有草、没有水，连鸟儿也不飞"的戈壁荒滩，建成中国重要的石油石化基地，一座实力雄厚的现代化新型工业城市。也因此,上海援克拉玛依指挥部的工作定位和工作模式都有其特殊性。为了有针对性地做好上海在克拉玛依的对口援助工作,我们指挥部相比其他地方有三个特点。

第一,我们是一个年轻的指挥部。对克拉玛依的援助始于2015年。2014年的全国第二次新疆工作座谈会上,新疆维吾尔自治区提出希望新疆所有的地州都能够有对口支援的地区。当时新疆仅有两处没有对口支援,分别是乌鲁木齐和克拉玛依,后来就增加了克拉玛依作为上海对口支援的地区。所以我们这个指挥部是很年轻的一个指挥部,2015年才开始,我是第二任总指挥。

第二,我们是唯一一个不带援建资金、不带建设项目的指挥部。克拉玛依经济基础相对较好,各方面发展较为发达,但是它毕竟地处新疆,而新疆又是祖国反恐维稳的第一线,克拉玛依也面临着很多现实困难。上海对口支援克拉玛依是举全国之力支持新疆的重要环节,针对克拉玛依的经济社会发展现状,我们的对口支援工作就不是以扶贫作为主要工作目标。我们驻克拉玛依指挥部是全上海所有对口支援地区唯一一个不带援建资金、不带建设项目的一个指挥部。我举一个简单的例子:在克拉玛依,上海市给我们的经费是500万元的人才培训经费,我以前在区里分管合作交流的时候还不太注意这个数字,自己接手做这块工作的时候,我乍一看还以为这个"0"点错位置了。那我们去克拉玛依重点要干什么呢?就像李强书记与我们新一批干部座谈时候讲的,要多发挥市场的优势,多发挥国家政策的优势,多发挥人才智力优势,多发挥两地资源禀赋的优势。我们做的更多的工作是倾向于两地的协同发展,共同推进新疆地区经济社会稳定、长治久安目标的实现。

第三,我们是最整齐的指挥部。从党政干部的这个层面来说,我们是上海所有援外机构当中最整齐的一个机构,我们指挥部所有党政干部全部都是处级以上干部。援克指挥部的工作重点决定了我们需要充分依托后方资源来支援前方工作,没有一定的资源协调能力我们是做不成事情的。我们的任务不是传统意义上的对口支援,比如建一栋楼、一个学校这种对受援地物理空间的打造,而是要充分发挥李强书记讲的四个优势,去促进两地的协同发展。这也就使我们不必被束缚在物理空间上,可以有更大的发挥空间。上海市委组织部、市合作交流办、市教委、市卫健委和市科委、长宁区、青浦区等各个部门和地区，积极主动支持我们，都是发自内心地为我们做支撑。特别是宝山区专门从宝山的对口支援经费里面拨出部分，用来为克拉玛依打造一支带不走的人才队伍，还派了干部来专门负责这件事情。这种支持让我们很感动，也很感恩。

总而言之，克拉玛依的经济社会发展现状要求我们成为一个独特的指挥部，而上海各方面的支持也使我们得以成为一个独特的指挥部。

回应期待，全面支援补短板

克拉玛依对于城市发展转型的渴求度非常高，社会各界对上海的援克工作给予了非常高的期待。对于我们援克干部来说，怎么做，做什么，没有一个固定的蓝本，身处这种环境，压力很大。我在前任的工作基础上，从去年以来逐步形成了"1+6"的人才援克新模式，也就是以合作交流为一条主线，以干部人才培养培训、医疗卫生、教育、科技、航空旅游、产业发展六项工作为支撑，全面与上海对接各项工作。

我记得我刚刚到克拉玛依的时候，有一次我坐网约车，司机是一个50多岁的女同志，我坐上车她就跟我聊天。她说听你口音不像是我们克拉玛依的，你是哪里人？我说我是从上海来的。她说哦，那你是援疆的吧？我说是的。她说那我有件事情要请你帮个忙。你们援疆有一个医疗专家姚义安，他是看心血管的，他的号可难挂了，挂不上，我要是挂不上姚医生专家号的话，能不能找你？我说我就冲着你对我们上海派过来的专家的这种信任，我一定请姚医生给你看成。这件事情让我很感动，当地的群众认为上海来的是专家，给予我们非常高的重视和信任。2020年，我们新一批的团队因为疫情关系来晚了，当地的医生就会来问："你们什么时候到？到了之后，我们的手术就能做了。"很多当地的手术要等我们上海专家来了才做。甚至很多克拉玛依之外的人，比如说新疆其他地区的病人，听说援疆专家来了，都会跑过来看病。我们在克拉玛依建设了几个国家级的医疗中心，比如脑卒中中心、创伤中心等，尽管我们派的人不多，但是确实是在帮助克拉玛依的医疗队伍提升能力。

教育支援对我们来说是挺有挑战性的。克拉玛依与南疆的教育方式不一

▲ 2019年,指挥部安排援疆专家开展义诊活动

样,南疆缺的是普通话教育,克拉玛依本身教育水平和人口结构就决定了它不缺这个,缺的是比较高水平的复合型人才培养。所以克拉玛依的教育支援工作是全方位的,涵盖了学前教育、基础教育、高等教育、社会成人教育。相比上海,教材用的不一样,长期的教育方式不一样,教学体系也不一样,所以上海的老师在这儿有一个非常艰苦的适应过程。2020年新一批干部选派时我就跟上海市教委和有关部门商量,能否缩减一线老师,争取多派一些教研员过来,也就是带老师的老师,把我们上海的一些教育理念、教学方法带过来,打造一支带不走的教师队伍。这些老师本身也要上课,上课本身既是示范,也是从一线教学中了解当地的情况。

旅游是克拉玛依城市多元化发展非常重要的一个突破口,克拉玛依已经成为除了乌鲁木齐之外跟疆外联系最多的城市。我们打算配合相关企业,把克拉玛依打造成为真正的航空枢纽,打造成面向西亚、中亚和欧洲的航空旅游基地。这正是李强书记提出的多运用市场机制来推动双方发展的实际运用。

我在克拉玛依担任市委副书记,很重要的任务就是推动经济发展,统筹协调丝绸之路经济带核心区建设相关工作,分管招商引资、商贸、交通领域、对外开放、创新发展等工作。克拉玛依的产业形态比较特殊,石油石化是城市产业的主体。不同于以往建园区、引企业这种招商模式，我们更重视的是企业服务工作，希望能借此把当地产业形态打造出来。只有先详细了解克拉玛依自身优势，详细了解市场、产业情况，才能避免零打碎敲的招商。通过服务企业，我们也能发现城市的短板在哪里，比如说克拉玛依没有海关，还不具备货物通关能力，园区的管理能级还不行，这些都是通过服务企业过程当中我们需要补上的一个个短板。2020年上半年，受疫情影响，企业投资意愿普遍下降，但克拉玛依的招商引资到位资金同比增长131%。

协同发展，打造"丝路"桥头堡

我们是上海派出的干部，也希望能在克拉玛依为上海的企业走向"一带一路"提供一个战略支撑。在克拉玛依与"一带一路"沿线国家有较好交流的基础上，这些外商如果想要在上海投资项目的话，我们也能建立绿色通道，为他们投资上海做好服务。

2019年进博会期间，我接待了俄罗斯新西伯利亚最大商会的会长，他一开始对克拉玛依市不以为意，并一直奇怪为什么我们老是讲上海。他疑惑上海跟克拉玛依是姐妹城市吗，似乎觉得克拉玛依是在用上海品牌给自己贴金。后来我跟他讲，克拉玛依和上海远比他想象得更加亲近，是祖国大家庭里的亲兄弟，我在上海任职拿上海发的薪水，却在克拉玛依做对口支援工作。我如果在克拉玛依工作得不好，我的"父母"会教育我的。这样一说他大概听明白了，这不是象征意义上的"友好城市"，而是真正骨肉相连的兄弟城市。在他心中，克拉玛依的形象一下子就高大起来了。这也是我深信的一个原则，克拉玛依和上海这两个城市应该是协同发展的，克拉玛依的发展需要上海支撑，同样上海的发展也需要克拉玛依支持，这就是一个东西部协作的发展格局。

"1+6"模式中的科技支援最能体现这一点。克拉玛依是所有对口援助地区中最能够承载上海科技力量溢出的一个地方，我们有自己的科研院所，有大学。上海科学技术交流中心与克拉玛依市先进科技联合研究院于2017年底共同组建了"沪克科技协同创新促进中心"，平台主要开展信息咨询、转移转化、人才培训、金融服务等工作，在两地科技合作与交流中发挥了重要的作用。

2019年，在上海召开克拉玛依城市推介会

2020年，上海科技交流中心也专门派了援克干部。2018年，在"沪克科技协同创新促进中心"的推动下，上海工程技术大学与克拉玛依市人民政府共同组建的"上海市激光先进制造技术协同创新中心新疆分中心"、国家技术转移东部中心与新疆申新科技合作基地有限公司的"国家技术转移中心东部中心克拉玛依分中心"等专业性平台先后落户于克拉玛依独山子区。克拉玛依高新区与上海理工大学共同组建的"上海理工大学技术转移基地"也在2019年正式成立。上海大学与新疆汇翔激光科技有限公司的"石墨烯产业化应用研究中心"、上海交通大学与新疆汇翔激光科技有限公司的"新材料研发中心"等一系列分支机构也在2019年开展建设。不止在克拉玛依当地，我们还把眼光放到中亚和俄罗斯，每年举办上海中北亚科技论坛，甚至使克拉玛依成为上海科技面向"一带一路"国家溢出的桥头堡。上海科学院正在考虑在克拉玛依建一个"一带一路"科学园，以克拉玛依作为科技产业化基地。除此之外，我们也注重通过科技加持来促进克拉玛依的长远发展。在我们指挥部的参与下，中科院新疆分院的中亚学院即将落户克拉玛依，这个学院主要是面向"一带一路"沿线国家培养人才的，未来目标是每年培养5000个在校的硕士研究生和博士生，一半是中亚国家的，一半是国内的。加上原本的中国石油大学克拉玛依校区、医

学院和一些职业技术学院，克拉玛依这座 40 多万人口的城市将有 2 万左右的在校学生，成为祖国西部地区的一座"大学城"。今后的城市活力、人才素养将会有一个很大的提升，这是真正的百年大计。

兄弟情深，一丝不苟带队伍

组织上交给我最核心的任务，就是把这支队伍平安带去平安带回，在克拉玛依的同志们真的称得上是援疆"兄弟"。作为总指挥，我把大家当亲人，当然一支队伍要有严明纪律才会有战斗力，讲原则、有温度的团队才是坚强的集体。

我们指挥部有一个传统，每周都要开一次例会。或许有人会觉得，开一次例会不是很正常吗？可对我们来说并不容易，我们指挥部所有人除了对接援建工作外，都有自己在克拉玛依的岗位职责。我们虽然住在一个楼里面，可业余时间可能一个星期也见不到一面。我们坚持每个星期开例会，一是要加强学习，二是要加强团队意识，三是通过例会能看到每个人的身体状态和精神状态。我要通过每个星期的见面了解每个人的情况，这是我的责任。我们每天晚上九点半都要点名，十一点半都要回宿舍，十一点半相当于咱们上海的晚上九点，援克五年来就没有间断过。

我们的同志一刻也没有放松学习，我觉得甚至比在上海的时候学习劲头还足。在上海的时候，有一些学习资源我们还不太在意，但是到了几千公里之外，才体会到上海的资源真的很可贵。比如我们引进了上海的双休日讲座，黄奇帆同志的讲座两个小时五十分钟，我听了四遍。很多教育素材我们没有，就分头去网上、去报纸上找，然后大家再一起讨论。我们每个人发挥特长互相学习，比如法律专业的同志讲民法典，医疗人才讲身体保健，等等。我们援建干部回去不能变成一个脱节的干部，一定要时刻提醒自己要跟得上上海的发展，跟得上国家的发展，跟得上前沿的信息和技术。

我们在主题教育的时候强调，要记得我们是"从哪里来"，从上海来的，上海的精神海纳百川、追求卓越，是我们骨子里的基因，不能变，不要说在新疆工作了之后把我们的基因和优势都忘掉了，上海给我们的责任不能忘。我们还要知道我们"在哪里"。我提出我们一定要注意自己的一言一行,不能觉得自己是大上海来的,就看不起当地的干部群众。克拉玛依是一个石油城,我们要融入当地的文化血脉,学习他们这种"安下心,扎下根,不出油,不死心"的石油精神。最后是我们要"去哪里"。"援克不做客,援疆做干将",这是我们给自己的一个激励,希望在离开克拉玛依的时候,我们能够对自己说,我们没有辜负组织上交给我们的责任;我们能够对克拉玛依人民说,我们也没有辜负你们对我们的期望。尽管我们每个人能力有限,我们不一定能够每件事都做得尽善尽美,但是我们无愧于我们这份责任,无愧于内心。

携手抗疫,千里之外寄温情

2020年不能不提的就是新冠疫情,克拉玛依毕竟地处祖国西北,是一个内陆城市,在防疫物资的组织方面有天然的欠缺。截至目前,通过我们援克指挥部共筹措口罩、防护服等20类36个品种93.5万件防疫物资。克拉玛依疫情防控最艰难的时刻,也是上海的疫情暴发期,在为第二故乡克拉玛依筹措物资的过程中,所有援克干部没有人退缩,主动担当,不计较个人得失,每一件物资运送到克拉玛依就多一份对这个城市的守护,物资再紧缺也没有人因私从93万件物资中拿过哪怕一个口罩、一瓶消毒液。

3月的时候,疫情渐缓,新疆开始推动复工复产,克拉玛依这里需要我想办法采购20万只口罩。当时上海也开始复工复产,口罩资源极其紧张,大多数的口罩都是市里统筹分配。后来我实在没办法,就向宝山区的汪泓书记求助。我当时想,哪怕一个星期买3万只买5万只,用一个月的时间,加上我们海外购的一些,或许就能满足需要了。宝山区委汪泓书记和宝山的干部群众给予了我们最大的支持,在自身防疫物资也很紧缺的情况下,挤出了20万只口罩优先保障对口支援地区学生复课。当时宝山很多居民小区的志愿者也没有口罩,这20万只口罩不仅仅是支援抗疫,更是上海宝山与克拉玛依东西部协作的一个缩影。

之后,克拉玛依根据自治区要求筹建自己的一次性医用口罩生产线,但是当时口罩生产线良莠不齐,价格也是天差地别。更麻烦的是,你无法知道这条

▶ 2020年，上海援克指挥部积极筹备防疫物资支援克拉玛依

生产线能不能按时交货，也无法知道这个生产线能不能在克拉玛依正常运转。后来我听说宝山工业园区一家企业能生产口罩流水线，但还在试生产阶段。我就找了园区管委会联系到企业，企业负责人说这个产品还不成熟，不方便出售。我说不成熟没有关系，就当这是一个试验线，拿我们做一个试验，万一成熟了，你就可以直接在上海供应了，不成熟我给你提反馈意见。就这样，试验线按照正式线来生产，第一条生产线我们就拉到了克拉玛依。可是口罩生产需要无菌的厂房，我们也没有这个条件，怎么办呢？我们就在宝山找了宝山钢之杰公司专项定制了"可移动口罩工厂"，把这个生产线搬到集装箱里把它组装好，然后又专门找了上海安吉物流公司，用超长的车把这个集装箱车放上去，一路运送到克拉玛依，保证它平稳落地，插上电就可以直接生产。当时光是在集装箱里组装流水线就花了7个小时，从下午4点钟一直干到第二天凌晨3点多才真正装配完成、正式启运。终于在自治区要求的最后时间点前一天把这个生产线运到了克拉玛依。自治区的检查组说，在克拉玛依才看到了什么叫真正的自动化口罩生产线。

光阴似箭、时光荏苒，在沪克两地市委、市政府的领导下，上海对口支援克拉玛依的工作已经进行了五年，我的援疆生活也已过半。在此期间，一批批的援疆干部在当地干部的感染和熏陶下，进一步转变工作作风，锤炼党性修养，拓宽了视野和胸襟，增长了本领和才干，见识了祖国西部的大好河山。我想，即使我们回到上海，也不会忘记克拉玛依这个第二故乡。我珍视与克拉玛依市各族人民结下的深情厚谊，把自己当作克拉玛依在上海的联络员、信息员，继续发挥支援克拉玛依的作用，一如既往地关心和支持克拉玛依的经济建设等各项事业的发展，为克拉玛依发展和转型继续贡献力量。

逆行高原援果洛
探路拓荒打基础

朱礼福，1959年4月生。曾任宝山区委常委、统战部部长，区委常委、宣传部部长，宝山区巡视员（正局级）。2019年7月退休。2010年至2013年，作为上海第一批援青干部领队，担任中共青海果洛藏族自治州委常委、副州长。

口述：朱礼福

采访：彭仕驰　包　晗

整理：彭仕驰　包　晗

时间：2020年3月31日

时光飞驰，岁月留痕。转眼间，距离出发支援青海快十年了，而我逆行高原援果洛的日日夜夜依然历历在目。巍巍的阿尼玛卿雪山向世人展示着不屈不挠的中华民族，潺潺的"三江源"流水滋养着数亿万计的各族同胞，浓浓的同胞情谊深深地印刻在我的心间。

接受选派赴高原

2010年1月，中央召开了第五次西藏工作会议。当年4月的一个上午，时任宝山区委书记吕民元在市里参加会议，中间休息时给我打电话，说上海计划选派几名援青干部，打算在宝山选派一名领队。区委打算推荐我为候选人，问我有没有什么困难，中午给个确切的回音。

接完电话后，我马上打电话与妻子商量。妻子问去哪里、去几年以及我自己的想法后，她说："家里的困难可以克服的，一切都由你自己决定。"说实在的，我当时只知道去援建，也不知道是青海果洛，而且是平均海拔4200米的青藏高原；我只知道服从组织安排，也不知道委婉说些困难；只知道曾经当兵十余年寂寞过，也不知道7.6万平方公里就去7名援青干部。有了妻子的支持，中午时分我毅然表态服从组织安排，接受组织挑选。

高原的生活环境，长期生活在"零海拔"的人是无法感知的。果洛州的地理位置与海拔现在已是众所周知，但当时果洛却是"无人问津"的。要感受高原的生存环境，非得在那里生活工作了才能有"知觉"。2010年8月6日，乘车去果洛报到当天，老天爷就给了我们一个"下马威"。440公里的路程，面包车足足开了10个多小时。当翻越最后一座"黑土山"时，天空漆黑一片，蚕豆大小的冰雹从天而降，整个山脉白茫茫一片。我们一下子从上海的酷暑穿越到青海的寒冬，切身领略了"冰火两重天"。

到达果洛后，热情的当地干部群众给我们献上哈达，举行欢迎晚宴，随后我们住进"雪域招待所"。这是让人难以忘怀的第一晚，味道重、被褥脏、没热水倒是小事，真正的考验是严重缺氧，几乎无法入睡。后来的三年里，缺氧是一道难以逾越的坎儿。有条件时，我基本靠吸氧减轻缺氧症状，睡觉天天服用安眠药。时间久了，我得了高原性高血压，从此与降压片结上了"缘分"。果洛的交通也是一大问题。有一次从州政府下乡，遇到一辆卡车因雨雪路滑横跨在道路中央，我们进退两难。"聪明"的驾驶员找了一条看似可以走出去的路，经过一个多小时的折腾，又返回原地，等了五六个小时才通车。我每次下基层，都自带一两天的干粮以防不测。好在组织上未雨绸缪，援青前就充分考虑到高原通信覆盖不足的情况，为我租借了一部卫星电话，虽然没用上几次，但带上它心中总有一种踏实的感觉。

打好基础起好步

上海的援建工作已经积累了一些经验，但到果洛怎么开展工作，尤其是第一批如何开好局、起好步、打好基础，这个问题严肃地摆在我们面前。经过近三个月的工作，并向果洛州委和上海市有关方面汇报，我们初步形成了"调研起步、培训开始、规划先行、试点推进、总结提高"的二十字工作思路。7名援青干部在半年内，分别走遍了6个县44个乡镇和大多数行政村，累计行程2万多公里。在调研的基础上，我们大规模选送果洛州直部门和各县乡镇干部赴上海培训，通过培训让同志们在理念、思路、方法等方面，都能与我们相近

◀ 朱礼福（右二）与玛沁县主要领导实地研究拉加镇规划方案

相通、相知相融。一名州直部门的负责同志培训后直言："过去援青干部怎么讲我们都不理解，怎么说都感到不可能，去了上海之后，听了课并实地参观，我们坚定了信心，增长了见识，大获收益。"后来，通过这些参加过培训的同志传帮带，一大批藏区干部在理念、思路等方面都发生了很大的变化。

在培训凝聚更多干部群众共识的基础上，我们率先启动了城市（城镇）总体规划的修编和控制性详规的编制工作，对州政府所在地的大武镇以及其余6个县在修规上予以贴补和指导。同时，我们有的放矢地在旅游规划、产业规划以及教育、卫生等方面与当地有关部门加强沟通，进一步在果洛干部中统一"规划也是生产力"的思想共识。

第一年我们扎实推进项目试点，不追求资金额度，不追求项目进度，也不追求面上铺开的程度，明确提出"让项目上得更加踏实一点"的要求。要求建设单位找出拟纳入对口支援项目的现状与更高标准要求之间的差距，论证建设这个项目的必要性；要求项目编制单位要实地了解情况，倾听建设单位的实际需求，根据有关规范配置和建设标准编制可研方案；要求州直专业部门根据国家或者省里有关行业配置要求、功能设置以及有利于今后的管理使用提出意见；要求针对项目可研评审中专家们提出的意见，可研编制单位要逐一解释和

◀ 朱礼福（左五）与甘德县领导实地察看项目选址情况

修改完善可研报告；同时，要求每个项目的可行性研究，一定要符合城镇总体规划、村镇规划和土地利用规划，在此基础上体现效率和效能。

结合过往建设单位重项目争取、轻项目管理的实际情况，我们强调项目可行性研究不能"一托了之"，管理责任不能"一推了之"，工程建设不能"一包了之"，把项目第一责任进一步明确到提出该项目的县发改委，并以此推进各项工作。在边调研边试点的基础上，于2011年11月，率先制定《上海市第一批援青项目管理办法》（试行）、《上海市第一批援青工程建设资金管理办法》（试行），从制度上规定了项目的责任主体、准备、实施、管理、验收、移交和资金申请的程序。同时，我们围绕工程建设前、建设中和建设后三个环节，细化了15项必须做的工作。这些精细化的要求为果洛州的项目建设提供了操作依据，也大大改进了州县两级管项目、建项目和用项目的工作。截至2012年底，上海市对口支援果洛州的项目共4批63个，涉及资金26600万元，我们争取做到每一分钱都花在刀刃上。

"高原果洛七兄弟"

我们一行七人共同在青藏高原果洛地区奋斗了1105天，我们都是共产党

◀ 朱礼福（右一）在玛多县听取工程建设项目进展情况的汇报

员，虽然年龄差距大，但我们心里所想的和所要做的就是入党时的誓言，守着初心为共产主义而奋斗终生！2011年7月，《解放日报》发表一篇题为《高原果洛七兄弟》的新闻稿，记述了我们援青工作的点滴情况，自此这个名号被叫响了，成为我们首批援青干部的一个"符号"。

在玛多县的陈椰明是我们几个当中吃苦头最多的。在三年中，他的工作作风被当地干部群众认可。援建期间，他被青海省委授予"优秀共产党员"称号。

在久治县的郁标是我们七人中唯一一位第二次对口支援外地的，第一次是去江西挂职。久治县离西宁和州政府最远，他到省里和州里开会几乎与"登天"差不了多少。过了半年，他的视网膜脱落，这是长期在高原长途跋涉精神高度紧张的后果，他的这种敬业精神给当地干部留下了深刻印象。

在班玛县的谭伟是外省留沪的上海市优秀大学生人才。班玛县虽说气候比其他几个县要好一些，治安状况却比较复杂。但他经常与当地干部一起下基层、看项目、开展工作。

在达日县的张士伟和在甘德县的祝华是一对援建"孪生兄弟"，他们两个县之间只有几十公里，所以他们经常有机会一起进一起出。甘德、达日两县虽然海拔只有 4100 米，可是断氧给他们的生活带来了不小的困难。刚到县里报到时住的是简易房，没有洗澡设施和卫生间，用水也十分有限。我第一次去甘德检查工作，方便时用了一下旱厕，这个"茅坑"像是一个"跳台"，搭在悬崖山坡上，蹲下去时因为内急没在意，到了结束时往下看到落差两腿直发软。

在玛沁县的李方明和我均生活在州政府所在地的大武镇，市委组织部在安排人选时也考虑到这一点。李方明除了要完成玛沁县的工作外，还要协助我完成州里的一些协调工作，有时看他的脸都发紫了，问他要不要休息几天，他总是委婉拒绝。

"七兄弟"的感人故事至今在我的脑海中回荡。

各奔东西生死别

2012 年 10 月底，此时的高原已是冰天雪地了，果洛的土建工程项目因气候原因全部停止施工。第二年，我们就要结束三年的援青，准备移交工作了。冬季休假之前，我们到各县集中检查两年来项目的进展情况。从州政府集中出发，一路检查了玛沁、甘德、达日，之后先去久治，再返回班玛，最后直插平均海拔 4300 米的玛多县。到达班玛县后，我们按照计划进行项目检查和抽查，看工地、查资料、审资金、听汇报一个环节也不少。

第二天早上，有的县领导早早地在食堂用餐了，由于我们要到玛多县，路程比较远，定的是早上七点半准时发车，天才蒙蒙亮。当我们到达食堂时，纪委书记刚刚吃好早餐，先于我们准备发车了，目的地是往东方向——久治县，与我们往西方向玛多县并不同路。说过再见后，这名纪委书记的车离开了县政府，我们也按照计划随后发车。一路上大雪纷飞，气温寒冷。我们三辆车组成一个车队，我的车在最前面控制好速度，其他两台车紧随其后。过了达日县直往花石峡最高"天路"时，海拔一会儿跃上 4500 米，一会儿下到 4100 米，整个路段没有低过 4000 米的。有些路段被雪覆盖着，我们只能看着其他车轮留下的影子缓慢向前。一路上，本来可以看见的阿尼玛卿雪山看不见了，沿途不时发现"趴窝"的车辆，有的大挂车已经"躺"在路边几天动弹不了，看见我们就时不时地索要一些水和点心。还有的车油耗将尽，只好放下挂的后箱，就一个光车头去找加油站加油。

我们途中休息时，班玛县的援青干部给我们说了一个噩耗。刚刚县政府办公室主任给他讲，昨晚共进晚餐、今早挥手告别的那位班玛县委常委、纪委书记翻车殉职，这一告别竟成了生死之别。突然间，我们一阵悲凉，本来不暖的手脚更加冰冷。为了绝对安全，我们把到玛多县城的时间又往后调了一个多小时，并要求司机把车开得再稳一些。我们明确告诉司机，时间不是问题，最重要的事情就是要确保一路上安全安全再安全。现在每每想起这件事情，还是感到非常心痛和后怕……

舆论宣传鼓干劲

上海干部群众一直关注、关心和支持对口支援果洛的工作，解放日报社率先派出首席记者王晓欧赴果洛采访援青工作。王晓欧于2011年7月只身一人到果洛采访一周，他走进牧户、走入企业、走上高原，一个县一个县不停地走访，连我们几个援青干部都跟不上他的节奏。开起座谈会，他会打破砂锅问到底。到了牧民家，他喝着酥油茶聊个不停。遇见工地上的当地干部，他会一路走一路问一路记。晚上夜深人静睡不着，他就整理采访的稿子。回上海的第三天，就在《解放日报》第一版刊发了题为《高原果洛七兄弟》的长篇通讯，我们的雅称由此诞生。王晓欧有一段文章是这样描述果洛的："记者去西藏不下10次，总以为无惧高原，但到了果洛还是喘得不行。州域内多为草甸植被，长不过脚踝，有的县竟见不到一棵树。有人告诉我，果洛所处的纬度比西藏低，感觉会更不适。记者一踏上果洛便对七兄弟肃然起敬，他们生活工作在这里，肩负着市委、市政府和上海人民的嘱托，要完成三年援青任务，其艰难程度可想而知。"通过这次报道，上海后方的广大干部群众才真正对果洛有所了解。2012年，媒体宣传进入新的高潮，中央媒体人民日报社也派出了记者到果洛进行采访报道。记者郝红在7月7日《人民日报》头版刊发了一篇题为《上海观念激活果洛高原》的文章，轰动了申城。她写到了上海援建的制氧厂怎样变"包袱"为"增收机"，谈到了达日县吉迈镇扶贫联社30户人家怎样走上致富脱贫路。还有《解放日报》《文汇报》连续刊发了《高原果洛，为你装扮》《高原果洛，为你心跳》《黄河源头浦江情》《是历练，也是幸运》等数十篇文章，系统介绍了三年中援青干部的精神面貌和援青成果，让家乡人民进一步了解果洛人民为了长治久安、跨越式发展和生态保护，与全国人民一起共同奔向小康所作出的努力和奉献。

收获满满不后悔

虽然环境恶劣条件艰苦，但我们也是幸运的。上海市委、市政府对我们非常关心，市委组织部、市政府合作交流办及相关部门、宝山区都对我们的工作给予大力支持指导和帮助，给资金，给项目，给政策，给资源，成为我们最可靠的大后方。特别是2012年7月27日、28日，时任中共中央政治局委员、上海市委书记俞正声亲自到果洛来检查援青工作，看望慰问我们，给予我们很大的鼓舞和激励，那一幕我们至今都印象深刻。俞书记一行从西宁出发时，果洛还下着大雨，帐篷里外都是水，道路泥泞不堪，草皮一踩都是坑坑洼洼的。当地同志急坏了，心想考察活动全泡汤了。可代表团还有半小时车程抵达时，果洛猛然雨过天晴、阳光灿烂。俞书记非常亲民，穿上藏袍，来到牧民家中探望，为援建项目开工剪彩，让当地干部群众非常感动。俞正声书记一行在果洛与我们"高原果洛七兄弟"座谈，鼓励我们把党中央在藏区惠民利民的政策落到实处。

宝山区委、区政府也给予了极大的帮助和关怀。时任区委、区政府主要领导吕民元同志、斯福民同志和汪泓同志以及区四套班子的其他领导同志，都十分关心我的援建工作，他们中大部分还亲自去果洛看望过我。只要我提出工作上的需求，区委、区政府都给予最大的支持，还有我们的许多街镇以及委办局。在这里要特别地感谢各级组织和各位领导，没有后方各级党组织和各位领导的关心支持，我将一事无成！

当地广大干部群众缺氧不缺精神的高尚意志品质，深深地印在援青干部的心中；果洛人民为了"三江源"的生态保护所作出的牺牲，激励着我们保护生态、保护资源；少数民族干部为了国家的长治久安所作出的努力，时刻警示我们加快发展沿海地区，以增强经济实力支援民族地区。三年中，当地干部群众把最好的车留给我们用，把最好的饭留给我们吃，把最好的房留给我们住，还把最真诚的同胞情留在了我们心间。记得州委书记林亚松每次遇见我们，总要问长问短，问暖问寒。

青海省委、省政府对第一批援青工作的总结高度重视，表彰了一批援青工作的先进集体和优秀个人。表彰会前，省委、省政府领导亲切接见了全体援青干部，并与获奖人员一一握手。当时我肩挎红色缎带，胸戴胸花，左手捧着获奖证书，右手握着领导的手，心情十分激动。三年来吃的苦、受的伤、得的病和欠家人的情，此时此刻我觉得都值了。

三年的援青经历给我们提供了历练的机会，磨炼了我们的意志品质，激发了我们干事创业的热情，也让我们明白无论在哪里工作，无论职位大小，无论是否还有机会再援建，都要始终记住我国东中西部发展的差距，都要始终记住生活在高海拔地区干部群众的生活艰辛，都要始终记住对于全国奔小康尤其是西部群众奔小康我们要有担当！我衷心祝愿青海各族群众与全国其他地区的各族人民一起奔向小康！祝愿青海省的明天更美好！祝愿我们伟大的祖国更加繁荣昌盛！

带一颗真心架两地桥梁
用三年时间助"四州"发展

  李华峰,1976年11月生。现任宝山区文化和旅游局副局长。2013年6月至2016年6月,担任云南省迪庆藏族自治州扶贫办副主任。

口述：李华峰

采访：施飓赟

整理：施飓赟

时间：2020 年 1 月 10 日

去云南工作，没有经过什么激烈的思想斗争，也没有过多的考虑和顾虑，自然而然地填了意向表，在组织的关心和选拔下，通过体检和培训等相关工作后，就在组织和亲人的嘱托中，带着任务过去了。

高原反应让迪庆初印象有几分朦胧

我们这一批的云南迪庆州联络小组一共三人，分别来自上海闵行、嘉定和宝山三区。闵行区的周胜春同志担任联络小组组长、州长助理，负责联络小组全面工作和政治学习，对口支援香格里拉市；嘉定区的潘展平同志担任州发改委副主任，负责联络小组后勤保障和接待服务，对口支援德钦县；我担任迪庆州扶贫办副主任，负责联络小组业务工作和信息工作，对口支援维西县。

去之前我没有太多顾虑，上海在很多年前就已经开始援建云南了。从最初援建文山、普洱、红河，到后来开始援建迪庆藏族自治州，我们属于全国第九批援滇干部，即使从上海援建迪庆来算，我们也是第五批，之前的几批干部已经在当地打下了很好的基础，出行前也给我们提了很多宝贵建议。更何况我们还参加了专门的培训，当地的一些基本情况、民俗风情、生活上需要注意的事项，培训老师也很详细地介绍了。可以说，去之前心理上有了充分的准备。

回想起刚到云南迪庆时的情景，应该是印象深刻的，却总像在梦里一般朦胧模糊。2013年6月下旬，我们三人在云南昆明和联络大组挥别后，乘飞机到达迪庆。来到迪庆的第一天，高原反应给了我们一个下马威，还是感受到了现实和想象之间存在的差异。印象中迪庆位于青藏高原东南段，是举世闻名的香格里拉和世界自然遗产"三江并流"腹心地，风景秀丽、气候宜人，海拔也没有西藏高，应该是很容易适应当地气候、环境的。但刚下飞机，3300米的海拔还是让我们有了明显的高原反应，头一天就是在浑浑噩噩中度过的，整个一周也是迷迷糊糊的，原本打算拜访准备回上海的上一批援滇教师，但实在浑身无力，头昏脑涨，躺在床上爬不起来。我们同一批的一位同志，因为心脏疾病叠加高原反应，到迪庆的第一周就出现多次早搏，但最终他还是努力克服困难留下了。

很快，在当地干部的陪同下，我们开始跟进帮扶项目，同时开展调研工作。一整天都安排得很满，去了多个点实地了解情况。在持续紧张的工作状态中，大家好像又"活"了过来。这样的高原反应大概持续了十多天吧，就逐渐适应了。只是从当地回到上海，以及再次从上海回当地，每次改变环境又需要花一段时间适应。

带着真心走近当地生活

初到迪庆时，我们主要任务是做好和上一批干部的交接工作，厘清工作头绪，熟悉当地的人脉关系。为了尽快融入，我们就去各个点上多走多看。迪庆州多为崎岖山路，乡镇之间开车往来就要一两个小时车程，盘山路陡峭狭窄，刚开始坐车，我们都不敢往窗外看，车轮边就是河谷悬崖，感觉方向盘偏一点整个车就掉下去了，有时还有塌方、落石，还是存在一定危险的，有几个当地朋友就是在路上发生事故，好在当地司机车技高超，时常有惊但从来无险，时间长了，再走这些路也就习以为常。有时候遇到恶劣天气又有事必须出行，路遇塌方，车过不去，大家就动手搬石头，清出一条路，实在过不去，就只能下车背着物资徒步前行。有一次下车后还要爬20多分钟很高很陡峭的山，我们

◀ 下乡的路上遇到塌方

穿的鞋一直打滑，挺危险的，后来换了在当地小卖部买的"解放"牌胶鞋才好走了些。几次体验下来，真真切切感受到地质条件差给当地老百姓带来的行路难问题。

迪庆州的三个县都是国家级贫困县，农村贫困人口基数大，当地老百姓生活所需的基础设施比较落后。去迪庆州之前，我已经通过各种渠道对当地有了比较全面的了解，但到了当地，走进老百姓家里，还是被眼前的情景震撼到了。记得有次去维西永春，下车后走了很长的泥泞陡峭山路才终于来到一户老百姓家里，大白天屋里黑漆漆的，没有灯也没有像样的家具，几块木板拼搭一下就当作床，破旧的木头房屋就只有一个年迈的老人独自居住，孩子都外出打工了。不知道遇到暴雨天气，老人是怎么度过的。

还有次走访"生态移民"安置点，正赶上农忙，很多百姓刚搬迁到安置点，没来得及收拾就投身到农业生产中。在一户年轻夫妻的家里，夫妻两人都在院子里忙着干活，东西散乱地堆放在一边，院子中央有一张破草席，一个很小的孩子就这样被放在上面，很多苍蝇围着他飞来飞去，也没人管，小孩就独自待着，不吵不闹，自己抓地上的东西玩。这并不是我见过的最困难的家庭，但这个孩子坐在草席上的情景却一直在我脑海里挥之不去。当时看到这一幕特别心酸，发自内心地想要尽快改善当地老百姓的生活，为他们多做一点实实在在的事。我记得那时我们每个干部都提了一句自我激励的话，作为自己援滇工作的座右铭，我写的是"带一颗真心 架两地桥梁，用三年时间 助'四州'发展"，那时正好迪庆州提出"生态立州、文化兴州、产业强州、和谐安州"四大战略，我就想真心实意地用我们援滇的三年时间，做好两地的沟通桥梁，为他们的"四大战略"做一点贡献。

难以忘怀当地百姓见到洁净水后激动的神情

我们每一年的工作安排大致是验收上一年项目，根据当地实际部署，推进当年项目。对口支援项目的提出主要来源于当地，项目确定后相关规划、建设也以当地为主，我们联络小组负责按照当地需求，制定帮扶计划，层层上报，得到上海市合作交流办批准后开始实施。不管是哪个环节都需要实地仔细察看，小组每年最少全组集中走访看点三四次。每年初，返迪庆后要现场验收上年度项目，推进本年度工作。年中推进，年底前查看项目进展，确定来年申报项目。平时还要根据工作需要经常各自下乡，所以三年来，我基本把全州29个乡镇都走了个遍。我们要做好迪庆州与上海市之间的沟通桥梁，不仅要确保这些项目申报成功后能够在当地真正落地，还要确保按时按质按量地把项目完成，不辜负大后方对我们的信任。

帮扶的第一步是"输血"，解决当地群众需求和"急难愁盼"问题，改善硬件设施，提高生活质量。因此，生态移民、安居工程、饮水工程、通组公路和教育、卫生、文广等社会事业是我们帮扶的重中之重。我们迪庆小组团结一致，共同分步实施了迪庆州藏医院提升医疗能力建设项目、州高原病防治中心项目，州民族中学体育馆、实验室项目、州电视台康巴藏语译制中心项目，香格里拉市小中甸镇整村推进项目，以及德钦县云岭乡生态移民项目、维西县叶枝镇生态移民项目等，有力促进了全州新农村建设和社会事业发展，深受群众欢迎。像生态移民工程就让很多原本住在偏远地区、资源匮乏地区、高寒地区等通过常规扶贫措施难以解决生存与发展难题的贫困人口生活发生了变化。生态移民前集中解决了涉及生产生活中的水、电、路、安居等一大批基础设施建

◀ 通组公路施工中

设项目，生态移民后利用新居地的有利环境，加大基本农田建设力度，加大产业培育工作等，为"移民们"脱贫致富、增加收入奠定基础。只是需要生态移民的人口基数很大，可供转移的地方少，只能分批进行。

此外，除了每年按计划推进上海市级财政对口帮扶的项目外，我们三个援滇干部所在的区每年也会根据当地所需，拨付专项资金，开展对口支援县的帮扶工作。据不完全统计，2013年至2015年，宝山区开展的各类自选项目共计投入资金1108万，不仅有饮水工程改造、卫生医疗设施改造、添置学校电教设备等硬件提升项目，还有产业扶持、卫生教育帮扶等软件提升项目。

其中，饮水改善工程让我印象深刻。这项工程很有意义，它让近百户家庭只需打开水龙头就能喝上洁净的水，投入不是很大，但和老乡的生活最密切相关。我记得是维西塔城镇下面的一个小村庄，村里原来的蓄水池年久失修，水源不足，蓄水池里的水已近干涸，水量越来越少，水质也很差，老百姓需要提前蓄水，花费大量时间等待水中泥沙沉淀后才可以使用。在走访中了解到这一情况后，就决心想办法给他们另外寻找新的、洁净的水源。那边的自然条件确实不太好，施工人员花费了大量的时间，最后在距离村庄近4公里远的地方才找到了比较合适的水源。从那里引水到村庄，除了修筑水坝，还需要一路修建引水管，一路盘旋，才总算将洁净的水引入村里。我至今记得当时去实地验收项目时，当地百姓激动的神情。一个小伙子直接把我们拉到他的家门口，同时打开两个水龙头，向我们展示一边是他们过去使用的混着泥沙、泛黄的水，另一边是最新接通的洁净清澈的水。有了这次的经验后，像这样的工程后来我们又陆陆续续做了一些。可能对于我们上海的老百姓来讲，打开水龙头就有干净的水流出来，是再自然不过的事，但在当地老百姓眼里，这就是他们盼望已久的生活所需。

通过我们援滇干部的共同努力，当地老百姓的生活状况与交通条件已逐步改善，坑洼的道路变平整了，医疗条件改善了，终于告别危房搬入新家了，能够喝上洁净的水了……每一点改变都让我打心眼里觉得高兴。

促发展产业要"输血"更要"造血"

在我援滇的三年时间里，上海对口帮扶迪庆州总共投入了3亿元资金，实施了一大批新农村建设、产业扶持、社会事业和人力资源开发项目。其中上海市计划内项目资金1.6亿元，对口三区计划外项目资金4000万元，香格里拉独克宗古城火灾恢复重建专项资金8000万元，上海市党政代表团2015年4月到云南考察一次性援助资金2000万元。上海对迪庆的帮扶力度还是很大的，但资金再多也是有限的。我们在开展工作时尽可能注重点面兼顾，但也不能撒胡椒面，在项目选择上着重打造典范，为后续促进内部发展奠定基础。"输血"只是我们帮扶的第一步，"造血"才是我们帮扶的最终目的。所以我们在工作中，坚持"扶贫"与"扶志"相结合，努力把国家的支持、社会的帮扶，转化为内在动力，实现以"输血型扶贫"变为"造血型开发"，增强贫困群众自我积累意识，提高他们自我发展的能力。

为了找到适合当地发展的产业，我们与州、县有关部门一起，对中药材等高原特色种植业和藏香猪、牦牛等高原特色养殖业进行了广泛调研，包括核桃、烤烟、葡萄等经济作物，并予以适当扶持，如在维西县塔城镇、康普乡种植药材、核桃、烤烟7000亩，养殖山羊800只，不断探寻适合当地农民长效增收的路径，取得了良好效益。

我们还积极与上海知名生物医药企业对接，为迪庆生物资源产业化、产品深加工搭建平台。了解到迪庆州维西县的地理环境比较适合中草药种植，我们联系了位于宝山区月浦镇的黄海制药有限责任公司，对当地进行点对点帮扶。刚开始他们在经过考察后，在当地采购了多批药材。到后来联系合作多了，黄海药业决定在维西县打造中草药基地，由他们公司提供种苗，并安排技术人员对当地农户进行技术指导，当地农户则负责提供土地和田间管理，草药成熟后则由黄海药业进行统一的保底收购，保障当地农户收入稳定。

另外，我们还不断创新帮扶方式，对产品有市场、带动作用强，带头人有思路，但缺乏资金的集体经济组织，探索贷款贴息试点，发挥帮扶资金"四两拨千斤"的杠杆作用。同时，为了推进全州产业结构调整，我们还提交了有关培育油橄榄产业、加快旅游产业转型等调研报告。

产业做起来了，我们还要考虑是否可以通过促进沪滇两地经贸合作来带动当地经济。迪庆州虽然通达条件较差、物流成本较高，但环境独特、生态良好、资源丰富，沪滇两地企业间的经贸合作空间还是很大的。2014年6月，上海市合作交流办领导率光明食品集团公司等12家企业负责人来到迪庆州进行投资考察和项目对接，召开迪庆州投资环境推介暨项目对接座谈会。一个月后，迪庆州政府还来到上海举办香格里拉产品推介会，重点向上海市场推介香格里拉特色红酒，集中展示了上海帮扶迪庆产业发展的成果。此后，上海市合作交流办企业服务处和闵行区、嘉定区、宝山区政府合作交流办协调60多家企业组成采购团，连续参加了迪庆州举办的香格里拉特色农产品展销会，多家企业现场签订产品采购协议726万元并签订产品长期销售协议，4家企业达成产销合作和商品展示交流意向。这些活动的成功举办有效促进了两地经贸合作，推进了"云品入沪"，促进了当地企业增效、农户增收。

注重培养当地人才 让帮扶力量不断延续

"扶贫先扶智"，我们一直认为，上海援迪干部要争当迪庆扶贫工作的生力军，但不是主力军，主力军是所有迪庆干部群众，激发主力军的内生动力最重要。要脱贫，归根结底靠人，迪庆是资源福地，是成本洼地，希望也成为人才高地。因此，人力资源开发培养也是我们帮扶的重点内容。这些年来，上海对迪庆的援助始终把教育、人才帮扶作为巩固脱贫帮扶成果的重点工作来抓。按照"急需、实用、见效"的原则，采取"走出去""请进来"和远程教育三位一体的方式，加强人力资源开发培训。我们还努力做好两地交流工作的后勤保障，不仅协调安排当地党政干部和专业技术人员到上海进行中短期培训，还邀请上海专家教授和专业技术人员到迪庆授课讲座，开展多领域、多行业的技能培训，丰富当地干部知识，提高干事能力。三年来，迪庆干部有 4000 多人次通过这些方式得到培训，内容涵盖行政能力提升、农村集体经济发展、产业园区开发、招商融资、城镇规划建设、公共事件应急处理等。教育帮扶和智力支持，能够在最短时间里让当地领导干部及时了解和掌握最新理论成果和前沿理念，拓宽知识半径，履职能力和水平得到显著提升，可以说是比较有效地为加快维西经济社会发展提供了强有力的人才支撑和智力支持。

经过三年的援建，我们与迪庆州的干部群众建立了深厚的友谊，在和他们的交谈中，我们能够真切感受到他们对脱贫致富的殷切盼望。他们淳朴、友善、真诚，十分配合我们的工作，我们也竭尽所能，为他们提供帮助。在大后方的大力支持下，我们不仅每年都为他们争取到计划外资金，还联合各区合作交流、教育、卫生、文广、农业、科技、工商联、残联、法院等部门与迪庆三县频繁互动，开展了形式多样的资金帮扶、物资帮扶和智力帮扶，社会扶贫的源头活水川流不息。

比方说医疗卫生方面，经过上海多批次援滇帮扶和各方面资金的投入，当地的医疗卫生基础设施等硬件条件已经有了很大的改善，但医疗队伍的技术水平还有待提升，有些疑难杂症可能一时之间还没有找到治疗方法。为了提高当地百姓的医疗体验，我们也动员上海的医疗团队为当地提供技术支持。在我援滇期间，宝山宝钢医院的医生每半年一批，就去了 6 批，一方面为当地老百姓治病，一方面也在当地医院科室带队伍，在工作中通过交流提高当地医生的诊疗水平。

不仅如此，对于当地突发的自然灾害，我们也尽力支援。2013 年迪庆"8·28"地震、"8·31"地震，2014 年香格里拉"1·11"独克宗古城火灾发

◀ 重建后的独克宗古城四方街

生后，我们一方面踊跃向灾区人民捐款，另一方面迅速向上海汇报，积极争取派出单位支持。另外，大力开展捐资助学活动，利用自身力量并发动上海单位、企业和个人参与，对80名家庭贫困、品学兼优，特别是地震灾区的少数民族学生进行资助，每个学生每年资助2000元，累计捐助资金达48万元。一家宝山企业还设立了10万元爱心助学基金，专门用于帮助迪庆州的少数民族贫困学生完成大学学业，取得了良好的社会反响。

　　回首三年援滇路，有过困难，但更多的是喜悦和收获。在当地工作生活的场景都历历在目，好像就在昨天，但转眼间，我们后一批的援滇干部也已经完成任务回到上海了。这些年，虽然离开了迪庆州，但通过与当地干部联系、收看新闻报道，了解到迪庆州在上海的帮助下正在越变越好，农村基础设施有了提升，贫困人口正在减少，农业生产结构也在不断优化，农业综合生产能力逐步提高，可以感受到当地干部群众激发内生动力，不再是简单依靠上海"输血"，而是开始参与"造血"，尤其是等2020年全面完成脱贫攻坚任务，迪庆的未来将会更上层楼。真心希望当地老百姓的生活质量一天更比一天好，希望有朝一日可以再次回到曾经工作生活的地方，走走看看，实地感受那片土地的翻天变化。

真情融入勤履职　用心帮扶助脱贫

张建平，1973年11月生。现任宝山区农业农村委员会主任。2018年1月至2019年7月，担任云南省曲靖市政府副秘书长，会泽县委常委、县政府副县长，兼任上海援滇干部曲靖联络小组组长。

口述：张建平

采访：俞华斌　王丽君

整理：李正宾　王丽君

时间：2020 年 4 月 27 日

2018 年 1 月，宝山区与云南省曲靖市正式确立对口扶贫协作关系，先后选派 9 名援滇干部，作为上海市第十批援滇干部联络组曲靖联络小组成员，至曲靖市会泽县、宣威市、师宗县、富源县、罗平县五个贫困县挂职。根据组织安排，我作为其中一名援滇干部来到曲靖市会泽县挂职，担任曲靖市政府副秘书长，会泽县委常委、副县长，并兼任上海援滇干部曲靖联络小组组长。

主动融入，勤学习重调研，打开工作局面

会泽县地处云南东北乌蒙山主峰地段，最高海拔 4017 米，最低海拔 695 米，高低落差达 3322 米，有"一山分四季，十里不同天"之说。同时，它又是一座有着悠久历史文化的古城。古时就以盛产铜和铅闻名，是中国西南的铸币中心，有"钱王之乡"的美誉。到了近现代，由于受交通、地理区位、自然条件等客观限制，经济社会发展缓慢，形成了人口多、底子薄、基础欠账大的现实，它既是云南省第三人口大县，同时也是全省 27 个深度贫困县之一。因此，当知道自己被组织选派到会泽县，参与当地的扶贫工作时，我就深感责任重大，十分珍惜这难得的挂职锻炼机会。

一到岗后，我就以不当"过客"当"主人"、不当"观众"当"主将"的心态，迅速进入角色。我首先积极适应会泽县的自然环境，努力克服高原反应带来的各种身体不适。随后，我开始熟悉工作环境。扶贫工作对我而言是一个全新又陌生的领域，为打开工作局面，我尽快掌握了曲靖市、会泽县的扶贫工作要求等基本情况，并对整个县域经济的发展、政府其他部门的工作均有了不同程度的了解。我还仔细查阅了《会泽县志》《会泽年鉴》《会泽统计年鉴》等资料，全面了解掌握会泽县情。这中间，我注意重点学习各类扶贫协作文件、管理办法等，熟悉会泽县脱贫攻坚所取得的成绩、存在的问题、面临的困难和今后需要发力改进的方向，深入思考，明晰思路，为工作开好局、起好步打下基础。

但最重要的还是实践。我多次深入实地查看易地搬迁安置点、沪滇项目建设和产业发展情况，收集相关数据资料，掌握第一手资料，并且进村入户走访贫困户家庭，与村干部交流，学习当地语言，了解当地的风土人情，入乡随俗，广交朋友。我还坚持边学边干边总结，撰写了《关于做好东西部扶贫劳务协作工作的调查与思考》调研报告，为协作县市相关工作提供了很有价值的决策参考。

主动作为，牵线搭桥引产业，凸显帮扶效果

会泽县境内山高坡陡谷深，山区面积占95.7%，贫困人口也主要集中居住在偏远山区、深山区、石漠化地区、高寒冷凉地区等，那里土地贫瘠，谋生不易，贫困也在祖祖辈辈中传递下来。在走访调研了几个贫困村镇后，我认识到，这些地方之所以贫困，普遍是因为自然条件恶劣，缺乏产业。

习近平总书记强调，脱贫攻坚，"输血"重要，"造血"更重要，产业扶贫是稳定脱贫的根本之策。找不到产业、找不准产业，往往会让许多贫困群众"有力无处使"，渐渐失去信心，失去动力。在和村民、村干部交流时，他们对我谈得最多的话题、最大的期盼，也是希望加快产业发展，实现增收致富。因此，产业扶贫只要找准路子，踏踏实实、久久为功加油干，就一定能让贫困群众早日端上脱贫致富的"金饭碗"，依靠劳动实现脱贫。

"授人以鱼不如授人以渔",扶贫须拔"穷"根,增加群众收入是关键。我在开展扶贫协作工作中,紧紧围绕会泽县与宝山区签订的"携手奔小康行动"相关协议内容,主动协调两地加强产业合作,引导企业投资,带动当地贫困人口脱贫。

在会泽县娜姑镇发展小龙虾养殖产业,就是我负责的一个重要项目。走访娜姑镇的时候,我发现在白雾村与石咀村这两个村之间有一片低凹水浸田,由于地势较低,常年被冷水淹没,无法种植水稻等农作物,导致该片区域常年闲置。经过深入调研和认真思考后,我想到会泽当地有较好的水产养殖传统,便觉得可以利用这片闲置的水浸田发展小龙虾养殖。但项目是否可行需要经过详细的调研。于是,我马上邀请上海相关水产养殖专家到娜姑镇进行实地考察。经过政企领导干部、水产养殖专家的多次论证,认为该片区域具有适宜小龙虾生长的良好气候、环境和水资源条件,加上部分农户有过水产养殖经历,就选定了在娜姑镇发展小龙虾养殖产业。

在调研中我还进一步认识到,推进产业扶贫,提高农民的组织化程度很重要。娜姑镇的农民收入来源主要以外出务工和传统种植、养殖业为主。但是传统种植、养殖业规模小,效益低,缺乏特色,增收困难。要解决这些问题,关键还是要把贫困群众组织起来,走规模化、集约化道路,前端抓好技术支撑,中间抓好生产组织,后端抓好市场营销,逐步形成附加值高、竞争力强的扶贫产业链条。而组织群众,龙头企业的带动作用不能少。龙头企业具有资金、技术、管理、加工、营销、人才等方面优势,可以很好地把分散的贫困群众组织起来。于是,在选定小龙虾养殖产业的基础上,我充分发挥沪滇扶贫协作的优势,立即向上海寻求小龙虾养殖合作伙伴。通过努力,我引进了上海水产龙头企业,并探索创新"企业+高校+合作社+基地+农户"的产业发展新模式,由上海水产企业联合专业高校,与娜姑镇小龙虾养殖合作社签订合作协议,投资近300万元,在白雾村建立起500亩的小龙虾养殖示范基地,对养殖户实行统一养殖品种、统一产品规格、统一免费技术指导、统一收购和管理。同时,依托高校的科技、人才等资源优势,组织专家到小龙虾养殖基地开展培训,为当地小龙虾养殖提供技术支撑和指导服务。此外,注入资金1000万元成立渔

▲ 会泽县娜姑镇虾稻共作养殖示范基地

业公司，实行订单式养殖模式，由合作社负责小龙虾养殖基地的管理运行，上海水产企业则负责提供虾苗、饲料等养殖过程中需要的物资以及负责成品小龙虾的收购销售，实行保底价收购，有效化解市场风险，消除养殖户的后顾之忧。

　　昔日的闲田荒野变成了"聚宝盆"。小龙虾甫一上市，就因产量高、品质好而供不应求。小龙虾养殖项目带动了白雾及邻近的石咀、乐里等村共449户群众实现脱贫致富，受到了当地贫困群众的欢迎和支持，大家笑称小龙虾是"脱贫虾""致富虾"。

　　初战告捷后，湖北的一家水产销售公司也在实地考察后与会泽县建立了合作关系，现已发展小龙虾养殖1500余亩。资金帮扶必要也必须，但产业帮扶才是发展经济、增加效益的治本之策。小龙虾养殖基地的成功建立发展，不仅带动了当地贫困群众实现有稳定持续收入来源，包括土地流转获得的租金收入、养殖基地就业获得的务工收入和小龙虾销售获得的利润分红等，还有力地调动了贫困群众的积极性和主动性，使其思想上由"要我脱贫"转变到"我要脱贫"上来，主动参与产业发展，通过自力更生，实现增收脱贫，最终走出"脱贫一户、带动一片、做强一业、搞活一地"的产业扶贫可持续发展新路子。

团结合作，牢记使命担当，统筹推动联络组工作

除了做好自己的挂职工作外，我还肩负着上海市援滇干部联络组曲靖联络小组组长的职责。我们第一批共有5名组员，后来第二批又加入4名同志，我充分发挥联络小组领导核心作用，紧紧团结联络小组的9名成员，将他们凝聚在一起。

我们到挂职县市伊始，就建立了曲靖小组微信群，大家坚持每天互报平安，及时通报各人当日工作情况。我也时常抽空到其他扶贫干部的点上进行探望，关心他们的身体、生活、工作情况，谁有困难，就立即组织大家帮助解决；谁有经验，也及时向大家推广，使大家思想交融、感情交融，形成心往一处想、劲往一处使的团队氛围。

"真扶贫、扶真贫"，这是云南省委常委、曲靖市委书记李文荣对我们宝山援滇干部的高度评价。我们主要围绕以下五个方面重点开展工作：

一是聚焦聚力产业扶贫。全年共向曲靖市5个结对县市引导产业扶贫项目5个，引导到扶贫协作地区企业实际投资额1285万元，推进"一乡一业""一村一品"建设，包括会泽县老厂乡和宣威市热水镇中药材示范基地、师宗县五龙乡热区水果产业基地、富源县温氏生猪养殖产业、罗平县小黄姜种植产业等，有效提升贫困地区自身的"造血"功能。

二是坚持基础建设与产业扶贫并重。5个县市2018年共实施农村建设项目13个，项目涉及农村道路硬化、人畜安全饮水、生活垃圾治理、卫生厕所改造、太阳能路灯亮化工程等，涵盖交通、水利、电力、人居环境等基础设施建设方方面面，为贫困地区解决"出行难、饮水难、用电难、运输难"以及改变"居住环境差、活动场所少"现状发挥了积极作用，打牢了脱贫攻坚根基。

三是积极开展消费扶贫。主动做好农产品产销对接工作，全年为对口县设立区内农产品销售窗口12个，帮助对口县培育龙头企业13个，组织对口县企业参加上海对口帮扶地区特色商品展销洽谈会及宝山区专场展销会等扶贫消费活动12次，采购、销售对口县农产品或者手工艺品金额1320余万元。会泽县的软籽石榴、宣威市的火腿、富源县的菜籽油、师宗县的香软米和罗平县的蜂

2019年3月，张建平（左）调研云南（炬锋）电焊机有限公司

蜜、姜茶等优质特色农副产品成功入驻食行生鲜、四季汇鲜、合德食品等销售平台，罗平县万兴隆公司、蜡峰蜂业公司等一批龙头企业成为宝山工会红卡特约商户。

四是大力推进就业扶贫。与5个结对县市分别签订《人力资源对口帮扶合作协议》，搭建劳务协作合作平台，实现两地用工、求职信息实时发布、实时对接。用足用好劳务培训专项资金，协助5个结对县市培训贫困劳动力9382人，组织就业招聘22次，提供岗位数61403个，贫困劳动力成功签约数813人；帮助转移就业7921人，其中，就地就近就业5583人，异地转移就业2338人（含转移来沪就业284人）。

五是深化落实"携手奔小康"行动。积极发挥援滇干部桥梁纽带作用，主动沟通协调，促进两地党委、政府密切交往、广泛交流、深度交融，对接做好两地考察调研、结对帮扶、人才培训等100余次，协调对接宝山区专业人才选派10人，配合对口地区培训干部人才2635名，培训创业致富带头人12人，创业成功数十人，带动脱贫1164人。完成贫困乡镇结对7个，其中深度贫困乡镇4个；贫困村结对215个，其中深度贫困村213个；村企结对115个，通过村企、村村结对，共募集"携手奔小康"财政帮扶资金（市区两级统筹以外）257.4 万元，实施扶贫项目 38 个，惠及建档立卡贫困户 5496 人；募集社会帮扶资金 174.758 万元，惠及建档立卡贫困户 2564 人。积极组织各类公益扶贫，开展公益扶贫 34 次，引导到对口县社会帮扶项目数 8 个。

援滇扶贫是我人生的宝贵财富

我于 2019 年 7 月任职期满回到上海。一年半的援滇时间，说长不长，说短不短，但我已把曲靖会泽当作了我的第二故乡。那里的山、那里的人、那里工作生活的点点滴滴，深深刻印在我的记忆中。而最让我牵挂的是我在当地结对帮扶的几户贫困家庭。

已经 80 岁的彭正芳老人，他和 77 岁的妻子独自居住在一间危房里，子女不尽赡养义务，生活十分困难。我帮老人协调申请了 2.5 万元危房重建补助费用，将他们的房子改造成 40 平方米的砖混结构住房。还和村干部一起做好他们子女的思想工作，签订赡养协议，按月支付老人赡养费。两位老人住进了新房，生活也有了保障，每次看到我都高兴地拉着我"回家做饭吃"。还有喜欢叫我"张大哥"的胡国林，他家里本就十分贫困，儿子考上昆明的中医药大学后，负担就更加沉重，一家人都很消沉。我知道，帮助胡国林一家，讲什么空话都没有用，只有为他们夫妻俩各找到一份有稳定收入的工作，才能让他们供儿子读完大学，脱掉家里的"穷帽子"。经过协调，他们两人在离家不远的一家企业找到了工作，彻底解决了家里的经济困难。在开展易地扶贫搬迁工作中，我遇到了身体残疾的柳长存老人。因为习惯了农村生活，认为县城里生活开销大，又没有了田地，担心生活难保障，老人一家一直不愿搬迁。我一边上门向他们耐心解释政策，说明县城有更好的医疗条件和更多的务工岗位，生活会有保障；一边在县城积极为老人的家人联系工作，解决了一家人的收入保障问题。老人的心结终于打开了，主动申报了易地搬迁小区搬迁安置。后来老人逢人便说："感谢国家扶贫的好政策！"

在会泽县期间，当地领导干部给了我很大的帮助；当地的群众在知道我一直没有完全适应山区的气候环境，高原反应导致喉咙咳血不止后，热心推荐当地的中草药让我调适身体。他们的热情、真诚、善良和纯朴，让我在异地他乡

宝山的责任

2018年1月，张建平（右一）走访贫困户

感受到了家的温暖。

　　一次云南行，一生云南情。在曲靖会泽的500多个日日夜夜，我将永远珍藏，它们是我人生的一笔宝贵财富。山高挡不住砥砺前行的脚步，水长流不尽勠力同心的汗水，我坚信，终有一天，云岭高原会变样：苍莽山村道路通，客家小院春光美，农村新颜代旧貌，从今走上致富路。

从"三夹水"的东海之滨到"鸡鸣三省"的东方花园

——我的援滇进行时

严春敏,1974年2月生。现任宝山区庙行镇党委副书记。自2018年8月起,担任云南省曲靖市罗平县委常委、副县长。

口述：严春敏

采访：钱冠宇　杨益君

整理：钱冠宇　丁　瑾

时间：2020 年 1 月 17 日

    上海市第十批援滇干部第三次增派人员，全市一共有 28 位同志，从确定到出发只有短短十来天。临行前，宝山区委书记汪泓专门找我们宝山区的 4 位同志谈心，表达了组织的殷切关怀，让我们感到荣幸的同时，更充满了信心。会上，作为一名"支内人"的后代，我提及"四个不辜负"，就是不辜负组织的信任，不辜负当地老百姓的期望，不辜负自己家庭的嘱托，也不辜负自己三年援滇的时间。当把"不辜负"装进行装之时，虽然对即将赴任的贫困县还不了解，我却分明感受到了那片土地的呼唤。带着一种期待，我在 2018 年 8 月 17 日从东海之滨来到了滇东罗平。

初来乍到　直面战贫困谋发展的责任

    面积 3018 平方公里的罗平县，相当于 10 个宝山区的面积，位于滇桂黔三省区交界处，属于石漠化地区，是典型的喀斯特地貌，素有"滇黔锁钥、鸡鸣三省"之称。作为滇东的农业大县和旅游大县，罗平山川峻美，风物独具，因其百万亩油菜花迎春盛开，被誉为"地球上春天最美丽的地方"，又以三黄三白（菜油、蜂蜜、小黄姜，白果、白薯、百合）为代表的高原农产品享誉西

从"三夹水"的东海之滨到"鸡鸣三省"的东方花园

▲ 严春敏（右二）考察产业扶贫项目间隙在钟山乡走访建档立卡贫困户

南。但同时，它又因8%的贫困发生率而位列上海对口援助云南的74个贫困县之一。在脱贫攻坚战线上，罗平是走在前列的。全县上下咬紧牙关、齐心协力，奋战数年，在2018年7月通过了第三方评估，当年9月底正式宣布脱贫摘帽，成为云南省第一批、曲靖市第一个脱贫的县。而那个时候，我才刚刚来了一个月。

  没能经历罗平脱贫摘帽的最重要战役，让我多少有点遗憾，但一想到中央要求的"摘帽不摘责任、摘帽不摘政策、摘帽不摘帮扶、摘帽不摘监管"，想到全面建成小康社会的任务，想到罗平人民和我们一样，有对美好生活的憧憬，我依然觉得身上有着沉甸甸的责任。"革命尚未成功，同志仍须努力！"挂职三年，一定还有很多需要巩固、完善和提高的工作。当然，作为一名新罗平人，我首先要做的是认识罗平、熟悉罗平、融入罗平。

  初入罗平之时，我有一种错觉，作为一个旅游百强县，罗平的县城基础建设还是比较好的，街区管理、路灯亮化，包括一些特色的旅游配套，做得非常不错，特别是贯穿全城的九龙大道，宽阔、干净，在绿化掩映下宛如一条绿龙，两侧中小餐饮店林立，商业街要热闹到很晚，给人的第一感觉不像是到了贫困县，而是在东部小城市。但是，当我深入到下面的街道乡镇，特别在一些边远地区，走过泥泞的山路、高高低低的山丘之间，还是会见到不少贫困村和贫困人口，也还是会看到陈旧的土屋茅舍和小小年纪就要帮忙做家务的孩子。我想，这些都是真实的罗平。

另外一个印象比较深的，是当地干部群众的工作状态。曾听汪书记讲起，脱贫攻坚战中，当地干部不仅是"5+2""白加黑"，还创造了"716+梦"的工作理念，即一周工作7天，一天工作16个小时，做梦时还要"想"。一开始，我们都不太相信，以为是为了鼓励我们、鞭策我们，结果接触下来，的的确确感受到当地的党员干部都有一种只争朝夕的奋斗精神和撸起袖子加油干的工作状态。全县5000多名干部和500多名驻村工作队员，以及党员、志愿者、普通职工，上千个日日夜夜坚守在岗位上，奉献在脱贫攻坚一线的精神、风貌、作风，直到今天，对我的触动还是很深。

在上海，我有十多年的乡镇工作经历，不管是庙行还是高境，镇域面积也就六七个平方公里，到了罗平，一下子变成三千多平方公里，而且担任县委常委、副县长，工作服务的地域大多了，责任也更重了，除了沪滇扶贫协作，还要分管县政府办、县地震局、县地方志办公室，完成建设管理整治重点项目的包保任务，联系大水井乡。工作由单一性向综合性转变，工作领域的横向延伸与纵向扩展。在有效开阔眼界的同时，让我有了一种"本领恐慌"。我感觉作为一个挂职干部，如果在罗平不能像当地干部那样全身心投入工作，不能圆满完成组织交代的任务、不能助力罗平在乡村振兴发展、实现跨越式发展的话，那就是辜负了上级交给我的沪滇扶贫协作责任。

凝心聚力　加快项目落地"安家"

2017年，宝山区与曲靖市结为对口帮扶单位。三年多来，累计投入了9000多万元用于罗平的产业发展、农村人居环境提升、人才培养、劳动力转移就业等多方面的项目。我们援滇干部过来的首要任务就是帮助这些项目精准落地、提质增效。

"认养一窝蜂，幸福两家人"。罗平有百万亩的油菜花，以及漫山遍野的蜜源植物，所以很适合蜂业养殖。利用援滇资金，罗平发展了"一窝蜂"中蜂养殖项目。沪滇资金投入用于购买蜜蜂和蜜蜂养殖的必备生产工具，对接相应的专业养蜂企业提供技术指导，采取"支部＋企业＋合作社＋基地＋贫困户"运作模式，扶持老百姓特别是贫困户来进行养殖，然后消费者可以"认养"他们的产品（每蜂窝一年可以产出 12 公斤左右的蜂蜜），当时一共是签约了 800 多户农户，每户农民可以得到 1000 元到 1500 元的收益，购买者则可以得到纯正的蜂蜜。项目运转已经两年多了，效果还不错，有的贫困户还成为养蜂的行家里手，走上了致富的道路。当时汪书记和区里相关部门人员都去参观和考察过，宝山区总工会也组织基层职工参与了认购，其中一次性认购就达 140 多窝，甜蜜的感觉把两地群众拉得更近了。我觉得这是一个很好的创新。

"陆基养鱼和黄山羊养殖新尝试"。扶贫产业项目要符合当地产业发展方向，是我们工作的一个原则。罗平县以前是滇东第一大水产养殖县，但由于环保原因，万峰湖网箱养鱼被取缔，90％的渔业养殖萎缩，水产业真空和渔民失业带来了很大矛盾。后来我们经过多方调研，决定开展陆基养鱼这样一个尝试，引进了一个专业开展水产养殖的企业进行建设，利用集装箱和玻璃鱼缸循环用水，联合当地企业和贫困户组成的合作社，在不大的土地上建了一个陆基养鱼的项目，2019 年投产。劳务带贫可以解决部分老渔民中的困难户，投产后产生的收益，村集体分成，再通过增加公益性岗位等形式带动贫困户受益，而且还对养鱼这个产业进行了一定扶持，我觉得是"一举数得"的事情。从我们去考察的那几家企业来看，同等规模每年有五六十万元的分红，应该是一个可持续发展的项目。在另一处，我们又开展了黄山羊养殖项目。罗平县大水井乡是云南省的六大名羊之一——黄山羊种羊的养殖基地之一，我们当时联合了一个专门的种羊养殖公司，和我们的贫困村建立联系，建设了 5 个集中的养殖羊圈，实行"政府＋企业＋合作社＋贫困户"模式，政府出资建设羊圈、购买种羊的青贮饲料，同时鼓励贫困户自行养殖，也配合他们开展合作社的集中养殖。通过除本分利、青贮饲料、劳务带贫三种方式，2019 年有 220 户农民受益，光青贮饲料一项，每亩就有 1600 元左右的收益，比纯粹的种苞谷要好得多，这也是我们目前带贫效率比较高的一个项目。

"要想富，先筑路"。罗平山多地少，给生活生产带来极大不便，虽然这几年的脱贫攻坚对基础设施建设投入很大，仍然还有很多地方道路没有硬化，晚上缺少灯光，饮水要靠远处去拉。我们到一些比较偏远的山区小村寨走访时，车子开不了，走路经常深一脚浅一脚，遇到雨天容易打滑摔跤，甚至根本过不去，群众反响强烈。望着泥泞的道路，我经常想起习总书记讲的一句话："脚下沾有多少泥土，心中就沉淀多少真情。"所以农村人居环境的提升项目就一直是我们东西部扶贫协作工作重点，帮助贫困村铺路修路、安装路灯、建设水窖、改造公厕，包括一些基本设施建设。把路修通了，把灯整亮了，把水通进去，生活出行会方便很多，也能带动附近开展一些因地制宜的产业。2018年以来，我们有近一半的资金投入在这方面，解决了一批贫困村的长期之困。当地群众十分感激，主动要求在灯杆上喷涂"上海宝山援建"字样，竖碑纪念，并且亲切地把这些硬化了的道路叫作"幸福路"。我也相信，从这些幸福路走出去，一定会走向全面小康的康庄大道。

还有热区水果、生姜保险、扶贫车间……这几年我们开展的每一个项目，后面都会有故事，每个故事里面，也都有两地政府对人民期盼的回应和脱贫攻坚惠民生的责任。在援滇的近两年时间里，通过这些项目的实施，我目睹了罗平县的变化——产业得到了发展、农村改变了面貌、群众享受到了实惠，心里很是欣慰。

挖掘特色　展现罗平文化"灵魂"

规定动作之外，我想谈谈自选动作。来罗平的这段日子里，我一直感觉这里是文化底蕴深厚的地方，山水文化、红色文化、饮食文化、少数民族文化……每一种都有可圈可点之处，如果能够整合起来，提升品质，相辅相成之下，必定能发挥出"1+1＞2"的效果。

民族刺绣从"指尖技艺"向"指尖经济"转变。大家都知道，云南是个多民族的地区，罗平县有21个世居少数民族，主要是布依族、彝族、回族、苗族等，少数民族文化也是罗平文化中最有特点的一部分。罗平少数民族刺绣，特别是布依绣、彝绣和苗绣，有着悠久的历史。2019年，我们对这些绣娘的状况进行了深入调研，将她们组织起来，通过人社部门开办过三四期刺绣班，

▲ 组织少数民族绣娘赴上海学习并在宝山区政府进行展示

提高她们的刺绣水平，同时寻找合适场所投入资金打造了刺绣扶贫车间，通过"能人带动，政府扶持，沪滇合作"模式，努力探索把"指尖技艺"变为"指尖经济"的有效脱贫路径。我们为了把原生态的刺绣和当今市场对接起来，还专门和上海的一家公司合作，把他们的刺绣产品和皮鞋、皮包、衣服上的时尚元素结合起来，市场反应还是不错的。同时，我们组织在培训过程中表现得比较优秀的 15 名学员到上海来游学，也到我们宝山区来展示她们的作品，引起了一定的反响。目前通过刺绣扶贫车间就近务工的贫困户有 33 人，能够增收 500 元—5000 元不等。当期的带贫效益是一个方面，我想通过他们的产品，让罗平的民族文化走出云南，走向大上海，也不是没有可能的。

"多依多彩"区域公众品牌的开发。为了配合全域旅游示范县创建，2019 年下半年，我们县开发了一个叫"多依多彩"的区域公众品牌。通过这个品牌，我们把一些比较好的农副产品、文化产品、旅游产品都作为"多依多彩"公共品牌的内涵，用我们的刺绣产品去包装，比如一个本子的封面、一个旅行箱或者纸盒子。为此，我们积极申请专门的 SC 认证，这样有了一定的标准，今后放在市场上就很容易推广，也可以成为罗平形象的代言。说到标准化，我一直有些感慨，罗平有一些地理标志产品，但是没有得到很好的开发，而很多农特产品，质量是不错的，却没有经历过品牌认证标准，因此不能拿到上海市场上推销，比如土豆、散装蜂蜜、五色花米饭等没有标准都不能进入上海市场。所以我想，是否可以请我们上海相关品牌认证的部门进行指导，尽快提升当地产品品质，达到认证标准。换句话说，我们现在"带贫"，很多情况下是通过一些龙头企业间接"带贫"，如果以后能在地头上直接把农产品标准化做好，通过收购，可以直接在东部地区进行销售，贫困户直接受益，不会有中间环节的损失，这样可以直接带动贫困户脱贫。这可能是大家都看得到，都想去做的事情。

背靠宝山 "娘家人"纷纷伸援手

前方的作战离不开后方的支持，这点在我们离家千里的援外干部看来尤其重要。虽然目前挂职罗平县的上海干部只有我一人，但我不是一个人在战斗，强大的"后援团"让我站得直、走得稳！

宝山区委、区政府领导高度重视，对我们的工作给予了大力支持和帮助，给资金、给项目、给政策、给资源，成为我们最可靠的大后方。区委、区政府主要领导汪泓同志、范少军同志、陈杰同志及诸多领导一直关心援建工作，把沪滇扶贫协作作为一项重要工作始终放在议事日程上，即使财政再紧张，给帮扶地区的援助资金也分文不少，而且每年和曲靖、罗平的领导一起合议协作工作，百忙之中还抽空前往西部地区实地调研指导。在我们脱贫攻坚图片展里就有汪书记和当地困难户亲切交谈的场景，我们也曾跟着范区长一天奔走数百里查看合作项目。陈杰书记考察罗平时精准指导了乡村振兴工作。有的区领导还带头认领"一窝蜂"、与贫困学生结对，率先示范参与扶贫。领导们的关注和支持，让我们感受到和在家时一样的温暖，不由得更有精神、更有干劲儿！

我的"娘家"——庙行镇鼎力支持，也始终跟我保持热线联系，只要有需求，庙行镇党委、政府总是不遗余力地给予帮助。印象最深的是2018年底考核的时候，有一个考核指标叫东西部村企结对，最初罗平统计数是零。为什么是零？因为当时根据上海市文件，东部地区与深度贫困县、深度贫困村签约携手奔小康，但罗平县不是深度贫困县，下面也没有一个深度贫困村，从文件要

◀ 庙行商业发展有限公司和悌驰智能科技有限公司为大水井乡农村学校进行捐赠

求来说，它并不需要结对。然而考核组看了以后表示：虽然政策本身不覆盖，这个项目的"零"还是要清！我马上与庙行镇当时的徐佳麟书记、阎丽伦镇长电话联系，请求大后方给予支持。他们表示：只要扶贫需要，绝无二话！当即表态与我们鲁布革乡结对，又协调一家公司和该乡下属某村结对，结对协议通过双方线上协商，两个小时不到就完成了签约。签约之后，资金的拨付、项目的启动实施，在一个月之内全部完成，这也充分体现了我们东西部扶贫协作的真心和效率。其实，当时庙行镇还同时承担师宗县数个深贫村和新疆洛克乡的结对帮扶任务。2018年、2019年，庙行镇又专门组团来罗平对接工作，开展消费扶贫；安排陈伯吹实验幼儿园的骨干教师到罗平县开讲座，帮助当地老师提高幼教能力。动员企业和单位为困难小学捐助教学用具、户外大型积木、图书文具等，给予了当地极大的支持。

宝山区各委办局也是"八仙过海各显神通"，加入扶贫协作的行列之中。在贫困劳动力转移就业方面，区人社局充分履职尽责，在上海和曲靖两端"发力"。一方面积极对接上海的优质企业，挖掘市场用工需求，帮助曲靖市在沪成立第一家外出务工人员工作服务站；另一方面，由局领导带队，组织企业单位前来云南实地招聘，诚心诚意与有意向的困难户交流，打消"家乡宝"们外出的顾虑，有效提高了外出就业的组织化水平，年年超额完成工作任务。近期，尽管仍属疫情期，但让人感动的是，上海臻臣公司仍然来云南招聘，苏卫东副局长一路陪同，甚至和我们一起到下面乡镇居委会，拿着宣传资料现场"拉人"。最终仅罗平县就输出了务工人员近30人，就业状况稳定。

此外，2018年11月起，宝山区开始选派老师和医生赴罗平县支援，我们当地称之为"罗平小分队"。区教育局和卫健委按照中央"脱贫攻坚要尽锐出战"的要求，选拔了最优秀的医生、老师来罗平。2018年来支医的王建民医生来自仁和医院神经内科，虽然落脚的九龙卫生服务中心由于医疗器材简陋，没能给他充分发挥特长的机会，但他依靠扎实的医学功底，给罗平的老百姓带来了按摩治疗眩晕症的有效方法，还手把手教会了当地的数名医生，同事们都管他叫"王老师"，这样就算他走了，仍然可以通过留下的技术发挥作用，有了一支"带不走的医疗队"。教育局2019年选派的支教老师是宝山培智学校副校长朱建平老师，他是特教行业的专家，而派驻的罗平县九龙学校也是所特殊教育学校。朱老师到岗时间不长，已帮助学校理顺了特教流程，重建了特教功能室，充实了特教师资，还亲自为不方便的特教生送教上门。没多久，孩子们就和他熟识了，每天在校门口遇见他都亲切地喊："朱伯伯好！"值得称道的是，在云南，他的足迹不仅在罗平，甚至还远赴昆明、普洱去讲学，可以说是"墙里开花墙外也香"，让支教"扶贫扶智"的效应最大化。还有刘忠老师、唐云波医生，包括之前来的黄栋同志，援滇的干部和人才都时刻牢记着出发时的初心，不负派出单位所托，用心用情、任劳任怨地开展工作，得到了当地干部群众的认可，也让我为这支"罗平小分队"深感自豪。

三年援滇时间眨眼过去一半了，总感觉自己做了一些事儿，却还有很多事情要做。不过有一点我很确定，那就是我和罗平的感情已经十分深厚，现在时不时会冒出一两句罗平方言。这次新冠疫情期间，我正值在上海休春假，经常会联系罗平同事了解情况，在得知当地防疫物资紧张的时候，就尽可能地利用各种渠道去找资源，最终七拐八弯通过浙江的一家公司为罗平县提供了六万只医用口罩和一些测温计。当看到罗平县值守在防疫一线的同志戴着口罩跟我视频时，我感到很欣慰，因为罗平的疫情阻击战，我没有缺席。

今年是决战脱贫攻坚和决胜全面建成小康社会之年，罗平所有的贫困户将全部摘帽。能够见证这一历史时刻并亲自参与其中，我感到十分荣幸。经历是一种财富，感谢组织给了我这个机会，感谢东西部扶贫协作给了我这个平台，这三年潜移默化对我人生的影响，也将是深刻和长远的。我相信，期满回首，必不辜负！

携手万州　倾情帮扶

　　雷曙光，1976年9月生。2003年10月至2005年10月，先后担任重庆市万州区五桥移民开发区管委会主任助理、重庆市万州区三峡移民对口支援办公室主任助理。

口述：雷曙光
采访：沈　蕾　徐国芳
整理：徐国芳
时间：2020 年 4 月 30 日

三峡工程是一项全国性、历史性的浩大工程，建设任务艰巨而复杂，伴随而生的还有艰巨的三峡库区移民工作。1992 年，党中央、国务院作出开展全国对口支援三峡库区移民工作的重大决策。上海市委、市政府积极响应党中央、国务院号召，开始积极推动对口支援万州工作。

2003 年 10 月，我按照上海市委组织部的安排，赶赴位于三峡库区的重庆市万州区挂职锻炼，任万州区五桥移民开发区管委会主任助理。2005 年 4 月，万州行政体制调整后，我改任万州区三峡移民对口支援办公室主任助理，协助分管对口支援工作。接到去万州区挂职的任务前，我刚刚完婚，那年我 27 岁。

接力援万启征程　有始有终排万难

重庆市万州区地处三峡库区腹心，长江中上游接合部，是三峡库区最大的移民城区，曾动迁人口 26.3 万人，占三峡库区的五分之一，占重庆库区的四分之一。刚来到这里时，我的第一感觉就是很落后，与发达地区的差距太大。上一任上海对口支援万州的李昉同志对我说，这里已经比他刚去时强多了，因为城镇基础设施建设已经相对完善了。李昉同志为五桥的发展付出了很多努力和心血，他给我做了最详细的交接，希望我能尽快地熟悉情况，把接下来的工作运转开。我的内心也是感慨万千，并暗暗下定决心，在今后的两年中，一定要竭尽全力造福三峡移民，不辱使命，不辜负组织和五桥人民的期望，推动五桥经济社会发展上一个新的台阶。

当时的万州人民，生活清贫、清苦。但是，不论是领导干部还是普通移民，大家都不怕苦，不怕难，艰苦奋斗，努力工作，以苦为乐，以苦为荣。三峡工程的兴建，使125万多个移民舍弃了自己的家园、土地和工作，他们作出了巨大的牺牲，这种"舍小家，为大家，为国家；牺牲个人，为大局，为全局"的精神，就是被众人称颂的"三峡移民精神"，它始终感染着我，激励着我。

挂职干部的工作主要有两项：一个是监督，就是管好每年上海市对口支援五桥移民开发区近千万的资金，不让这些钱被浪费；二是建议，就是通过多走多看多调研，了解当地的情况，对上海的对口支援工作提出合理、可操作的建议，使资金和项目都有的放矢。而这些工作，是我在上海时从没接触过的，所以观察、学习、摸索，是我到万州初期最主要的任务。

说实话，刚到五桥移民开发区的前半年是最难过的，因为全新的工作，巨大的压力一下子压在肩上，不用心还真是吃不消。但是我始终抱着这样的信念：我们是上海市来的代表，我们要对自己的工作、对自己代表的城市负责。

为更好地开展对口支援工作，我深入实际调查研究，虚心向地方领导和广大干部群众学习，了解别人，同时也使别人了解自己。两年来我走访了32个乡镇街道，并多次到边远的移民乡镇实地探查，跑遍了所有已建成的对口支援项目。最长的一次，我三天没有回城，与当地的干部群众同吃住、反复沟通，了解情况、收集资料。在不断的学习和探索过程中，我逐渐进入了角色，将工作压力慢慢转化成了日常的习惯，脑子里时时刻刻都在想着五桥，不放过身边任何一个可以促进五桥发展的机会，听到一件事就会和五桥的发展连连看，晚上睡觉做梦也经常梦到和同事们讨论五桥发展的场景。

2005年五桥移民开发区撤销期间，开发区四家单位的主要领导仅剩不足十人留守，我也一直坚守着。五桥开发区党工委书记汤志光对我说："这个时

2005年4月10日，五桥移民开发区管委会领导班子成员集体合影（右一雷曙光）

候你不回上海，待在万州干什么？"我说："越是这个时候，工作越需要我。"在整个行政体制调整过渡期间，我没离开万州半步。十多年来，几十名上海挂职干部，他们都有这样那样的个人和家庭问题，但从未影响过工作。特别是每批挂职干部轮换之前，很多人都涉及回去后的工作安排等问题，但都坚持站好最后一班岗，直到接任干部到位交接后才离开。我想这就是上海对口支援干部的素质吧，把干好本职工作当作一件既神圣又习以为常的事情，有始有终，尽心尽力，认真踏实。

从"输血"到"造血" 破解产业空心难题

在五桥移民开发区，我通过前期的观察、学习、调研，与群众进行交流，了解了群众生产生活的实际需求，明白了当地干部群众最希望我们帮助库区破解产业"空心"难题。事实也的确如此，这么大数量的一批人，如果找不到以后赖以生存的产业，光靠国家补贴吃饭总是不行的。另外，当时三峡库区移民工作已由"搬得出"转入"安得稳、逐步能致富"的新阶段。要想让移民"安得稳"，在迁入地找到归属感，那么就需要发展相关产业，增加就业岗位，而这些都需要首先破解产业"空心"难题。

在对口支援三峡库区移民初期，大多数省市采取的方法是以一定的资金或物资直接投入，也就是"输血"来破解产业"空心"难题，但资金与物资的支援毕竟是有限的。我们则一直以来都在探索一种可以持续发展的、使对口支援双方都能受益的方式，也就是探索以"造血"的方式来支援当地建设。所以，建立招商引资基金，催化各类企业落户当地，是我们当时采取的方法。这种方法可以推动"外界支援"与"自力更生"相结合，加速"输血"支援方式向"造血"支援方式转变，强化受援地"自身造血"功能。

2003年、2004年上海市共援助600万元建立招商引资基金。在这600万元招商引资基金的"磁场"作用下，我们帮助五桥移民开发区引进外来投资3亿多元，成功引入重啤集团、索特恒坤、奥力生化、雄鹰矿泉、快乐宝宝等30余家企业。不到两年时间，五桥招商引资的大项目就达到前十年的总和，其中投资上千万元的项目10个，解决移民就业近万人。招商引资基金充分发挥了以一当十、四两拨千斤的作用，三峡移民也切实得到了对口支援的实惠。把有限的对口支援资金作为招商引资成本，用在引导企业落户当地的刀刃上，不仅缓解了库区招商引资困境，而且最大限度地提高了对口支援效益，促进了库区的快速发展和移民的安稳致富。2004年7月7日，新华网上刊登的文章《三峡蓄水一周年：对口支援600万引来投资3亿元》，可以说是对我们这段工作的一个总结和提炼。

引进来 + 送出去　架起沪万两地桥梁

两年来，在做好引进来工作方面，我先后陪同有关部门与上海的60余家企业洽谈到库区投资事宜，并为有意到库区投资发展的企业提供详尽的投资背景材料，帮助企业开展项目可行性研究，实事求是地向企业介绍在库区投资的优点和制约因素。同时，我也帮助五桥分析招商引商方面存在的问题和解决措施。经过与大家的共同努力，共吸引多家上海企业到库区兴业发展。这些企业的项目建成后，解决了近3000人就业，有些项目填补了库区的空白，为库区今后的发展打下了坚实的基础。

2003年，香港嘉华实业公司与重庆索特集团欲在库区组建索特恒坤工艺品公司，投资3000万元生产出口丝花，企业选址特别注重厂房配套及厂区环境，周边区县都在积极争取该项目。为增强五桥对这一项目的竞争力，五桥从对口支援招商引资基金中投入100万元，在短短两个月内帮助整修了5000平方米旧厂房、1000多平方米的配套场地，促成企业落户五桥。我记得那时到建筑工地考察，工人们都干劲十足，不分昼夜加班加点，精益求精、注重细节，力求高质量、高标准地装好每一个钉子，抹好每一个墙缝，建设好每一个厂房。只有配套跟上去，厂区环境改善了，优质企业才愿意来。建成后，该企业安置移民600人，同时企业还在附近新田等移民场镇建立外发加工点3个，100多户移民办起了家庭作坊，项目全部投产后安置移民2000多人。

民营企业奥力生化制药公司在四年前就有意投资五桥，但一直担心迁入五桥搬迁费高、扩大生产后会负债而犹豫不决，由于五桥移民开发区财政资金紧张，又无力解决投资者的困难。2003年建立招商引资基金后，我们从中拿出40万元给予搬迁补助，企业吃了定心丸，打消了顾虑，当年就投资1500万元建成标准化厂房，企业投产后安置移民250人。五桥瑞迪胶囊厂是一家小企业，产品有市场，但缺乏再投资上规模的能力，该厂拟与开发区外一家建筑企业投资合作，由于双方在谈判中为一些小问题互不让步，谈了一年多都没有结果。五桥便从基金中挤出20万元化解了谈判分歧，促成了两企业"联姻"。两企业共投资2000万元组建美瑞实业公司，成为重庆地区一流的药用胶囊生产企业，可安置移民200人。

"留商、稳商比招商更重要"。要想稳住招商企业，需要加大激励力度，多管齐下，从资金、税收、项目用地等多方面来解决企业遇到的用地困难、融资困难等问题，促进企业扩大再生产。而这些方面的扶持、奖励最终都是要落实到资金上，于是我们和五桥区商量，考虑采用向优势企业投入招商引资基金，实行贴息激励的办法来达到"留商、稳商"的目的。沪江人造板公司是上海对口支援五桥的农业产业化龙头企业，年产中密度纤维板2万方，为帮助该企业抓住退耕还林政策机遇，我们从基金中拿出60万元给予该企业贷款贴息补助，促成了该企业扩产升级。雄鹰矿泉水厂产品质量优、开拓市场能力强，是招商落户五桥的扩张型企业。为了尽快盘大盘强该企业，五桥从基金中拿出20万元给予该企业贷款贴息补助，调动了该企业扩产扩规的积极性。两年来，我们为"万州上海移民就业基地"的12家入园企业贴息400多万元，引来区外投资1亿多元，使中小企业不断增多，增强了招商引资生产力。

引进来的工作固然重要，但同时我们在积极帮助企业开拓上海市场、输送当地干部到上海学习培训、帮助移民就业等送出去方面也做了很多工作。

万州区有两家全国知名的食品企业，暨诗仙太白酒厂、重庆鱼泉榨菜有限公司，这两家公司都是重庆市重点企业，在重庆乃至西南市场具有一定的影响力，但一直苦于打不开上海市场，产品因此也无法进入富庶的华东市场。通过上海市合作交流办公室的协调，我先后多次陪同两家企业到上海，与上海联华集团、华联集团、农工商集团等大型批发零售公司商谈，帮助库区特色产品进超市。宝山区商委、区协作办大力支持我的工作，通过他们的协调和努力，宝山糖酒公司等率先成为诗仙太白酒、鱼泉榨菜在上海的地区经销商。后来，库区一家企业与上海一家企业联合在上海注册成立了上海万州农副土特产经销有限公司，该公司负责诗仙太白酒、鱼泉榨菜在上海的总经销，同时销售库区特色农副土特产品。

每年我们安排大量的行政干部、专业干部以及重大专业大户到上海学习培训，2004年输送50余名，2005年已达到220人。通过送出去学习，库区人的思想观念得到更新，市场经济意识、开放意识得到增强，干部"走出去"发展经济的能力有较大提高，专业干部的专业能力大幅提升，不少学成归来的干部成为各单位的骨干。对口支援成为五桥对外开放的主渠道和大学校，极大地鼓舞了五桥干群移民与发展的信心，促进了思想观念的解放。

在促进移民走出去方面，我主要是协助库区劳务公司与上海方面沟通，争取让劳务出口变得顺畅。2003年10月，上海市对口支援库区成立了库区劳务服务公司，该公司负责库区移民的培训、招募和输出，致力改变以往劳务输出的混乱局面，促进移民就业，保障移民权益。公司成立后，春节前后我陪同公司负责人走访了浦东、宝山、嘉定、卢湾、青浦等区的劳动部门以及各大用人单位，了解他们的需求，争取他们的信任和支持，并协助该公司在沪设立劳务服务上海办事处。

库区与上海两地交通不便,双方在经济、社会、文化等方面存在着一定的差异,因此有时两地在沟通上会产生种种障碍。作为从上海来的挂职干部,有责任、有义务情牵两地,做好两地间的沟通、协调。在工作中,我积极发挥这种桥梁纽带作用,努力避免误会和矛盾的发生。作为两地间的使者,我或者陪同访问,或者积极穿针引线、当好参谋,多次陪同团队到上海访问,在沪期间,既当主人又当客人,在大家的帮助下,圆满完成了访问任务。在自己不能到上海的时候,甚至动员在上海的家人和朋友帮助库区的同志解决吃住行等实际问题。

无私援助　对口支援再上新台阶

同饮一江水,沪万心连心。在对口支援的过程中,我看到了部分移民生活的艰辛,又亲身经历了护送移民外迁的过程,深深地感受到库区移民"舍小家,为国家"的牺牲精神。在移民离别的动人场景中,我看到了上海人民对库区人民的无私援助,感受到了库区人民对上海人民的深情厚谊。

2004年8月,上海市四套班子领导带领代表团到新疆、湖北、重庆和陕西学习考察,把上海的对口支援工作推向了新的高潮。10日,代表团顶着烈日、冒着酷暑,来到了上海对口支援的万州区五桥移民开发区,学习考察当地

◀ 2003年,飞士幼儿园举行五周年庆典活动

2005年7月，雷曙光和他资助的万州当地小朋友在五桥区合影

经济社会发展情况，与万州区党政领导座谈，共商两地合作发展之计。代表团马不停蹄地考察周家坝移民新城、五桥长岭移民试点村、飞士幼儿园和索特恒坤工艺品有限公司。其中，由上海市宝山区罗泾镇飞士工贸实业总公司援建的飞士幼儿园，开设大中小班12个，入学幼儿近500名，是五桥新城一所设施先进、管理科学、师资精良的公办幼儿园。建园六年来，飞士公司无偿捐赠幼儿园76万元，同时还每年捐赠2万元教师奖励基金。

我清楚地记得，由于气温过高，原定下午4时30分在学府广场举行的上海市向万州五桥移民开发区捐赠仪式，推迟到了6点半才举行。至今我还留着在捐赠仪式上的捐赠清单：上海市政府捐赠1000万元专项资金，用于援建万州区档案馆、万州新田中学迁建、区公共卫生应急指挥中心、劳务培训中心等项目；上海市政府向五桥捐赠250万元，支持五桥产业加工基地建设；浦东新区向五桥捐赠250万元，支持五桥引进种植迷迭香及提炼加工设备、五桥产业加工基地等项目建设；宝山区向五桥捐赠200万元，支持五桥月亮湾、乌龙池等旅游景区基础设施等项目建设……

在对口支援的过程中，我也看到了深山中破败的村校，看到了孩子们渴望知识的眼神。再穷不能穷教育，再苦不能苦孩子，因此看到需要帮助的学生时，我总是想方设法帮助他们。自己与 5 名当地学生结对，同时介绍 20 余名学生与上海的热心人结对，帮助他们重返校园或者继续学习。2005 年我护送、陪同 3 名与上海热心人士结对的同学到上海，让他们了解上海大都市的发展，感受与结对人的浓浓亲情。

扎实工作、乐于奉献　援万收获多

挂职期间，各方的关心和支持是我个人做好对口支援工作的前提。宝山区委组织部领导曾送我到库区并谆谆告诫我工作生活要注意的诸多事项，还经常鼓励我，促使我在精神上始终保持积极乐观；干部科的同志多次给我寄来党员学习资料、慰问品等；区委办领导对我家庭的关心无微不至，使我免去了后顾之忧，能够全身心投入到工作中去；在五桥工作期间，当地的党工委、管委会既是我的领导机构又是我亲切的家，这里工作气氛融洽，为我的工作创造了良好的环境。

对口支援万州是我成长中的重要一课，通过两年的实践锻炼，我得到很多经验和启示。比如对口支援工作绝不能急功近利抓表面，而是要打牢基础治根本。大环境决定小气候，要让移民碗里有，移民地区必须锅里实。库区经济发展最重要的途径就是招商引资。"授之以鱼，更要授之以渔"，提高受援方招商能力就是最好的"授渔"方式。同时，在这期间我也增强了自己对工作的预见性、计划性。"听招呼、动脑筋、使劲干"是我总结出的一个工作准则。听招呼就是讲政治、顾全大局、尊重领导的决策；动脑筋就是充分发挥各方的积极性，创造性地开展工作；使劲干，就是在大家的团结协作下，把决策和任务认真贯彻落实。

时光荏苒，转眼已经十几年过去了，回顾往昔，忘不了在库区奋斗的日日夜夜，忘不了库区的那些移民群众，我会永远珍惜这份回忆。这些年，在国家移民政策和对口支援的帮扶下，五桥的经济实现了跨越式发展，居民生活水平也持续提高，随着长江经济带和"一带一路"建设带来的机遇和上海对口支援力度的不断加大，库区经济社会一定会得到长足发展。我将继续关心、关注万州的发展，祝愿沪万两地人民幸福安康，各项事业不断取得新成就。

"大家小家"一家情

朱惠芳，1973年5月生。宝山区罗店医院护士，援滇干部王忠民妻子。

王忠民，1970年3月生。现任宝山区庙行镇党委副书记、镇长。2016年至2019年，作为上海市第十批援滇干部，担任云南省迪庆藏族自治州州政府副秘书长、迪庆联络小组组长，中共维西县委常委、副县长。

口述：朱惠芳

采访：戴建美　吴思敏　郭莹吉

整理：吴思敏

时间：2020 年 1 月 16 日

我是一名医务工作者，是罗店医院胃镜室的一名护士，我也是妻子、母亲、女儿和儿媳，在忠民参加援滇工作后，我又有了一个新的身份——援滇干部家属，在这个光荣身份的背后，更多的是对家人的挂念和担心。忠民用三年援滇的"真心、诚心、用心"，换来的是多民族同胞的深情厚爱，换来的是"大家小家"一家情，其中的过程虽然辛苦，却让我深感欣慰。

"放心，家里有我"

记得 2016 年 6 月的一天，忠民对我说，他想去援滇，去的地方是云南迪庆州。我当时备感突然，要去云南，而且一去就是三年，女儿在外读书，家里只剩我一个人在上海，双方父母年事已高，心里颇有些波澜。忠民知道后，告诉我："作为一名党员，组织上同意我去，就是对我的信任和考验。对口支援地有一座香格里拉独克宗古城，被大火烧毁了，急需专业人才指导重建，当地政府特别提出希望有这方面专业背景的干部去进行援助，我有规划工作的专业背景，各方面条件都符合。"他还说："援滇三年很快就会过去的，侬心里头勿要有啥想法。"他说双方父母有我在，而我又是护士，他很放心，有啥事，打个电话。女儿对忠民援滇特别支持,年轻人思想上比较开放,她对父亲讲:"去呀,多一个工作经验。"直到后来她才知道父亲去的是香格里拉,海拔特别高,平均高度超过3300米,条件很艰苦。之后一周,忠民作为上海市第十批援滇干部奔赴云南,挂职迪庆州政府副秘书长、迪庆联络小组组长。

对于他的援滇工作,我虽觉有些突然和不舍,但坚决支持他的援滇工作,服从组织安排。在上海时,忠民的工作就一直很忙,只在周末会抽出时间来买菜做饭,家里的杂事都由我来承包,他一心扑在工作上。双方父母年事已高,我是一名护士,从专业角度上也会对他们更多关注。因此,忠民援滇远行,赶赴云南,后顾之忧比较少,对家里是放心的。

"家是最小国,国是千万家",坚守住了小家,才能成全好大家。在忠民援滇的三年里,照顾好孩子和双方老人,是我最重要的责任,能让远在千里之外的他全身心地投身于工作之中。

"全力守护小家"

家里的困难我也尽自己所能,不给组织添麻烦。可没想到,在他刚去云南不久,婆婆就摔了一跤,情况比较严重,检查下来亟须手术治疗。这件事发生后,我第一反应不是想着通知远在云南的忠民,而是想着先给婆婆治疗。由于婆婆胆子比较小,加上原来骨折过,第二次骨折后心里承受的压力比较大,手术前很紧张,拉着我的手讲:"要不要和谁说……"我明白她的意思,她是想自己的儿子最好能在身边。我握着她的手,安慰她:"有我在,医院领导也很关心,妈妈,不要紧,都会好的。"

为了不让忠民分心,不影响他在那边工作的情绪,我没有在第一时间告诉他上海发生的情况,婆婆要进手术室了,我才向他透露了病情。估计他心里也是担心,他在电话那头听完我的讲述,沉默了一会儿,说:"哦,那你去弄。"等他当天工作结束后,打来电话,关切地问手术的情况怎么样。其实我知道,他对这件事表面上装作无事,实际上自己的母亲手术住院,心里面肯定是无比担心的,可遗憾的是,他自己却不能陪伴在身边以尽孝道。

忠民不在家,替他肩负起为人子女的职责我义不容辞,和长辈的孺慕之情，和忠民的夫妻之情，是我面对一切困难的力量源泉。因为守好"小家"就是保"大家"。

继续前行的动力

2017年，我所在的罗店医院要进一步扩大胃镜室服务功能，提升业务水平，派人赴市区的长海医院进修。科室领导要求派一位职工去进修，而我当时的想法是把机会让给年轻同志，而且家里老人也需要照顾，心中有顾虑。医院领导准备派我出去时，也很犹豫，但从科室的发展、技术水平的学习来讲，我又是比较合适的人选，然而我家里的困难也是客观存在的，因此特意找我谈话，征求我的意愿。这件事我告诉了忠民，忠民让我从大局观出发，服从领导的安排，我就打消顾虑，坚决服从领导安排，克服小家庭的困难。其实当时从罗店到长海医院，交通极不便捷，单程就要两个小时，每天5点多就要出家门往市区赶。长海医院是市级综合性医院，工作量大，进修期间每天都是早出晚归，虽然很辛苦，但是通过半年进修，我的专业水平有了很大的进步，这都离不开忠民的鼓励。

在忠民援滇期间，我一直得到了所在单位罗店医院各级领导的关心和帮助。2019年下半年的一天早上，忠民90多岁的外公在家中突然摔倒，当时是早上6点30分，由于我工作科室的性质特殊，无法抽身，等120救护车到了单位急诊室，我仍无法离开工作岗位。这时工作的责任和家庭的责任相互交织，我心中非常焦灼。单位领导知悉后，立刻安排了同事进行全程陪同处理，这使我焦虑的心情得以缓解。

工作是忙忙碌碌的，日子也是酸酸甜甜的，我没有什么华丽的辞藻来感谢组织上这三年里给予我的各种关怀，但正是有了组织的温暖，我倍添继续前行的动力。

"缺氧不缺精神"

在忠民援滇的三年里，有许多事情都给我留下了深刻的印象。其中印象中最深的是他第一次从云南回上海，那已经是他去援滇的半年后了，人一下子瘦了，平时在视频里还看不出来，当他从电梯间出来，我的眼泪差点流了下来，他像变了一个人似的，又黑又瘦，瘦了 20 多斤。平日里也听他讲过那边海拔高、紫外线强，但真正看到他时，感触是完全不一样的。他高原反应厉害，睡几个小时就醒，一个晚上就会醒好多次。2017 年，我去了一次迪庆，真正感受到了高原反应的煎熬，有些心疼。

这三年，我发现他人越来越瘦了，皮肤越来越黑了，头发变得少了，白发变得多了，我从心里能够感觉到他在那边的工作生活一定很艰苦。每次一讲这些，他都笑哈哈地讲："在迪庆的工作生活，是'缺氧不缺精神'，我代表着上海、代表着宝山的干部形象，肩负着援滇干部的责任，必须用心履行好在迪庆的职责，为宝山对口扶贫工作尽自己的一份力量。"

对于我和孩子，他内心一直很内疚，也希望得到我的理解和支持。回沪后，他也一直讲，这三年不能陪伴父母家人，特别是对于自己的女儿，鲜有时间关心，心里面真的很愧疚；但这三年来，得到了我们家人的理解和支持，就是他全身心投入工作的最大动力。

云南之"碰撞之情"

迪庆州，是云南省内唯一一个藏族自治州，平均海拔超过 3300 米，是一片雪域高原，是集边疆、民族、高原、贫困于一体的地区，是云南脱贫攻坚战的主战场之一。

在当地开展工作，"碰撞"是主旋律，既有身体上的，也有思维上的。和他同行的上海战友告诉我，刚去那里时，饮食不习惯、语言听不懂、气候不适应，但是他们发扬"缺氧不缺精神"的气概，带领工作小组开启艰辛的下乡调研路。三年中，忠民用双脚丈量着迪庆两县一市的高山、草原、河流。走狭窄的山路，与乡村干部在火塘边交流，避塌方落石，入田间地头，了解百姓需求，翻高原雪山，忍受高原反应，了解农牧民的现状。他走遍了迪庆州 29 个乡镇，维西县的所有村居他都到过了。我后来问他这件事，他说："只有自己走村入户，才能真正了解需求，把扶贫工作做到位，做到百姓心坎上。"因此忠民还很荣幸地被维西县授予"永久荣誉居民"的称号。

2019年，王忠民调研沪滇帮扶项目——豪猪养殖基地

这种"碰撞"，也体现在忠民与当地融合的方方面面，从工作作风到思维理念，比如说规则意识的强化、项目推进的方式方法、未来发展的科学谋划。在他的带动下，当地干部从原先的"不用急"变为只争朝夕，工作中充满干劲！

他感慨道："不到云南，不知山河之壮丽；不到迪庆，难懂这份'碰撞'之情。"

"来云南，就要做点事"

由于忠民工作的云南迪庆州是国家确定的"三区三州"深度贫困地区，社会经济与东部地区有较大的差异，民族文化、宗教等方面有着悠久灿烂的历史，但在产业扶贫、劳务输出等方面还在起步阶段。他运用规划工作的丰富经验，参与了"三区三州"深度贫困地块的规划编制，将上海对口支援"十三五"规划的项目库与迪庆州"三区三州"规划有效衔接，在全州层面推广"四模块"管理模式，让州、县、乡三级管理人员能够有效地把控项目。协调上海志愿者基金会、复旦大学儿科医院开展"关爱香格里拉困难先心病儿童特别行动"，筛查学生近2万名，为90多名儿童在上海做了免费手术，有效地减轻了患儿家庭的医疗压力,避免了一些并不富裕的家庭因病致贫。协调同济大学帮助编制城市规划,结合维西县的地理情况、人口、民族特色等多方面的因素,多次深入实地,以恢复原生态水系为切入口,以拓展老城区功能、发展新城区功能为主线,形成了一整套规划理念,在维西的干部群众中获得一致好评。除此之外,他积极完善结对机制,在镇乡对接、村企对接方面,努力做到全覆盖,维西的10个乡镇、44个贫困村,维西县医院,维西县6所学校,都在上海找到了"亲戚"。

忠民经常在家里讲,云南的人民由于地理条件所限,生活比较艰苦,但党和国家没有忘记,为了实现全国共同富裕、民族大团结,通过云南和上海的通力合作和一批批援滇干部的不懈努力,那里的人民群众日子一天天好了起来。通过在项目资金、干部援派、扶贫协作、基础设施、医疗卫生等方面的持续帮扶和支持,一定能够全面打赢脱贫攻坚战,让迪庆群众能够过上好日子。

他现在仍然对第一次走进贫困户家里的那种视觉冲击印象深刻:"当你真正面对四壁透风的板房、破旧不堪的棉被、神情茫然的农户时,脱贫攻坚不再是一句口号,是油然而生的责任感:'来云南,就要做点事!'"。

感受高原孩子情

忠民平日很疼爱孩子,面对迪庆州儿童先天性心脏病发病率较高的情况,他多次回上海与各部门协商。在上海大后方的支持下,他协调发起"关爱香格里拉困难先心病儿童特别行动",第一次筛查香格里拉的幼儿园、小学的学生近8000名,其中筛查出需要手术的先心病患儿36名,需要随访的轻微患儿97名。通过他中间的衔接,在社会热心企业和人士的帮助下,在上海儿童医院专家的治疗下,两批需要手术的患儿在上海完成了手术,并全免了手术费用。

记得他回上海后,好多次带我一起去看望那些孩子,说:"那些孩子来了,我们去看看。"印象比较深的,一个是只有9个多月的孩子,由于患病,依然不会坐,手不会动,只能躺在床上。他的母亲看见我们,让忠民去抱孩子,平时这个孩子没有什么反应,但那天孩子可开心了,孩子的母亲也讲:"伯伯抱

2019年，王忠民与先心病患儿李强东道别

你，你就笑了。"因为这个治疗全过程都是免费的，孩子的家人特别珍惜这次治疗机会。另外有一个男孩子，9岁了，家中条件特别困难，母亲过世，父亲又是残疾人，由于患病，非常瘦小，但孩子非常喜欢学习，碰到学习上或是生活上的困难，也常会和忠民电话联系。

三年援滇，他通过发动社会力量，在迪庆、在维西，帮助建设了一批公益项目，为当地学生、为残疾家庭送上温暖，因为"改变一个孩子，就是改变整个家庭的命运"。

为"故乡振兴"不遗余力

忠民回上海休假时，一直有好多电话找他联系工作上的事，忠民一直说他有七十天的假，可是连续三年他每次最多只待上三十多天，就立刻返回云南了。2017年，我去云南探望他，但由于他工作实在是太忙，只有双休日才能在驻地陪我，待了一周后我就回上海了。他人回上海后，也一直在打云南那边的电话联系工作事宜，帮助对接上海的企业帮扶云南。比如联系了上海的中药厂使用云南提供的药苗，鼓励云南那边种植中药，由上海的企业负责收购，让云南的农民有创收的机会。

◀ 2019年，王忠民在上海医药集团对接帮扶项目

　　记得2018年是他援滇的第二年，围绕产业扶贫的战略要求，忠民组织迪庆的企业到上海开展高原农特产品的展销。当展销会办到了自己的派出单位宝山区"娘家"时，他更是换上了云南当地民族服装，和迪庆的同胞载歌载舞卖力"吆喝"。有意思的是，他的同事一开始还没认出忠民，真以为他是来自云南的少数民族。就这样，迪庆的不少土特产在宝山区获得了良好的口碑，短短的五天时间，销售额超过100万元。

　　三年来，忠民和援迪庆的小组成员一起，积极支持当地产业发展，积极协调迪庆与上海两地商品交流，推动松茸、藏香猪、尼西鸡、土蜂蜜等高原特色农产品"云品入沪"，把上海的人才、资金、信息、社会管理方面的优势逐步嫁接到迪庆的各个领域，尽力让迪庆经济社会发展更上一个台阶。当地政府也鼓励青年外出到上海工作，他积极牵线搭桥，为当地群众增加就业机会，增加收入。通过他的联系，宝山城市工业园区提供了数十个工作岗位，把他们集体安排到上海，提供工作机会，集体安排住宿、餐食，工资也比普通职工更高一点。

　　云南早已融入他的血脉，他平时开口就是"我们云南……"，看见在路边玩耍的孩子，就讲："什么时候有机会，把云南的孩子也带到上海来，让他们接触接触上海这样的大城市。我们那里的孩子可淳朴了，就是没有这边的孩子活泼、胆大。"在生活中潜移默化地把自己当成了云南人，云南的一切已经植入到生活的点滴当中。

听说大润发对面有个对外扶贫的销售点，他双休日赶过去消费购买，他不光买，还和现场的销售工作人员交谈，问是从哪个地方来的产品，是哪个部门负责的，销售额多少，买的人是否关心这些，是否对产品认可，是否会再次购买等问题。只要遇到和云南有关的事情，马上就会引起他的关注。

三年援滇，云南的人民也没有把他当成外人，而是当成自己人一样看待。特别是节假日中，当地的干部群众都会热情地邀请援滇干部一起过节，一个个少数民族节日，一个个少数民族家庭，让我们感受到了民族大团结的力量，更让忠民深深地觉得这三年的辛苦和努力是值得的，也是珍贵的。

在他心里，云南早已是自己的第二故乡，为"家乡振兴"，他可谓不遗余力。

在国家打赢脱贫攻坚战的决胜时刻，我们各自守住不同的战场，坚守着阵地，用爱经营着自己的"小家"，同时也用责任和使命捍卫着共同的"大家"。

我们是你坚强的后盾

黄绮,杨伟杰爱人,1977年12月出生,现为上海市天馨学校教师。

杨伟杰,1973年11月出生,现任宝山区农委副主任。2017年至2020年,被选为上海市第九批援疆干部,担任叶城县委农办副主任。

口述：黄　绮
采访：戴建美　王素炎　郭莹吉　吴嫣妮
整理：吴嫣妮
时间：2020 年 1 月 15 日

  2016 年 12 月，我的丈夫杨伟杰被选拔为上海市第九批援疆干部，2017 年 2 月进疆在叶城县委农办、农业农村局挂职，负责农口条线和扶贫口的援疆项目。我独自在上海的这三年，先后经历了小女儿出生、长女中考、婆婆车祸住院、父亲心脏病手术等重重困难。回想起来，那段日子真的很难很难，无助的时候，真的很想他回来帮我一把。但最终在各级组织及双方单位的关心下，在我和丈夫的共同坚持下，我们携手度过了这难忘的三年时光，迎来了杨伟杰顺利完成援疆任务归来的那一刻。

适应

  从上海到万里之外的边疆，三年一千多个日日夜夜的分别，上有老下有小……虽然我很支持他去援疆，但心里的顾虑一直没有消除。

  2016 年末，宝山区选拔第九批援疆干部，对干部的年龄、工作经验等都有很高的要求。因为杨伟杰是他们单位唯一一个符合援疆条件的，组织上来征求他的意见时，我们的大女儿正等待着要进行一次手术，我已怀胎 3 个多月，再加上我们双方父母年纪也大了，他担心自己去了新疆，这三年我一个人坚持不下来。但我们全家人都非常支持他，我告诉他"办法总比困难多"，大女儿也觉得爸爸去支援边疆是一件十分光荣的事。在我们的支持下，最后他主动报名去援疆。

一想到要分开三年，我心里还是十分不舍的。我们自从1999年结婚以来，别说三年，哪怕三个星期都没有分开过。最开始，我觉得三年简直是不可想象的。2016年12月接到通知以后，两个月的时间里，越接近他出发的日子，我就越是焦虑，有时候只是想想，眼泪就控制不住了。

当时大女儿正读初三，无论从学习生活还是从心理上都十分需要爸爸的陪伴，我也担心过孩子怎么看待这件事。她听说爸爸要去援疆，尽管是非常支持的，但毕竟要分开三年。杨伟杰正式出发那天，我们在市委党校送他，临上车前，大女儿眼含泪水，紧紧抓住爸爸的手，久久不愿松开……

杨伟杰在家的时候，家务都是我们两个人一起承担的，我负责烧饭，他负责洗碗、打扫，甚至小到铺个床单这样的事都是我们两个人一起完成的。但他去新疆以后，所有事情都必须由我一个人完成了，因为怀着孕，所以感觉特别累。有一次家里突然出现了成群的蟑螂，我和我女儿都十分害怕，特别无助。女儿说："如果爸爸在家里就好了。"往往就是在这种日常的小事里，才会感觉到身边少了一个人是多么不容易。

除了身体上的疲惫，最不习惯的就是心理上的孤独。我睡眠质量一直不太好，再加上怀孕，晚上睡得不舒服的时候多希望有个人能陪我聊聊天，安慰一下我，但都没有。夜深人静的时候，只有我独自辗转反侧，难以入眠。

和杨伟杰聊天时，他说新疆的生活条件其实并没有我们想象中那么差，但一开始很难适应当地的自然环境。新疆的气候特别干燥，他一到叶城，鼻子和眼睛就开始发炎。那里的水质也和上海不同，每次洗头洗澡都让他的皮肤特别难受。有一次，新疆刮了沙尘暴。新疆的沙尘暴被当地人称为"下土"，空气里都弥漫着尘土的味道，如果不刮风下雨就一直散不去。杨伟杰下午去下乡就开始感觉嗓子眼难受，胸闷甚至觉得气管里都有尘土。水土不服再加上他平时工作也很忙，2017年5月第一次休假回来的时候，他整个人都瘦了一圈。他自己每天看着还并不觉得，但我隔了三个月再见到他能明显地看出他的消瘦。

▶ 2019年11月28日，杨伟杰（左）进山时途经海拔3150米的阿卡孜达坂

在不断适应当地环境的时候，杨伟杰和我一样会特别寂寞，想念家人。白天因为要工作所以很充实，但一到了晚上，思乡之情就油然而生。我们基本上每天都靠视频通话互相鼓励对方，但有的时候他会和我说，明天他要下乡了，不能视频了。因为他们下乡是一大早就要到山里去，直到深更半夜才能回来，而且山里是没有信号的。

他每一次下乡，都会到偏远的地方，甚至进山，所以我都会特别担心他的安全。有一次他赶在大雪封山前最后一次去看项目，天还没亮就出发去西合休乡的帕合堡村，单程要三个多小时。他们从县城出发，开车将近两个小时到达阿卡孜达坂。阿卡孜达坂海拔有3150米，是新藏线第一个冰雪达坂，因地势险要而得名，维吾尔语里的意思是"连猴子也爬不上去的雪山"。那时候山下还一切如常，而达坂上已经完全被大雪覆盖了，车子只能挂一挡，以20码的速度慢慢前进。他们开了一辆四驱防滑越野车，但车子还是会不时打飘，经过一个急转弯的时候控制不住，在路面直接打转了180度。公路的外面就是万丈悬崖，车子里所有人都惊叫起来，还好车往内侧飘近山崖时终于停了下来。他说这是他三年来碰到的最惊险的一次，而这种大大小小的危险是一直伴随着他的。

正是在这种突如其来的危险中，杨伟杰慢慢适应了叶城的环境，坚持了下来。

新生

就在杨伟杰适应了援疆生活，工作越来越有起色的时候，我们的家庭也迎来了新的生命。我们一起在工作和生活中迎来了新生。

在他去援疆之前，我已经怀了二胎，我们的大女儿也面临中考，这就意味着照顾这两个孩子的责任都落到了我一个人的头上。

2017年5月22日早上8点，由于我是高龄产妇，距离预产期还有十几天的时候，我的羊水突然破了。一切都发生得很突然，只能打120把我送到上海第一妇幼保健院。下午2点，我被推进了产房。手术需要家属签字，当时我表妹陪着我，但医生说表妹不行，必须是直系亲属，最好是丈夫，可是他还在赶来医院的路上。最后，只能我自己签字。原以为经历过大女儿的出生，我应该不会觉得害怕了，但这次缺少了丈夫的陪伴，只能靠我一个人挺过去，我忍不住开始害怕起来。我躺在手术台上，左手挂着盐水，右手握着笔，还打着麻药。我的手因为心慌止不住地颤抖，写出来的字都是歪歪扭扭的。甚至由于当时情况太紧急了，我的麻药还没有完全起效，医生就直接开始手术，疼得我撕心裂肺地大叫。傍晚的时候，杨伟杰终于赶到了医院，虽然错过了小宝的第一声哭声，但他走进病房的那一刻，我的心才踏实下来。

小宝出生以后就没怎么见过爸爸。她和爸爸只能通过手机来交流。每天我和杨伟杰视频聊天的时候，他就透过小小的手机屏幕，一点点见证着小宝的长大。小宝还不懂事，但慢慢学会对着画面那端的人叫爸爸。小宝出生之后，杨伟杰第一次过年回家休假，回来的时候已经是半夜，小宝早就睡着了，他就在她身边安静地躺下睡觉。第二天醒来，小宝突然哇哇大哭起来，因为她发现身边多出来一个陌生人。我把她抱起来哄她说，这是你爸爸呀，你看，是爸爸回来了。听到"爸爸"两个字，她不是去看爸爸，而是想去找我的手机。我才发现原来在她的认识中，爸爸应该是在手机里的，当爸爸真的回来了，出现在她面前的时候，她却认不出。

◀ 2017年6月，杨伟杰抱着刚出生的女儿

但毕竟血浓于水，在与爸爸的短暂相处中，小宝开始变得十分依赖爸爸了。小宝一岁多的时候，杨伟杰回上海参加了农展会，到家的时候是下午3点多，小宝在房间午睡。等她睡醒后，杨伟杰走进房间对她说："小宝，爸爸回来啦！还认识爸爸吗？"没想到她一下子就认了出来，扑到爸爸怀里。他这次回来待了一个多星期，回去那天，他背上包对小宝说："爸爸要上班去了。"小宝一下子就懂了，抱着爸爸就哭了起来，一直等他走了出去，还在阳台上对着窗外爸爸的背影哭。后来我才知道，爸爸当时听到了小宝的哭声，却不敢回头。

坚持

三年一转眼就过去了，但是回想这过去的三年，靠的真是彼此的一份执着和坚持。困难的时候，我们互相打气，互相扶持，我对自己说，再苦再累再难，我都要坚持下去。他冲在前线，我必须为他守好后方，必须成为他坚强的后盾。

除了两个孩子之外，我还要兼顾所有的家务和杂事，照顾双方的父母。人的精力是有限的，最初的时候，我晚上经常睡不好，有时也会胡思乱想，甚至觉得有点儿害怕，不知这几年我要怎么熬下来。慢慢地我想通了，告诉自己安下心来过好每一天。有时候想想一个人真的很苦，但这段特殊的经历，让我和杨伟杰更加珍惜对方，更加珍惜如今美好的生活。

我们现在住的房子还没有装修好的时候，杨伟杰就去援疆了，我一个人完成了房子的装修工作。虽然很累，但是我一个人一点一点把空荡荡的房子变成了一个温馨的家。支撑我的只有一个念头：希望他从新疆回来之后能感受到这个家和家人给予他的爱。

我生完小宝以后，杨伟杰总共在家里陪了我半个月左右，就回新疆去了。虽然心里不舍，但我知道那里的工作更需要他，便强忍住眼泪，告诉他："你走吧，放心，家里有我。"这三年里，我们就是在数不清的相聚与分离中度过的。除了过年，每次他回来都是一眨眼就又离开。但是我知道，他必须要回去，因为在上海，有我们这些家人在等他回来，但在新疆叶城，还有更多扶贫项目等着他去完成。

这三年我能坚持下来，还要感谢双方单位和社会各界，以及家人给予我的照顾和支持。

那段时间我要照顾刚出生的小宝，自己也还在产后恢复，2017年6月大女儿又要中考。我的压力达到了一个峰值，根本自顾不暇。大女儿做到了她的承诺，在学业上基本不需要我去操心。我所在学校的陈志建校长得知我的困难，对我非常关心和照顾。学校破例给了我两年的假期，让我能够放心地带孩子。我休假结束开始回学校上课，学校里的领导和同事也都很照顾我，让我早上可以晚点到，有时间安顿好小宝，下班也可以早点去接大女儿放学。

我和杨伟杰双方的父母本到了安享晚年之际，那时反倒要来帮我照顾孩子、分担家务。我母亲和我婆婆每天轮流来帮忙，让我不那么辛苦。2018年3月，杨伟杰在家过完春节返疆没多久，他的母亲在来我家的路上被一辆电瓶车从人行道撞到机动车道上，造成脊椎骨折。早上8点多，新疆的天还没亮，我公公就给杨伟杰打去了电话。杨伟杰心急如焚，担心母亲，但当时他的工作任务太紧了，在新疆抽不出身，没有及时回来。他十分内疚在这种时刻不能陪在母亲身边，没有尽到为人子的责任，好在杨伟杰单位的领导得知此事后十分关心，马上派人赶到宝钢医院，帮忙安排我婆婆住院检查，几天后顺利完成了手术。两个月后，杨伟杰才利用出差的机会看望了卧病在床的老母亲。

三年里，他单位的领导也一直非常关心我们家，逢年过节都会来慰问。杨伟杰单位的同事好友会在微信上和我聊聊天，帮我疏导，告诉我要顺其自然，学会放松。

我婆婆卧床养病的一年多时间里，我就必须从早到晚24小时一个人带孩子。当时我就觉得，做母亲真是太伟大了。小宝慢慢长大，开始会笑，会说话，会走路，我可以给她讲故事，带她出去玩了，我终于恢复了过来，觉得之前所有的辛苦和坚持都是值得的。

实事

牧民告别土坯房住上了安居房，叶城的大枣和核桃源源不断被引进上海……杨伟杰援疆的三年里，传承着援疆干部扶贫帮困的宗旨，为叶城老百姓办实事。

叶城县位于中国的西北边陲，但是特别贫困，是国家扶贫开发重点县和边境县。因为它是一个农林牧结合的农业大县，所以杨伟杰负责的农业农村和扶贫口的援疆项目是援疆工作的重中之重。三年来，他累计实施了29个农口和扶贫口援疆项目，涉及2.98亿元的援疆资金。

他在那边主要是帮助他们发展农业。叶城是核桃之乡，核桃种植面积达58万亩，占了全县耕地面积的一半，是全县30万农民赖以生存的主打产业。杨伟杰帮助他们提升核桃的品质，让他们能卖出好价钱。他走遍全县各个农业生产基地，了解他们的生产情况和需求，帮助他们发展特色农业，建造农业设施，销售农产品。他经常在微信朋友圈发一些叶城农产品推介的信息，动员大家一起购买，还给他们想了一句广告语——"生活不只有眼前的苟且，还有枣和核桃"。2019年4月，宝山开了一个叶城县特色农产品展示展销中心，这其中也有他的努力。

他还帮牧民造安居房。当地的许多牧民世代住在土坯房里，他三年里进山了几十次，去过边远的西合休、棋盘、柯克亚、宗朗等深山乡，调研牧民安居

▲ 2019年8月，杨伟杰（左）和他的结亲贫困户合影

房的建设工作。就是这样一次次地跑下来，他帮助了1320户边远山区牧民告别了世代居住的土坯房，搬进了宽敞明亮的安居房。

宝山区和当地许多贫困户结对，杨伟杰也经常去慰问他们，各个贫困户他都跑遍了。2018年入秋的时候，他无意中听到以前在西合休乡工作的同事说了一句"天气冷了，山区的孩子缺少冬衣"，就立刻询问了山区乡学校，根据学校情况和人数连夜统计了需要的棉衣数量，发起了一个募集冬衣的活动，还发动我们在上海的亲戚朋友们一起捐了很多棉衣棉裤。十多天的时间里，在援疆指挥部的领导下和援友的共同努力下，募集到了225箱6000多套冬衣，赶在入冬前安排车辆把衣服送到西合休乡的学校和其他的贫困学生手上。

2019年暑假的时候，我带着两个女儿第一次踏上了新疆的土地，一家四口迎来了短暂的团聚。真正到了那里才发现，叶城的环境比我们想象当中要好，多年来一批又一批的援疆干部在这里做出了实绩。当地的生活节奏要比上海慢不少，风土人情也和这里不一样。维吾尔族同胞都非常热情好客，比如说请你去聚餐吃个饭，你坐到桌上之后会发现有很多不认识的人，但都能很开心地聚在一起。有一次我们被邀请到一户人家中去做客，他们从前一天晚上就开始准备，做了满满一桌子最具有新疆特色的菜给我们品尝。那里的民风十分淳朴。我们利用暑假在新疆待了一个多月，偶尔的外出是去参观当地特色的核桃园，那都是他们三年来的工作成果，包括看到那些安居房整整齐齐地排列在那里的时候，也会觉得我们这段时间遇到的所有困难、坎坷都是值得的。

2019年10月的时候，杨伟杰回来休最后一次假，给我们带了两箱石榴。石榴也是叶城的特产。他说有一天在石榴园接待客人，看到4个村里的老乡在收石榴，50来岁的样子，两个用剪刀剪石榴，两个抬着筐，一边收一边哼着歌。尽管他听不懂她们哼的是什么意思，旋律也不熟悉，像是在歌唱收获，又像是在歌唱生活，但歌声中透露出对美好生活的无限赞美。

杨伟杰帮我们剥石榴，石榴都特别甜，小宝一抓一大把塞得嘴里满满的，生怕我们要跟她抢。这些石榴的甜，不仅仅是新疆的水土栽种出来的，也是新疆质朴的农民和辛勤的援疆干部共同培育出来的。

回家

"爸爸回来了。"今年1月，杨伟杰完成援疆任务，回到了上海。在他踏进家门的那一刻，小宝兴奋地跑上去，高兴地叫着"爸爸，爸爸"，这个温馨的场面我至今难忘。看着父女俩抱在一起笑得那么开心，我觉得这三年的付出都值得了。

他在新疆的时候，我除了担心自己忙不过来，更担心他能不能习惯那里的生活，他的安全，工作累不累，最大的愿望就是希望他平平安安地回来。三年间，他在新疆和上海之间频繁地往返，每次坐飞机，我和女儿都会特别担心，让他起落都要发消息、报平安。今年1月，历时三年的援疆工作终于画上了圆满的句号，区委组织部领导及各单位的领导一起去机场迎接援疆干部返沪，我们家属则在家中等待着他们回来。我最后一次收到他在虹桥机场安稳降落的消息的那一刻，这三年间一直悬着的心才终于彻底地放下来了。

小宝也知道爸爸今天要回来了，而且这次回来以后再也不走了。虽然他们真正待在一起的时间并不多，但她期盼爸爸回来的心情一点儿都不亚于我们。

她早早地就一直在门口等着,终于等到了爸爸单位的张主任把爸爸送了回来。杨伟杰要把张主任送出门,刚刚踏出家里一步,小宝看到了就大哭了起来,以为爸爸刚刚回来又要走了。我们就抱着她,安慰她说:"爸爸回家了,爸爸再也不走了。"

经过三年的分别,如今,我们一家人终于团聚了,生活又恢复了往日的平静。看着懂事的大女儿、乖巧的小女儿,生活如此美好。我想,正是有了无数人的付出,才有了我们今天和平幸福的生活。因此,我们要倍加珍惜。

感谢党的英明决策
感受宝叶一家亲情

吴宏杰，男，1964年8月生。2016年12月至2018年1月，任新疆维吾尔自治区人大常委会办公厅调研室主任（副厅级）。2018年1月至今，任自治区人大办公厅调研室主任、自治区人大机关驻叶城县依提木孔乡库木艾日克村第一书记、依提木孔乡人大派驻第一书记总领队。

口述：吴宏杰　沈丽丽　阿瓦买买提　布艾则孜·艾买提
采访：戴建美　朱佳景
整理：戴建美
时间：2020 年 5 月 14 日

叶城县依提木孔乡位于叶城县城西南，下辖 29 个行政村，总面积 101.5 平方公里，耕地面积 5.2 万亩。依提木孔乡库木艾日克（14）村辖 5 个村民小组，总人口 538 户 2318 人，全村建档立卡贫困户 257 户、1185 人。2018 年初，有未脱贫人口 80 户 298 人，贫困发生率为 12.9%。经过一年的努力，2018 年 12 月，经自治区组织的第三方验收，80 户未脱贫人口中 62 户 262 人已超过现行的脱贫标准，贫困发生率降至 1.6%。2020 年剩余的 17 户贫困户（一户一人死亡），也将全部脱贫。

切身体会中国特色脱贫攻坚制度体系的强大优势

2020 年 3 月 6 日，习近平总书记在决战决胜脱贫攻坚座谈会上，向全党全国全社会发出了向绝对贫困发起最后总攻的动员令，强调"到 2020 年现行标准下的农村贫困人口全部脱贫，是党中央向全国人民作出的郑重承诺，必须如期实现，没有任何退路和弹性"。

党的十八大以来，党中央从全面建成小康要求出发，把扶贫开发工作纳入"五位一体"总体布局和"四个全面"战略布局，作为实现第一个百年奋斗目标的重点任务，全面打响脱贫攻坚战。中央加强对脱贫攻坚工作的全面领导，建立各负其责、各司其职的责任体系，精准识别、精准脱贫的工作体系，上下联动、统一协调的政策体系，保障资金、强化人力的投入体系，因地制宜、因村因户因人施策的帮扶体系，广泛参与、合力攻坚的社会动员体系，多渠道全方位的监督体系和最严格的考核评估体系，为脱贫攻坚提供了有力的制度保障。

依提木孔乡库木艾日克（14）村，作为最基层的一线代表，鲜活地体现了新疆喀什地区叶城县脱贫攻坚的生动实践。新疆维吾尔自治区各级党组织坚决扛起脱贫攻坚政治责任，坚持自治区负总责、地县抓落实、乡村抓落地的工作机制，五级书记一起抓。脱贫攻坚实施"五个一"包联，即每个贫困村有一个部门单位结对帮扶、一个援疆省市帮扶共建、一名县级领导定点联系、一名第一书记驻村领导、一个"访惠聚"工作队驻村工作，实现所有贫困村包联帮扶全覆盖。依提木孔乡库木艾日克村由叶城县委办结对帮扶，由上海市宝山区帮扶共建，叶城县委办公室派出 8 名干部组成"访惠聚"工作队长驻库木艾日克村。

一是强化党组织的战斗堡垒作用，为脱贫攻坚奠定组织基础。

我和叶城县委办"访惠聚"工作队驻村后，首先就是优化村"两委"班子结构。2018 年吸收二名思想好、年纪轻、会普通话、懂电脑的后备干部进入村"两委"班子后，"两委"班子的工作很快有了新的起色。2019 年又调整了两名年轻人进入"两委"班子，两年多来，已有两名全日制大学本科毕业生、一名大专生、一名中专生回村工作。我们坚持把政治建设摆在首位。认真组织学习党的十九大精神，统一思想认识、提高政治站位，带领村党总支响亮地喊出了"要把脱贫攻坚当事业来做"的口号。指导村党支部在完善 5 个村民小组党小组的基础上，在新建成的生产园区成立了第六党小组，团结带领在生产园区就业的村民遵纪守法、努力工作、勤劳致富。设立"社会稳定、宗教管理岗，脱贫攻坚岗，妇女工作、共青团工作岗，生产园区岗，发展党员、三老人员关爱工作岗和重大事项监督岗"六大类岗位，发挥无职农民党员作用。同时坚持在脱贫攻坚中培养积极分子、发展新党员。坚持把发现培养入党积极分子、发展新党员的重点放在创业、就业标兵中。通过广泛发动，致富带头人、铁艺公司经理阿不拉递交了入党申请书。两年来新发展的 15 名党员中，稳定就业创业和工厂领班就有 11 人。

二是"访民情、惠民生、聚民心"，全力推进脱贫攻坚。

2018 年初，驻村工作队和村"两委"干部通过一户一户的入户调查，以"解剖麻雀"方式，摸清了全村整体存在的五大致贫原因：人多地少（人均耕地 1.14 亩）、林果种植品种单一、农业产业化程度低、贫困户内生动力不足、贫困户缺少就业技能。在找准致贫原因的基础上，结合本村实际，明确了"四个一批"脱贫路径，即发展生产脱贫一批、转移就业脱贫一批、土地清理再分配受益一批、政策兜底一批。

大力发展农业生产。加快老果园改造步伐，将 65 亩老果园改造为拱棚蔬菜生产基地；对 35 座温室大棚和 176 个拱棚种植户加强种植技术服务指导，提质增效。多次邀请自治区林科院专家进行指导，对全村 2100 亩核桃种植提供技术支持，生产效益明显。

全力做好创业就业。全村共有劳动力 1184 人（其中建档立卡贫困户劳动力 538 人），已就业 1016 人（其中一产就业 132 人，二产三产就业 497 人，自主创业 287 人，公益岗位就业 90 人；538 个贫困户劳动力已就业 521 人）。

狠抓非农产业促就业。2018 年成立的核桃粗加工厂提供了 60 个以上的就业岗位，为全村及周边村的核桃加工提供支撑并成为全县核桃产业的重要一环，工人工资在 1500 元左右；2019 年成立新疆西域鸿源玩具制衣有限公司，产品远销日本、韩国、欧洲和我国香港特区，提供了 280 个就业岗位，工人工资达 800 元—2500 元；2019 年成立的新疆铭冠生物颗粒燃料公司，提供了 40 个左右的就业岗位，工人工资在 3000 元以上。2019 年 3 月成立的铁龙铁艺公司全年产值达 150 多万元，利润超过 30 万元，提供就业岗位 30 个，工人工资 3000 元左右，今年产值达 300 多万元；2018 年建设的自产自销农贸市场有 50 多人就业；玉成农民专业合作社集打馕、鸽子养殖、蔬菜生产和销售于一体，有 10 人就业。库木艾日克村生产园区提供了 450 多个就业岗位。

认真做好政策扶贫工作。摸清底数做好低保、五保、健康医疗、教育扶贫等工作。做好社会保障兜底工作。用好土地清理再分配政策，发挥其资金在就业引导、教育医疗等方面的积极作用。

三是扶贫先扶志、扶智，"宝叶一家"聚民心。

贫困群众既是脱贫攻坚的对象，更是脱贫致富的主体。只有加强扶贫与扶志（智）相结合，激发贫困群众积极性和主动性，激励和引导他们靠自己的努力改变命运，才能使脱贫具有可持续的内生动力。我们通过各种宣传方式，引导群众懂得教育和知识的重要性，强调知识改变命运、促进脱贫。在周一"三结合"活动、夜校和村民大会上宣传脱贫致富个人，通过典型引路，激发群众脱贫的积极性和主动性。2020年1月，库木艾日克村党总支组织全村分小组进行多场讨论，让富裕户讲自己的致富经，让贫困户讲自己的短板在哪里，进一步解放思想，共同致富。2018年7月，党总支筹集资金8万多元，成立了库木艾日克村教育资助资金，对本村当年考上大学的学生进行奖励，对在校的大中专贫困学生进行帮扶，以教育促脱贫，当年发放奖励资金和帮扶资金3.1万元、29名学生受益，2019年发放资金4.1万元，27名学生受益。

库木艾日克村由上海市宝山区帮扶共建，是上海援疆叶城分指挥部的结亲村，上海宝山的援疆干部与本村的35户村民结对帮扶。两年多来，上海援疆干部对村民倾注拳拳爱心，"一对一"结对帮扶贫困户，以深入细致的工作对深度贫困村进行帮助。2018年，上海援疆叶城分指拨款40万元，给全村300户有中小学生的家庭购买写字台和椅子，为孩子们创造良好的学习条件，实现读书郎从"上炕"到"上桌"的转变；为农民夜校购买150张桌子、300条凳子，改善夜校设施，使农民劳作之余在夜校能"坐着上课"；为村委会铺设水泥地坪，改变了村委会门口原先"晴天一片土，雨天一地泥，风过漫天沙"的旧貌，美化了村委会环境。2018年，上海援疆叶城分指建设了1200平方米的厂房，为西域鸿源玩具制衣有限公司落户本村创造了条件。2019年，又为生产园区建设了两层共300平方米的生活楼，为内地来本村卫星工厂的管理人员和技术人员提供了极大便利。两年多来，上海宝山的援疆干部，在春节、古尔邦节、国庆节等节假日，都要带着米、面、油来库木艾日克村看望慰问结亲户，开展义诊、民族团结一家亲等活动，在说说、唱唱、跳跳中增进感情，鼓励结亲户学知识、学文化、学技术，好好就业，发家致富。目前，结对的35户都已脱贫。

在上海市宝山区连续四批援疆干部的手拉手帮助下，在"访惠聚"工作队的帮扶下，库木艾日克村现在已经整体脱贫。脱贫后的村民们感谢党的脱贫攻坚好政策，也感谢对口支援省市援疆干部的倾情付出。今年面对突如其来的新冠肺炎疫情，在做好防控和脱贫两项工作的同时，库木艾日克村的驻村工作队员、村干部、党员和种养大户、个体工商户还自愿为湖北地区捐款50900元。捐款数额虽然不大，却表达了深度贫困村村民对灾区同胞的关心，彰显了深度贫困村村民的深厚情怀。

上海援疆干部是我们脱贫攻坚的智力导师和实力战友

我叫沈丽丽，今年35岁，目前是新疆喀什地区叶城县扶贫办副主任。我2014年大学毕业后进入叶城县扶贫办工作，做过财务会计，现在分管扶贫项目。我主要是会同有关部门对财政扶贫资金、涉农整合资金、扶贫债券资金的投向和分配统筹进行计划建议，包括项目库建设、项目计划编制下达、项目实施监督检查、项目验收等，同时还要协调各单位、各乡镇（区），督促项目实施、资金拨付，配合审计等工作。在具体工作中，我与宝山援疆干部的联系主要还是体现在扶贫项目方面。每一批上海宝山的援疆干部来叶城后，我会在第一时间将叶城县的实际情况和上海援疆叶城分指的同志进行全面深入的沟通，对接援疆资金用于扶贫的项目，确保援疆项目资金发挥最大作用。

宝山援疆干部离开自己的亲人，来到祖国的边疆，来到叶城县支援脱贫攻坚工作，不仅仅是贯彻执行党中央的决策部署，更体现了他们无私奉献的精神和对边疆高尚的情怀。作为叶城本地的扶贫干部，在与宝山援疆干部的深入接触中，我深深体会到他们在工作中的认真务实，他们做事干净利落，绝不拖泥带水，有担当精神，看待问题具有前瞻性，对项目规划有很强的专业性和科学性。我由衷地佩服和感谢宝山的援疆干部！

我的项目管理导师：杨伟杰。 记得2017年，当时有一笔900万元的上海援疆资金，为叶城县贫困村建设6个农民专业合作社项目。我那时主要负责扶

◀ 沈丽丽，35岁，新疆喀什地区叶城县扶贫办副主任。2020年5月14日，在县扶贫办接受采访

贫办的财务工作，还未接触扶贫项目，对新业务完全没有头绪，除了了解一些基本的概念之外，对更深入的具体工作知之甚少。当时这个项目的负责领导是上海援疆叶城分指挥部的杨伟杰主任。因为不懂，我经常去杨主任那里请教，从项目的立项审批、红线、蓝线、设计、地勘、环评、施工等一系列工作，每个环节总会去杨主任那里好几次，通好些电话，有的时候他解决不了，就帮我找能够解决的人，一个节点一个节点地打通，一个关卡一个关卡地攻破，带着我们去项目建设地点，去选址、看点，确保项目落到实处，让项目发挥效益，让老百姓真正受益。后来，2018年编制美丽乡镇建设项目、电力入户项目、广播电视项目，2019年林果提质增效工程项目、特色种植项目、设施农业项目和庭院经济建设项目等，都少不了杨主任的指导，直到现在自己可以独立完成项目编制、组织实施工作。我觉得自己从扶贫项目管理的"小白"到能够独当一面，继而成长为分管扶贫项目的副主任，全靠宝山援疆干部的"传帮带"，我要向我的"智力导师"杨主任深深地道谢！

我们的脱贫攻坚实力战友：宝山援疆干部。我从2018年参与扶贫项目管理工作以来，先后经历了美丽乡村建设项目、电力入户项目、广播电视入户项目、山区乡镇和贫困村整村推进设计规划项目、叶城县农产品销售"双线九进"和沪喀品牌推广项目、林果提质增效工程项目、特色种植项目、设施农业项目和庭院经济建设项目等,涵盖了基础设施、民生工程、产业发展、农业、林业、畜牧、医疗卫生、人才培训等多个领域,涉及援疆资金近3.3亿元。宝山援疆干部在工作中,踏实肯干、作风过硬,他们都愿意俯下身、沉下去,创造性地开展扶贫攻坚工作,效率高、成效好。叶城县是国家级贫困县,贫困程度深,基础设施建设相对滞后,是扶贫攻坚的"硬骨头"和"攻坚区"。宝山援疆干部始终立足叶城的发展,以项目为抓手,以群众所需为标准,以可持续发展为目标,克服困难、量力而行、尽力而为,把有限的资金用在最有价值的事情上,真正为叶城县的发展出谋划策。有时我会有一种感觉,他们不是来援疆的,而是以扎根边疆的决心做好援疆工作。很多援疆干部都是只身一人来到叶城,从风景优美、现代国际的大上海来到大漠边缘、经济较为落后的叶城,与我们本地干部群众同呼吸、共命运、心连心,以饱满的工作热情和无私的奉献精神,努力克服语言、生活、环境等诸多困难问题,主动深入到乡镇、村,了解情况,找准切入点,为群众办实事办好事,加大叶城与上海各方企业的合作,将叶城特色产品推出新疆,走向内地。在这里工作的每一个宝山援疆干部,都付出了辛勤的汗水,播撒了赤诚的深情,他们是我们脱贫攻坚战斗中的实力战友。他们对叶城的深厚感情,对扶贫攻坚的坚定信心和坚忍不拔的工作作风,都值得我一辈子学习。

党的好政策,让我们勤劳致富、光荣脱贫

我是户主阿瓦买买提,今年64岁。我们家有5口人,我、儿子和媳妇,还有两个孙子。我们家是2018年12月1日脱贫的。你看这张"脱贫光荣证"上写得很清楚:"在党和政府关怀扶持、社会各界的无私帮助、你全家积极努力下,2018年你户人均收入超过3318元,达到了'两不愁三保障'国家扶贫标准,经申请、民主评议和'两公示一告知',已经实现了稳定脱贫。"

蔬菜产业是叶城县农民增收致富的主导产业,我们家能够稳定脱贫主要是靠党的好政策,通过温室大棚种蔬菜。我儿子初中毕业开始种地,种菜技术还可以,起初由于担心损失,我们不敢掏钱买苗,现在政府免费供苗,种菜的积

阿瓦买买提，女，64岁（图中右二）。2020年5月14日，阿瓦买买提一家在叶城县依提木孔乡库木艾日克村1组家中庭院，接受上海市宝山区史志办主任戴建美（左二）采访

极性一下子高了起来。我们家现在自己有4个大棚，还承包了村里的13个大棚。我们7个大棚种辣椒，4个大棚种黄瓜，2个大棚种莲花白（卷心菜），2个大棚种韭菜，2个大棚种香菜。我儿子和媳妇都很勤劳，夫妻俩基本上都在大棚里忙碌，农忙时节忙不过来的时候，村里的"访聚惠"工作队的同志和上海的援疆干部也会一起帮忙。政府除了免费供苗，还帮我们培训种菜技术。去年我儿子由村里派到隔壁莎车县培训学习了8天。回来后，我儿子又把种菜技术教给村里其他农户。现在我儿子是村里数一数二的大棚蔬菜种植能手。去年我们全家种菜收入就有6万元。以前我们种出来的菜除了卖给蔬菜合作社，一部分菜还需自己找市场，而今年，合作社扩大收购，这样我们17个大棚的蔬菜更不愁卖了。听说去年全县种植蔬菜8万亩，今年新增了4万亩，农民种菜的积极性很高。蔬菜种植短平快，只要吃苦耐劳，大家都能脱贫致富。

现在我们一家已经稳定脱贫，过上了好日子，这些都靠党和政府的好政策。在脱贫的过程中，自治区、叶城县的国家干部和上海的援疆干部给了我们巨大的帮助。我们家是上海援疆叶城县分指挥部的结亲户。去年我的儿媳突发重病去世，看病的时候花了许多钱，上海宝山的援疆干部多方联系医院，还为我们家捐了钱。虽然我儿媳最后因为病情恶化走了，但是援疆干部对我们家的

▶ 2019年11月5日，阿瓦买买提一家代表依提木孔乡库木艾日克村结亲户，向上海援疆叶城县分指挥部赠送锦旗

无私捐助和深厚关爱，我们全家人永远铭记。现在我们家又有了新成员，新儿媳和儿媳带来的新孙子，五口之家其乐融融。

援疆干部帮我们富民安居

我叫布艾则孜·艾买提，今年25岁。我老公阿布都热西提，今年30岁。我是从棋盘乡嫁到依提木孔乡的，刚嫁过来时库木艾日克村全村都是黄土飞扬的破泥房。我们原先的老房子就是一间黄土垒成的平房，一下雨房子就漏水，屋外下大雨，屋内下小雨。天晴一刮风，地上卷起老高老高的尘土，屋里的炕上都是厚厚的一层土。那时候想："什么时候能住上不漏雨、不刮土的房子就好了，到时候我把房间收拾得干干净净，那该有多美。"

上海援疆帮助了我，"富民安居"工程圆了我们的安居梦。脱贫攻坚"两不愁三保障"中，住房是关键。为解决这一问题，上海市加快推进安居房建设。围绕住房有保障，从2017年开始，援疆资金补助建档立卡贫困户新建安居富民房标准由原来的每户1万元提高至每户2万元。我们现在的房子是2017年盖的安居房，85平方米的房子有两室一厅，还有卫生间。我们以前哪里敢想独立的卫生间，都是和牛、羊混杂在一起的地方。你看我们现在的房

感谢党的英明决策　感受宝叶一家亲情

◀ 布艾则孜·艾买提，女，25岁（图中左一）。2020年5月14日，布艾则孜·艾买提一家在叶城县依提木孔乡库木艾日克村3组家门口，接受上海市宝山区史志办主任戴建美（右一）采访

子，宽敞、明亮、干净，客厅有沙发，以前都是一家人挤在炕上，什么事情都在炕上做。现在我们和婆婆各有各的房间，大家和睦相处。而且政府还实施了煤改电取暖工程，既干净又安全。您问我们的房子花了多少钱？说出来您可能不相信，85平方米的房子我们只花了1.6万元！我们盖房子，加装修和买家具，总共需要6万元，除了上海援疆资金的2万元补助，还有自治区政府资金给我们补贴了2.4万元。我们自己花这么点钱，能住上这么好的房子，我们真是做梦也没想到。

"牛羊育肥"是我们夫妻俩的主要收入。"育肥"就是把小牛犊和小羊羔买回来，把它们饲养长大，然后再卖出去。我们现在有12头牛和50只羊，牛圈、羊圈的顶棚上我们还饲养了100羽鸽子。村民组长说我们这是"立体化养殖"。我们养的牛、羊、鸽子和土鸡，按照"四良一规范"标准，买的是良种，盖了良舍，用的是上好的良料，按照上海宝山援疆干部教的良法饲养，同时规范防疫，所以销路很好。我们一年通过"育肥"，除去吃用开销，银行存款就有3.5万元。如果说盖新房，我们一年的收入就可以盖两套。我上过高中，所以能说普通话。我老公的文化水平还要提高，晚上我俩到村委会的农民夜校补文化课。听说夜校的课桌和椅子都是上海援疆资金购买的，我们打心眼里感

叶城县依提木孔乡库木艾日克村3组，布艾则孜·艾买提家中育肥棚。棚顶饲养鸽子，棚下为牛羊育肥养殖

激上海援疆干部。我们现在有一个5岁的女儿，已经申请准生证，准备再生个娃。

党的扶贫帮困政策这么好，我们打算好好挣钱，好好教育孩子，好好孝敬父母。生男生女都一样，要懂感恩、学文化、能吃苦，我们相信在党的领导下，我们的明天会更好。

脱贫攻坚中的"宝山力量"

——曲靖扶贫干部谈扶贫

李旺兴,男,1981年12月出生。2018年4月开始任云南省曲靖市富源县扶贫办副主任。

刘飞,男,1982年1月出生。2019年1月开始任云南省曲靖市罗平县扶贫办规划资金管理科科长。

张薇，女，1984年12月出生。2019年6月开始任云南省曲靖市宣威市海岱镇党委副书记。

唐鹏，男，1977年8月出生。2019年8月开始任云南省曲靖市会泽县大井镇党委副书记、综治办主任、党委政法委员。

尹奉华，男，1986年5月出生。2016年12月开始任云南省曲靖市师宗县竹基镇党委委员、副镇长。

口述：李旺兴　刘　飞　张　薇　唐　鹏　尹奉华
采访：王素炎　郭莹吉　金　毅　吴嫣妮
整理：金　毅
时间：2020 年 6 月

云南省曲靖市位于云南省东部，处珠江源头，云南、贵州、广西三省交界处，地域面积 2.89 万平方公里，占云南省面积的 13.63%，素有"滇黔锁钥""云南咽喉"之称。2015 年以来，全市有 73.3 万贫困人口脱贫，罗平县、富源县、师宗县、宣威市顺利脱贫摘帽，贫困发生率从 16.73% 下降到 1.89%。

按照党中央、国务院及沪滇两省市东西部扶贫协作部署要求，上海市宝山区自 2017 年结对帮扶曲靖市会泽县、宣威市、富源县、师宗县、罗平县以来，在各方面真情投入、真心帮扶，为曲靖市如期打赢脱贫攻坚战作出了重要贡献。

"看得见的变化"与"看不见的财富"

我叫李旺兴，现任曲靖市富源县人民政府扶贫办副主任，分管沪滇扶贫协作工作。2017 年，在云南省委、省政府和上海市委、市政府的亲切关怀下，富源县被列为沪滇扶贫协作帮扶县，与上海市宝山区结对。

首先说"看得见的变化"，那些给老百姓留下影响，使他们得到实惠的事情。2017 年以来，我们紧紧围绕精准扶贫、精准脱贫基本方略，将沪滇帮扶项目落到贫困村、帮扶到贫困户，共投入沪滇扶贫协作项目资金 11855 万元，共实施了 53 个项目，其中 2017 年投入帮扶资金 1150 万元，2018 年投入帮扶资金 2470 万元，2019 年投入帮扶资金 3795 万元，2020 年投入帮扶资金 4440 万元。一是产业扶贫成效显著。投入帮扶资金 6775 万元，实施产业项目 38 个，发展了黄桃、软籽石榴、猕猴桃、温室养殖小区等规模化长效产业，同时还发展山药、辣椒、萝卜等见效快的短期产业，长短结合，确保贫困户长期稳定增收。二是人居环境旧貌换新颜。投入帮扶资金 3295 万元，实施农村建设项目 12 个。通过硬化村内道路，购买垃圾箱，安装路灯，收集处理污水，彻底改变了贫困村人居环境。三是劳务协作扶贫扶志。投入帮扶资金 1785 万元，实施项目 10 个。实行外出务工及扶贫车间奖补，解决了贫困群众务工增收难题。连续两年开发 1000 个农村公益岗位，贫困户一方面参与了村庄环境管理，一方面又增加了收入，既杜绝扶贫养懒汉，又建立了人居环境巩固提升的长效机制。四是携手共建奔小康。两地实施携手奔小康行动，宝山区张庙街道与富源后所镇结成对子实施携手奔小康项目，淞南镇 16 家企业与全县 36 个深度贫困村进行结对帮扶，累计捐赠帮扶资金 657.8 万元。沪滇扶贫项目实施以来，2017 年惠及了全县建档立卡贫困户 2626 户 10967 人，2018 年 4450 户 19583 人，2019 年 6375 户 27516 人，2020 年 5112 户 21423 人，沪滇扶贫协作工作受到全县广大干部职工、受益群众的一致好评和高度肯定。

再说说"看不见的财富"，即宝山援滇干部给我们留下的理念、精神、作风。沪滇扶贫协作工作开展以来，通过我们的共同努力，项目的安排、实施、管理越来越规范、越来越完善，部门、乡镇的协调与配合越来越顺畅，工作进度、工作效率、工作质量都有了大幅度提高，这些成绩的取得与宝山干部埋头苦干的工作作风、严谨细致的工作方法和开拓创新的工作理念是密不可分的。特别是县委常委、副县长张坚同志到富源挂职后，全身心投入到全县脱贫攻坚工作中。他在我们一个深度贫困镇兼任脱贫攻坚副指挥长，同时还挂钩帮扶 5 户贫困户，与当地干部群众一起扑下身子苦干实干。每当有重大脱贫攻坚任务的时候，他和其他县级分管领导一样，永远是冲锋在前，靠前指挥，靠前作战，任劳任怨。他的这种牵头研究、带头落实、关心贫困群众的工作作风以及脚踏实地、真心实意付出的精神，让我们深受感动，倍感温暖。

▲ 张坚副县长（右二）在十八连山镇自然能提水项目取水点调研

今年，我们实施了一个自然能提水项目，因为工程选址条件要求十分高，既要有稳定的水源，又要具备一定的落差，为了科学论证项目的可操作性，张副县长亲自带领设计方及相关部门人员跋山涉水，到水源点（一个山洞）了解情况，现场解决项目前期工作中遇到的困难和问题。来回十多公里的山路，走了5个多小时，晚上9点才回到镇上，连当地干部都不知道那个地方有水源。为了全县首次采用这种技术实施的项目能够快速落地，长久发挥效益，为确保万无一失，他多方协调，项目进展非常迅速，他的这种精神、这种工作方法是值得我们好好学习和借鉴的。

"无论是'看得见的变化'还是'看不见的财富'，援滇干部做了那么多实事，已经深深扎根到了当地干部和老百姓的心里面。富源县2018年申请贫困县摘帽，2019年在省级考核检查和国家抽查工作中，错退率、漏评率为零，群众满意度达95%以上，全县实现了高质量脱贫摘帽。这一成绩的取得与上海宝山近年来对富源各方面的支援密不可分。"

依托党的好政策 脱贫攻坚成效大

我叫刘飞，现任曲靖市罗平县扶贫办规划资金管理科科长（沪滇办负责

◀ 扶贫干部刘飞（左）到鲁布革乡六鲁村委会走访建档立卡贫困户

人），协助做好沪滇项目的规划编制、组织实施、资金监管等工作。

自脱贫攻坚以来，党中央出台了一系列好政策为脱贫攻坚提供原动力，在这些政策的引领下，在上海市委、市政府和宝山区的帮助下，罗平县全力以赴打赢脱贫攻坚战，于2018年全省首批、全市率先实现脱贫摘帽。

说实话，在没有接触援滇干部之前，我心中上海人的形象完全来自影视作品，但他们来了之后完全打破了我原来的认知。脱贫攻坚工作，对于宝山的援滇干部来说，是全新的挑战，面对新的工作领域、工作内容和工作环境，他们没有退缩，而是坚持发扬优良传统，主动作为，真正成为沪滇交流合作、宝山—曲靖协作对接的桥梁和纽带。

2018年1月，援滇干部黄栋到罗平挂职，担任罗平扶贫办副主任。当时正值罗平县贫困县摘帽迎接省级核查阶段，为认真做好前期各项迎检准备工作，他白天与扶贫办同志一起到各乡镇（街道）开展贫困户信息核对、档案资料整理等工作，短时间内走遍13个乡镇（街道）154个行政村，深入贫困村，走访贫困户，了解他们的生产生活情况、住房情况、出行条件和脱贫计划，晚上回来认真学习省、市、县出台的各项脱贫攻坚政策，迅速了解罗平县经济社会发展情况及扶贫脱贫工作进展情况。在接下来的具体工作中，他积

2018年8月28日，宝山区总工会到罗平开展"认养一窝蜂"认购活动

极协调宝山区总工会与罗平县总工会开展"认养一窝蜂，甜蜜两家人""一窝蜂"精准扶贫行动，发动宝山各级工会组织和机关企事业单位广泛开展认养"一窝蜂"活动，共计133个"一窝蜂"被认养完成，合计40余万元。"认养一窝蜂，甜蜜两家人"CSA认养活动也得到宝山社会各界的广泛认可和积极参与。

结合教育精准扶贫政策，黄栋积极搭建桥梁和平台，协调宝山区总工会与罗平县总工会开展"百名贫困学生结对助学"精准扶贫行动。按国家现行资助政策对高中阶段学生进行帮扶资助，即按助学金、生活费补助、免学费三项内容共计每生每年5500元的标准进行帮扶资助，直至高中毕业。大学阶段学生按大学一本每生每年资助5000元，大学二本每生每年资助4000元，专科学校每生每年资助3000元的标准进行资助，直至大学毕业。在我们罗平有100名贫困学生得到资助，年资助额46万元。

另一位来自宝山的援滇干部是我们现在的县委常委、副县长严春敏。他是复旦毕业的高才生，但平时没有一点儿架子，不管是在工作中还是在生活中我们都是以朋友相待。他工作非常细致，作为一名副县长，他对我们每本台账缺哪些东西、哪些工作没有做好、哪项宣传还不到位都了如指掌。水平高、心

▲ 2019年6月4日，宝山区庙行镇到罗平开展"携手奔小康"消费扶贫认购活动

细、作风实，是我们对他的一致评价。

这几年，我们罗平的项目推进得非常快，可以说在市里始终保持第一、第二，这与严副县长狠抓项目推进是分不开的。今年我们市里给了我们10个项目，再加上劳务协作项目一共11个，共计3770万元，每个项目都能看到他的身影。他经常对我们说："项目推不推得动，我一看就知道。"一旦发现问题，他就带着我们马上找原因并和县里各部门协调，有些涉及国土、环保的问题就直接找分管副县长对接，很多项目就是这样被他"赶出来"的。

此外，他开阔的眼界也给我们罗平带来了新的机遇。结合罗平旅游优势资源，严副县长将"消费扶贫"和"旅游扶贫"完美结合起来，提出"旅游消费扶贫"概念。在他的强力推动下，制定出台了上海市民到罗平旅游的优惠政策，即上海户籍游客景点门票半价、宝山户籍游客景点门票免费政策。同时在上海组织开展了两次宣传罗平自然风光、民族风情、历史文化等旅游资源的推介会。2019年到罗平旅游的上海游客大幅增加，有力拉动了罗平旅游消费扶贫。

"依托党的好政策，宝山对口支援工作及援滇干部，按照习近平总书记扶贫开发战略思想和中央、省、市坚决打赢脱贫攻坚战的决策部署，不仅仅是人力、项目和资金上的帮扶，也带来了先进的思路和发展理念，更主要的是倾注了对贫困地区贫困户浓浓的关爱之情。"

用心用情真扶贫、谋发展

我叫张薇，现任曲靖市宣威市海岱镇党委副书记，分管党务党建、政法维稳、脱贫攻坚等工作。自参加工作以来，一直在海岱镇工作，并长期奋战在基层一线。

2018年，在上海市宝山区的大力支持和关心下，总投资1.52亿元的宣威市沪滇扶贫协作项目——海岱刺梨加工厂一期项目（投资6300万元）克服重重困难在海岱镇大栗树村建成投产。项目的建成走出了一条"产业跟着组织走、群众跟着合作社走、合作社跟着龙头企业走、企业跟着市场走"的路子，带动了全镇刺梨种植产业的发展，现在刺梨种植产业已成为海岱的主导产业，产业规模初步形成，群众收益初见成效。这些成绩的取得离不开各方的共同努力，其中宣威市委常委、副市长陈勇起了至关重要的作用。

亲力亲为，项目落地见效。陈副市长不忘初心，心系群众。在项目论证阶段，他非常注重带贫效应。项目的实施是否可以真正地带动当地群众增收？增收多少？这些都是他最关心的问题。不仅如此，他还亲力亲为，带领我们到基层单位一个一个地跑，到乡村挨家挨户地调研，可以说是不放过任何一个细节。充分调研后，项目的建设过程也是高标准、严要求，他全程参与、全程督促、全程把关。截至目前，建成后的刺梨加工厂项目已带动全镇种植刺梨2.1万亩，带动8894户13442人（其中建档立卡1327户4483人）户均增收4000元；同时还为安置点贫困户创造了50个公益性岗位，人均增收6000元，带贫成效明显。

工作严谨，目标如期实现。陈副市长时间观念强，工作效率高。之前我们在工作推进过程中有时会因为各种原因不能完全按计划推进，他来了之后这种情况彻底改变了。对待每项工作，他都要求必须严格按照时间节点和工作计划来执行，晚一点儿都不行。当时刺梨项目在签订合同时有一个棘手的问题急需协调解决，陈副市长直接统筹协调宣威市的审计、财政、水利、住

◀ 海岱刺梨种植基地

建、国土等单位到海岱集中现场办公，开了整整一天的会，连法律顾问也来了，最后当天就把合同定下来了。这些细节一直影响着我们，意义是深远的。

高瞻远瞩，产品特色彰显。陈副市长思路开阔，理念创新。之前我们一直把海岱镇刺梨产品叫"金果"，但纵观市场，叫"金果"的产品很多，比如金橘、猕猴桃、橙子等，我们的刺梨产品就不能有效吸引消费者。于是，他带着我们一起研究，引导我们以市场为导向，综合研判市场，结合海岱实际打造高原刺梨小镇。同时，建议我们去浙江的特色小镇学习，把宝贵的经验带回来，力争把海岱的刺梨产品产业做大、做强。

"2015年起，我一直在做扶贫工作，接触过很多扶贫干部，给我触动最深的是，宝山区选派的这批精兵强将到宣威后，进入状态特别快，特别能吃苦，特别能战斗，足迹遍布宣威的山山水水、村村户户。"

这里是援滇干部的第二故乡

我叫唐鹏，现任曲靖市会泽县大井镇党委副书记，分管扶贫（含沪滇协作）、党政办、教育、社会综治维稳、信访等工作。会泽是深度贫困县，是曲靖市目前唯一一个尚未脱贫摘帽的县，人口106万，贫困人口34万多。

2019年7月，根据组织安排，我来到上海市宝山区参加为期十天的学习培训。短短的培训让我深深感受到上海蓬勃发达的现代气息，干部开放包容、务实担当的作风，我受益匪浅。更让我感动的是当时即将来会泽挂职的县委常委、副县长张元军主动到学习驻地来看望我们，嘘寒问暖，关心扶贫干部的生活，了解会泽的扶贫现状，让我感受到了温暖，感觉上海宝山就是我们的宝山！

从零海拔的上海到平均海拔超过2000米的会泽，刚来时的宝山援滇干部其实是很不适应的，时刻要承受"云端"高寒缺氧、头晕胸闷、气喘失眠等煎熬，还要面对饮食不习惯、语言听不懂、气候不适应等困难，但他们没有喊过苦、叫过累，而是做了大量艰苦而细致的工作。脱贫攻坚方面，他们走村串户，访贫问苦，结穷亲，帮助厘清发展思路，制定脱贫措施。劳务输出方面，他们根据建档立卡贫困户实际需求，积极协调联系用人单位，帮助贫困对象寻找适合自己的岗位。

2019年，我们争取了沪滇项目370万元建成大井镇占地5000余平方米的集镇特色农产品交易中心，共计建成210个交易平台。市场建成前，大井镇47000余群众一直在一个自然形成的露天老街道上赶集，多年来以路为市、不遮风不避雨，集镇脏、乱、差，交通拥堵，群众意见非常大，这也一直是多年来困扰当地政府的难点和痛点。恰在此时，沪滇协作给我们雪中送炭，注入了370万元资金帮助了大井镇。这个项目在申报时，曲靖市政府副秘书长、上海援滇曲靖联络组组长朱凯凯及张元军副县长多次来到我们大井镇，全程参与规划选址、设计、建设、搬迁，尤其是在选址规划和设计的过程中既结合实际又着眼长远，把现代集镇建设、群众商贸服务、旅游、交通要素充分融合，做了大量的工作。传统的农贸市场搬迁往往阻力较大，所谓"建成容易搬迁难"，但大井农贸市场的搬迁在沪滇干部的关心下非常顺利，由于前期工作准备充分，真正做到项目规划合理、资金使用规范、效益发挥明显，建得好、进得来、稳得住，商户及赶集群众非常支持。尤其是用370万元的农贸市场项目激活了整个集镇建设的热潮，撬动民间资本5000余万元，投资得到有效拉动，

◀ 大井镇集镇特色农产品交易中心

小资金大带动，小投入大回报。我觉得是做了一件非常暖心的事情。新的农贸市场建成后，脏乱差的环境解决了，交通拥堵的问题解决了，商户及群众的经营环境改善了，集镇的品位提升了，最重要的是群众的认可度、满意度也提升了，得到了省、市、县各级领导的好评。这期间体现的正是我们沪滇干部务实为民的作风、开放大气的建设理念、深入一线的工作方法、超前谋划的战略眼光。

今年，沪滇协作又给了大井镇300万元，对部分村基础设施建设进行了改善，村组道路硬化了，村里的环境也提升了。之前由于会泽县贫困面大、贫困程度深，基础设施条件相对落后，有很多村组的路都是泥土路，往往是"晴天一身灰，雨天一身泥"，整个脱贫攻坚成效显现不出来。沪滇协作的资金投放下来后，人居环境改善了，我觉得这些都是实实在在看得见摸得着、人人都能享的实惠。

记得朱副秘书长、张副县长有一次开完会对我们说："等以后脱贫工作差不多结束了，我们打算在这边买一间小房子，这样回去以后也可以经常来会泽走一走、看一看，看看这边的发展，看看这边的人，这里有我们的牵挂，这里是我们的第二故乡。"

产业扶贫添实效　沪滇友谊谱新篇

我叫尹奉华，现任曲靖市师宗县竹基镇副镇长，分管扶贫和"三农"工作，对竹基镇整个扶贫工作比较熟悉。

三年来，我们竹基镇实施了6个沪滇协作项目。2018年、2019年共投入378万元在坞白村大棚种植香菇、草莓，带动173户建档立卡户。2018年，实现贫困户分红73.2万元，户均年增收4200余元。2019年投入46万元在木衣白村建设民族刺绣车间，带动62户农户，户均年增收5000元。2020年投入420万元援滇资金，开展对斗坞1000亩冬桃基地配套设施、界桥600亩冬桃基地配套设施、抵鲁食用菌种植基地配套设施、新集镇农贸市场的建设，完工后将对农业产业结构调整、带动集镇市场起到很大的促进作用。通过这些项目的实施，我看到了家乡的变化。

这些成绩的取得，离不开援滇干部的勤劳付出，尤其是我们师宗县委常委、副县长曹继洪。这些年来，曹副县长充分利用自身资源，牵线搭桥邀请上海企业来师宗考察投资。2019年，引进一家上海企业成立宝宗公司，注册资本达3000万元。在他的努力下，今年我们与宝宗公司达成了蔬菜种植项目的初步意向，同时他积极帮助师宗本土企业的农特产品推广到上海，帮助协调县里的企业到上海参加展销会，进一步提高产品知名度。我们竹基镇种植草莓，以往这边冬天最低也就零下两三度，但今年大年初一，气象温度达到了史无前例的零下七度，把我们第一批草莓的花和果都冻坏了，我们花了很大的力量把冻坏的花果摘除，但受到疫情影响，今年的草莓滞销严重。曹副县长得知此情况后，通过各种渠道联系了大大小小的企业过来，积极帮助我们寻找销路，解了我们燃眉之急。

其实，他来援滇也是克服了许多困难。他的母亲由于类风湿关节炎等疾病，长期卧床休息，需要人照料，但全家人还是十分支持他的工作，还十分关心师宗的贫困学生，2019年他的岳父岳母到师宗时捐赠了1万元的学习用品给贫困学生，可以说曹副县长是全家人在关心和支持着师宗的发展，让我由衷感动和钦佩。此外，他还是个"热心肠"。一个同事的侄女肺结核转移到脑部，

◀ 竹基镇坞白村大棚草莓、香菇产业基地航拍图

情况非常危急,想到上海请专家治疗,曹副县长得知此情况后立即帮忙联系上海医院和专家,让其得到及时的医治。这些感人的例子还有很多很多……

"非常感谢宝山区委、区政府和这些援滇干部对我们的帮助。这些年来,在党的好政策的引领下,通过宝山区真金白银的投入,援滇干部们不分日夜的辛勤付出,我真真切切地看到我们家乡发生了变化,产业不断壮大,基础设施和人居环境都有了显著的提升。可以说,宝山区的对口支援为我们脱贫奔小康注入了不可或缺的'宝山力量'。"

产业扶贫　建造群众致富路

　　胡国林，云南省曲靖市会泽县古城街道青云村村民。

　　叶荣波，云南省曲靖市宣威市海岱镇水坪村村民。

王乔宝，云南省曲靖市富源县大河镇大河村村民。

陈绍华，云南省曲靖市师宗县葵山镇马湾村村民。

口述：胡国林　叶荣波　王乔宝　陈绍华

采访：王素炎　郭莹吉　金　毅　吴嫣妮

整理：吴嫣妮

时间：2020 年 6 月

2020 年是贫困人口实现脱贫之年，也是全面建成小康社会关键之年。宝山区对口支援云南省曲靖市，通过沪滇合作项目，帮助贫困人口摆脱贫困。要打赢这场扶贫攻坚战，关键在于产业扶贫和精准扶贫，由"输血"到"造血"，按照贫困地区和贫困人口的具体情况，根据不同地区资源、环境、气候条件和市场需求的不同，明确适合贫困地区发展的特色产业。目前，产业扶贫在曲靖市持续发力，除会泽县外已全部完成脱贫，成效显著。

会泽县——雪桃基地

我叫胡国林，是会泽县古城街道青云村一组村民，今年 48 岁，全家共有五口人。

青云村一直以来都是会泽的贫困村，人均年收入一直没有达到农村居民低保标准，几乎家家的房子都是农村最原始的土坯房，我们家也是村上的建档立卡贫困户之一。我不仅自己生活困难，还要供养整个家庭。我要供一双儿女读书，我母亲八十多岁了，身体也不好。这种情况让我们没办法外出打工，只能在家耕地为生。但这里水电都不通，平时我们吃的、用的都只能靠人背马驮，

◀ 胡国林在基地务工

相当不方便。青云村又是一个常年缺水的地方，吃水要到很远的地方去背。到了夏天，人吃的水都成困难，交通也不便。收成的好坏要取决于当年的雨水量，所以地里只能种些玉米、洋芋。好不容易种出一点儿东西，背到城里面也卖不了多少钱。一年下来，我们家仅有两三千元的收入，担子重，压力大，脱贫十分困难。

宝山的援滇干部来了以后，不仅我们生活水平提高了，我们村也发生了翻天覆地的变化。我在的村有17家人，里面有8户贫困户，张建平副县长来了之后，其中4户直接和他结对。我们这几户情况比较特殊，家庭条件本来就不好，还要供小孩上学。我们自己缺少谋生的技术，当地也没有产业支撑，导致了贫困。张副县长走遍了每一家贫困户，对每一个群众都尽心尽力。到我家慰问时，他就像对待自己的亲人一样与我聊家常，询问我家里有几口人，有多少地，家里面又有多少劳动力，一年下来有多少收入，告诉我们无论家里面有什么困难，他们都会尽力帮助我去解决。

之后，在张副县长的帮助下，我们的土地被流转给了万户欢公司，我也来到了万户欢公司的雪桃基地打工。其实当时基地的用人已经够了，虽然我是贫困户，也没法去打工。但张副县长考虑到我的家庭情况特别困难，孩子要读书却受不到好的教育，老人年纪大了身体也不好，上有老下有小，压力挺大的，就和雪桃基地的老板对接，给了我一个机会。

进入公司工作以后，我努力学习技术，不仅收入提高了，工作的地方还离家很近，方便我照顾家里的老人和孩子。

在我们最困难的时候，是援滇干部的到来为我的家庭带来了翻天覆地的变化。现在，我不用再为了孩子们的学费担心。大女儿已经成家，小儿子也即将大学毕业了。不久前，我们家盖了新房，告别了世代居住的土坯房。现在我们全家的年收入达到10万元，远远超过了脱贫标准，与之前自己种地相比较，也轻松了很多。直到现在，我和孩子还经常说，我们这个家能走到今天，离不开宝山区和各位干部的帮助。

古城街道引入万户欢公司，然后通过上海沪滇协作项目入股，不仅仅为我们带来了资金，更重要的是带来了技术，带动了整个产业的发展。最开始，在里面打工的只有四五十人，现在已经解决了一百多个建档立卡贫困户的劳动力岗位，惠及了我们全村。从"输血"式到"造血"式的扶贫，也让我们百姓从追求吃饱到吃好，让我们青云村不断地发展。

以前家里的老人要看个病、买个药都不方便，要走很久的路才能买得到。有些时候，老人想吃点水果、想吃点肉都舍不得买，现在这些都已经不是问题了。对孩子来说，以前上学的时候，每天都是天不亮就要起床，摸着黑走很远的路才能到学校，后面上了初中、高中，虽然可以住校了，但学费、住宿费、书本费这些都是很大的问题。好在孩子也懂事，也懂得帮家里分担一些。我记得有一次孩子快要开学了，家里已经没多少钱了，连孩子的学费都凑不够，我和他妈妈看着孩子们都已经睡了，就商量去哪里借点，不管怎么样，都要让孩子把学费交了。就在我们准备出门的时候，孩子哭着跑到面前，告诉我们她不读书了，要和我们一起挣钱养家。看着孩子，我们也忍不住哭了。虽然最后借到了钱，可我们的心里却一直都不能平静，如果我的家庭一直这样下去，总有一天，孩子们会因为家里贫困没有钱而读不起书，这个家庭就永远摆脱不了贫困。

现在的青云村，宽敞的大马路修到了家门口，交通比以前方便多了。以前出门，一眼看过去都是一些小路，大风一刮，到处都是尘土，下雨天基本都没办法出去，摩托车、马车也都没办法走，只能靠脚力。路修好了以后，再也不用担心出门的问题，几乎家家都配备了摩托车、三轮车、电动车，甚至一部分人还有了小轿车，进城也方便了。

水管接到了家家户户。以前我们每天天不亮就要起来，走很远的山路去背水，每次背回来的那一点点水，有时候都不够家里生活用，更别说种庄稼和养殖了。有些时候去晚了，人一多，就根本背不到水。现在，家里水龙头一开就有干净的自来水，不仅家里生活的水解决了，庄稼和牲畜的用水需要也满足了。

村子里电也通了，装上了路灯。我们还买了电视，晚上回到家还能陪老人和孩子看看电视。水电通了以后，整个村子的环境卫生也越来越好了，到处是整洁的道路，家家盖起了新房子，绿化植物也随处可见，互相串门走访也慢慢多了起来。还有一些有经济头脑的人开始在自家的门口开起了小商店，卖一些土鸡蛋之类的农副产品。这些以前做梦都不敢想的事情如今都一一实现了，我相信要不了多长时间，我们这个小村庄的生活水平也能像城市里一样越来越高。

未来，我和我们村的其他同胞们一定会继续学习技能，认真工作，用自己的双手创造更加幸福的生活。

宣威市——刺梨产业

我是来自宣威市海岱镇水坪村的叶荣波，今年27岁，担任宣威海岱昆钢金福食品有限公司文秘、档案管理、合同管理职务，家里有四口人。我们宣威市海岱镇水坪村位置偏僻，我父母只能在家务农，种一些玉米、烤烟、土豆等，几乎没有什么收入。

宝山区的援滇干部来了以后，为我们带来了资金和项目，我现在所在的刺梨加工厂就是援滇项目之一。海岱镇接受的大部分援滇项目资金都用来建造刺梨加工厂，但它为我们带来的效益远不止于此。2016年金福食品有限公司成

◀ 叶荣波工作的宣威海岱昆钢金福食品有限公司

立以后，首先给我们海岱镇建档立卡贫困户提供了50个就业岗位。刺梨产业逐渐发展起来以后，带动我们当地的建档立卡贫困户一起种植刺梨2.1万亩，现在刺梨已经发展成为我们海岱镇的特色产业，还发动了老百姓自愿种植，带动了更多的就业机会，创造了一千多个就业岗位，走出了一条以产业带动脱贫致富的绿色发展之路。

我是2018年10月开始到金福公司上班的。宝山的陈勇副县长来公司参观考察时，还了解了我的工资待遇和工作环境。工作以来，我的工资收入由2000元增收至3000元左右，身份由业务外包人员转为昆钢正式职工，既有了稳定的收入，又能照顾家庭。现在，我们家已经实现了脱贫，我弟弟也顺利上了大学。

现在的海岱镇变得绿树成荫，整体的生活水平越来越高。老百姓出行难、饮水难、就学难的问题，都逐渐有了改善。宝山区还给我们村建了一个活动场所，让我们的老人孩子有一个可以聚在一起活动的地方，大家的生活也越来越丰富了。还有就是我们的村庄都亮了起来，以前我们出门的时候都要打手电筒，后来就用手机照一下，现在路边都有了太阳能路灯，用我们云南这边充足的光照为我们提供光亮。

农产品有了销路，让我们当地的贫困群众吃了"定心丸"，贫困户经济收入有了保障，村间道路也得到了硬化。我希望下一步，我们能把海岱特色的扶贫产品刺梨饮品、品质优良的农产品带到上海，带到宝山，为上海市民提供绿色、生态、环保的食品，为昆钢的企业在上海寻找出路，拓开市场，持续践行对口帮扶产业扶贫项目，进一步推进产业扶贫。

富源县——黄桃产业

我叫王乔宝，今年50岁。家中有妻子、孩子和78岁的老父亲，共四口人。非常感谢宝山对咱们的援助，感谢宝山来的张副县长，给咱们带来了帮扶资金，为村里硬化道路、砌挡土墙、修排水沟、建水源点管理房、种植松树、安装太阳能路灯、购买垃圾车和垃圾箱。以前村委会前面这一片是泥土路，一到雨季走路不方便、容易滑倒、车轮打滑，现在的水泥路好走还干净。有了太阳能路灯，晚上也不黑了，晚饭后可以和左邻右舍出来散散步。村里垃圾多、粪堆多等脏乱差的现象也没有了，村民们爱护环境卫生的意识也提高了很多。

我的家庭曾经十分困难。我患有肺癌，需要定期去昆明做检查，每次要花费6000元左右，农合报销90%，我个人再承担10%。我妻子身体也不好，家里土地本身又不多，我也没有什么技术，不能外出务工。以前，我们全家的开支仅仅靠我儿子一个人在昆明务工的收入，医药费和父亲的赡养费都是远远不够的。

2017年，宝山的张坚副县长来了之后，结合富源县脱贫攻坚实际情况，给我们富源县带来了很大的援助。我们都明显感觉到大河镇的生活环境变好了，当地的产业也发展了起来。

这些产业的发展壮大给我们老百姓带来了巨大的好处。还记得项目调研前期，张副县长和我们县里、镇上的领导经常深入我们起铺村了解村民的困难。过去的富源县是一个厂煤企，煤炭效益高，包括我自己也是挖煤矿的，农业发展得相对滞后。现在煤炭的行情下降，我们也必须开始逐步转型，发展农业。考虑到当时村里一些贫困户土地少而且种出来的粮食不值钱，养殖不成规模化又没技术，一些家庭还要在家照顾孩子上学，无法外出务工等情况，脱贫难以保障，领导们最终决定在村里大力发展一项产业，解决贫困户务工难、增收难问题。

我们村土壤肥沃，气候温和，无霜期长，降雨量和日照充足，很适合发展黄桃种植产业。这个项目敲定以后，张副县长经常带领各级领导干部和黄桃种植技术骨干实地勘察、规划、指导种植。黄桃产业发展起来以后，我也是直接受益人之一。黄桃基地建成后，我进入了基地务工，每个月能有800元的收入。基地上活多的时候，我妻子也来帮忙，每天能拿到80元补助。一年下来，我们两口子的收入达到了1万多元，医药费和赡养费的负担减轻了不少。

和我一起在这里务工的还有我们村的张见启、张会启等50多个贫困户。季节性忙起来的时候基地上的人更多，最多的时候有大约200个建档立卡贫困人口就近务工，挣钱、顾家两不误。黄桃基地还需要大量的农家肥，200元一吨，户均又可以增加大约600元的收入。黄桃第三年开始挂果，第四年进入丰产期，能够持续八至十年。我们预计基地每年能亩产优质黄桃2吨左右，这样2500亩黄桃每年就能够生产5000吨，按市场价12元/公斤计算，年产值能够达到6000万元。黄桃产业发展不仅给我们带来了经济增收，还带来了生态效益。过去，这里一片荒山，杂草丛生，无人种植，行人无路可走，生产条件恶劣，环境极差。黄桃基地项目建设的同时规划开垦了荒芜的土地，修建道路，周边也都植树绿化，生态环境有了很大的改善，对我们以后的种植生产也有很大的益处。

现在的黄桃基地还处于试验田阶段，黄桃的效益需要几年的时间才能慢慢显现。等几年以后形成规模，有了效益，每亩黄桃基本上能够达到一年1万元的收入。这时就可以带动老百姓自发种植，收益越高，百姓的积极性也会越高。等黄桃的产量好了以后，我们还要逐步把产品推广出去。下一步根据发展的情况，不仅要种植，也要做深加工，做成饮料、罐头、桃干、桃子蜜等产品，还要完善各种设施，把我们的黄桃基地和旅游业结合起来，真正形成完整的黄桃产业，带动全村致富。

师宗县——种桑养蚕

我叫陈绍华，今年53岁，是师宗县葵山镇马湾村村民。我和我的妻子都是残疾人，家里还有一对在上学的儿女。2017年，我家被识别为建档立卡贫困户。但幸运的是，在党和政府的关心以及自身的努力下，我们家2018年就实现了脱贫，现在年收入可以达到4万元左右。

我妻子出生的时候就身带残疾。我是年幼的时候因为一场大火严重烧伤了右手，由于当时我们这里医疗水平有限，终究还是落下了终身残疾。我们夫妻俩加起来就只有一双手，赚钱养家对我们来说还是比较困难的。2018年7月，曲靖市的李文荣书记和宝山区的汪泓书记来看望我们，汪书记很和蔼可亲，反复鼓励我要继续努力，争取早日脱贫奔小康。

我们能够脱贫，主要依靠村里大力发展的蚕桑产业。马湾村是师宗县栽桑养蚕规模最大的村，5个自然村都栽了桑树养了蚕。我们马湾村有四十多年的养蚕历史，但以前受到各方面的局限，没有形成规模，收入也不多。

在宝山区的援助下，马湾村的蚕桑产业迅速发展起来。现在，我家的主要收入来源就是栽桑养蚕，周围的邻居大多也都养蚕。我们享受到了许多的优惠政策。在我们栽桑养蚕上，政府补助了簸箕、蚕网、消毒剂等工具费用合计1万多元。2018年，沪滇项目援助还免费让我们领取了6000多棵桑苗，这对于我们夫妻二人而言，是一份沉甸甸的支持，是一个来之不易的机会。宝山区还出钱帮我们购买了蚕桑保险，为我们提供收入保障，降低自然环境或市场波动带来的减产减收风险，如果低于市场前四年的市场均价，可以通过保险来补充，解决了我们的后顾之忧，让我们安心、放心地栽桑养蚕。今年，宝山区帮我们买了桑苗，修了路，让我们的蚕桑产业更加壮大。

蚕桑需要成长期，短期内可能没有很显著的效益，但我们现在已经扩大了种植面积，明后年，收入也会随之大大提高。看着桑地连片，我们心里都是甜甜的，对今后的生活也有了更大的憧憬。

师宗县曹继洪副县长（左二）到访陈绍华（右一）家

我们村里的变化也很大，环境改善了很多，许多村民也都搬进了新房。我家房子拆除重建，还享受了3万元的补助。除了我们自己享受以外，我们村委会其他贫困户和想栽桑养蚕的人员，也都享受了对应的补助政策及桑苗补助。村里现在还配了保洁员，环境卫生有了很大的改善，这都是我以前想都没有想过的。

前段时间，曹继洪副县长还到我家来了解情况。在与我们聊天的过程中，他详细地询问了我们家的生产生活情况、项目受益情况，还问了我们有没有什么困难。当时我身体不适，在本地医院检查怀疑是血管瘤，曹副县长听说以后立刻主动提出帮助我联系上海的专家，并嘱咐我务必再去确诊一下。第二天，我和妻子就去复查了，幸好只是静脉曲张，没有什么大问题，我们全家才松了一口气。

除了栽桑养蚕，我的身体条件也很难再从事别的工作了，于是我下定决心承包了一大片山，把我们的蚕桑发展到了40亩左右，虽然担子很重，但不坚持也不行。宝山的干部来扶贫，带来了资金和项目。在大家的帮助下，我们的养蚕技术有了很大的提高，每年可以养5到6季，一季可以养2到4张。

但最终我还是要学习技术，努力奋斗，依靠自己的双手才能真正实现脱贫致富。

授人以鱼不如授人以渔。产业扶贫把技术送到了群众手中，为他们创造了致富之路，也将云南的绿水青山与金山银山有机相融，为群众创造了美好家园。

相宜相生　成就美好社会

封帅，1968年6月生，2000年创立相宜本草品牌。现任上海市相宜本草化妆品股份有限公司董事长，担任第十三届上海市政协委员、第十四届上海市工商联执委、第八届宝山区政协委员、上海市宝山区总商会副会长、上海市光彩事业促进会副会长、中国香料香精化妆品工业协会副理事长等职。

口述：封　帅　白玛曲宗　余卫香　游占玉
采访：戴建美　田翔辉　吴思敏
整理：田翔辉　周嘉艳
时间：2020 年 7 月 14 日

广泛动员全社会力量共同参与扶贫开发，是我国扶贫开发事业取得伟大成就的成功经验，是中国特色扶贫开发道路的重要特征。多年来，相宜本草作为民营企业，有幸参与全国的脱贫攻坚战，在决胜全面小康的工作大局中担当作为，在服务国家经济发展的中心工作中发挥企业的优势，在相宜相生的美丽产业中践行企业的社会责任。

红景天人工种植　生态扶贫新路子

早在 2010 年，相宜本草作为中草药护肤专家，通过对黑色素抑制作用的比较，发现大花红景天的美白作用远强于其他红景天。为了寻找地道大花红景天，作为红景天美白系列产品的原材料，相宜本草实施了红景天溯源行动。几年间，科研人员的足迹遍布四川、云南、西藏和新疆，考察了 6 座海拔 4000 米以上的高山，采集红景天样品及标本 15 批 7 个品种。通过一系列检测和验证，终于找到最为地道的大花红景天，并确定海拔 3500 米左右的高原山区是最适宜红景天生长的地方。

深入西藏当地考察时，我们发现藏区农牧民生活困顿，上山采挖红景天是他们的一项收入来源。随着西藏游的升温，红景天在市场上的需求量越来越大，供需不平衡导致野生红景天被私挖乱采，成为珍稀植物品种。如果保护与增收的矛盾不能解决，就很难实现真正的保护。相宜本草决定与专注红景天种植研究十余年的西藏农科院合作，共同探索人工野外种植红景天的科学方法，开展红景天人工种植项目，同时开启中草药种植产业扶贫模式，取之于自然，回馈于自然。

2015年，相宜本草作为东部企业参与西藏建设，得到了西藏工商联的高度重视。在西藏工商联的指导下，相宜本草与西藏农科院、奇正藏药正式签订战略合作协议，在山南市桑日县洛村建立了第一个红景天种植基地，占地10亩。先后种下6万株红景天幼苗，并对当地农户进行种植技术培训，鼓励他们参与红景天种植基地日常管理，增强农户的种植信心和脱贫的内在动力。

2018年，红景天种植产业扶贫模式得到山南市乃东区人民政府的大力支持，当地政府免费提供乃东区索珠乡的10亩地，由相宜本草建立第二个红景天种植基地。我们出资种下了2万株红景天幼苗，并尝试种子苗与组培苗的比对种植，进一步探索红景天人工种植技术，建立严格的基地管理模式与种苗存活率激励模式，鼓励农户参与种植。截至2018年5月，相宜本草在西藏建立的两个红景天种植基地，共种下8万株红景天幼苗，成活率突破80%。

2019年5月，相宜本草在日喀则地区江孜县建立了第三个红景天种植基地，并与园区联合建立组培育苗试验室和技术团队，构建了"园区+企业+农牧民"三位一体的合作机制，带动1200多户农民参与中草药种植与基地管理，保护了红景天资源。

区别于传统的捐款捐物形式，红景天人工种植项目是一个人与人、人与自然、人与社会相宜相生的项目，这也是相宜本草一直在探索和实践的将社会效益与经济效益相结合的公益发展模式。利用当地自然资源扶持当地人生活、将原本在实验室的技术落地到中草药种植中，将相宜本草对公益的投入转化为实际的经济效益，以形成多方共赢、可持续发展的公益模式。这样的公益模式不仅获得了可溯源的道地药材，保证了红景天系列产品的优质功效，同时还改善了种植基地人民的生活，带动了当地经济和科技的发展，对生态环境也起到了

◀ 2019年10月，中国扶贫国际论坛颁奖现场为入选全球减贫案例颁奖。前排左三为封帅

保护与修复的作用。

2019年5月，由联合国粮食及农业组织、国际农业发展基金、世界粮食计划署、中国国际扶贫中心和中国互联网新闻中心五家机构联合主办的"2019全球减贫伙伴研讨会"在意大利罗马举行。该活动在全球征集减贫案例，共收到820篇，涵盖多个大洲30多个国家。我们提交的"生态保护与科技创新推动的产业扶贫——以相宜本草人工红景天种植为例"，入选"全球减贫案例征集活动"110个最佳案例之一。从相宜本草企业使命里走出来的中草药产业种植扶贫模式历经多年磨砺，付出了很多，能获得这份荣誉，着实不易。

践行企业社会责任　打好扶贫组合拳

开始的时候我们跑西藏比较频繁，尤其是到桑日县洛村，我们挨家挨户地看他们的生活状况。我觉得他们的精神世界比较阳光，也懂得感恩。但是因为住在海拔特别高的地区，他们在物质上比较贫困。贫困就会带来各种不方便，如生活不方便、医疗不方便、上学不方便、用电不方便等。

相宜本草作为一家多年来坚持致力于公益事业的企业，始终牢记作为社会一分子的道德与责任，将扶贫开发作为自身的责任与使命。扶贫开发，贵在精

◀ 2019年1月,相宜本草公司为洛村村民安装太阳能供电设备

准,重在精准。为了将"精准"二字落到实处,切实解决贫困群众生产生活中的实际困难,相宜本草除了在产业扶贫项目上下足功夫外,同时在基础设施扶贫、医疗扶贫、消费扶贫、教育扶贫等方面,有的放矢打出了扶贫"组合拳"。

1. 光伏发电,为雪域村民带来光和热

2018年1月20日凌晨,相宜公益基金会、志愿者与服务商一行携48套太阳能供电系统,从拉萨驱车191公里,赶赴桑日县洛村。洛村海拔3800米,地面温度零下10 ℃,能否顺畅用电是当地的一个民生大问题。48套供电系统调试完成,不仅可以帮助村民解决经常断电的问题,还可为全村每年节约4万元电费。村民们也将不再为食物的变质而担心,不用为上浮的电费而操心,不用为夜晚的寒冷而忧心。

2. "送医入村",解答藏民医疗困惑

2018年5月,相宜公益基金会与山南市桑日县人民医院合作,在洛村开展"送医入村"精准扶贫项目,基金会共向县医院采购4.5万余元药品,同时开展健康指导,分儿科、内科、妇科、五官科、外科等分诊区,悉心接待每一位村民,解答他们的各种病患问题,并根据病情开方发药,指导用药方法。通过该项目,在医疗上为藏民巩固了脱贫成果。

2019年7月,相宜公益基金会与上海市合作交流办签订社会力量参与对口支援项目"心手相连 情系维西"生态扶贫行动

3. "心手相连",共同参与光彩扶贫

2018年11月,宝山区工商联积极落实宝山区委、区政府关于《宝山区助力对口支援地区打赢脱贫攻坚战三年内行动计划》文件精神,号召区域内民营企业先行,各种力量共同参与"脱贫攻坚战"的光彩行动。相宜本草积极响应这次号召,加急生产义卖了10万盒"心手相连"护手霜全力支援,扶贫产品所得善款全部捐赠宝山区光彩事业促进会,定向用于对口支援地区精准扶贫。2019年7月,相宜本草与上海市合作交流办签约"心手相连 情系维西"精准扶贫项目,并响应市民政局号召,认领维西乡村医生中草药健康扶贫项目。

4. 助学扶智,扎根"万企帮万村"

2015年10月,为贯彻落实习近平总书记关于精准扶贫的重要思想,全国工商联、国务院扶贫办、中国光彩事业促进会联合发起"万企帮万村"精准扶贫行动,力争用三到五年时间,动员全国1万家以上民营企业参与,帮助1万个以上贫困村加快脱贫进程。相宜本草积极响应中央号召,热情投入"万企帮万村"精准扶贫行动。在宝山区工商联的指导下,与云南省迪庆藏族自治州维西县阿尼比村13名在读大学生签订助学协议,每年为每位学生发放6000元助学金直至毕业。相宜本草还为"三区三州"捐赠了2200余套冬季校服,设立10个本草图书室，并为云南、西藏、新疆贫困儿童实现500个微心愿；为2000户农户提供技术支持，为1500户农户提供激励资助。2018年10月16日，相宜本草被全国工商联、国务院扶贫办授予"'万企帮万村'精准扶贫行动先进民营企业"称号。

追求可持续发展　打造公益生态链

人们经常说要成就美好企业，但我一直觉得成就美好企业与成就美好社会两者是分不开的，要想成就美好企业就要践行社会责任。另外，一个企业要长久发展，一定是有根的。相宜本草的公益事业就是从中国文化、中医药文化的根里生出来的，也只有从根里生出来的，它才能够不断地去滋养这个根，进而才能是可持续的、健康的、生态的，才能影响更多的人、惠泽更多的人。我们的扶贫工作是跟我们的产业直接相关的。我们种的中草药是我们的主要原材料，在增加中草药种植面积，保证原材料真实、可靠、可持续的同时，我们也给种植中草药的农民改善了生活和家庭状况，这就是一个可持续扶贫的公益生态链。消费者选择我们产品的时候，也参与到了这份公益事业，比如说大家买我们的护手霜，就是支持农民种植红景天、种植青刺果等。消费者买过之后，我们把一定的消费金额回馈到当地，又增加了当地农民的收入，同时这也有利于激发、唤醒消费者帮困扶贫的心态。

2019年10月16日，在13个国际组织、30个国家的200多位中外嘉宾出席的2019中国扶贫国际论坛上，我有幸作为上海民营企业代表发言。我们觉得，只有能满足国家脱贫攻坚、企业经营发展和农户劳动脱贫需求的模式，才是真正适合并能够持续发展的。说实话，我们在市场竞争方面跟别的企业比起来，有许多地方要学习提高，但是在公益方面，我们是比较真诚的，而且我们的公益之心愈来愈坚定和纯粹。我们相信人与自然、人与社会、人与人、人与自己，都是和谐共生的，大家应该朝着这个方向去追求。

这些年来，相宜本草在国家各级扶贫机构的领导下，与社会各界公益力量携手，共建一个以中草药种植为核心的产业扶贫合作平台。我们充分利用自身的研发资源和品牌影响力，争取连接更多的产业资源、技术力量、市场需求和渠道机会，使乡村产物更有效地转化为产值，从而帮助边疆贫困山区的种植农户早日脱贫攻坚、共建美丽乡村，真正实现可持续发展！

周戬是云南当地一名合作商，长期为相宜本草提供原材料。2018年，当他听说相宜本草计划在云南落地青刺果油护手霜项目时，积极提议把种植基地安排在维西县。2018年8月，我到维西考察项目落地的可行性。周戬直接拿出飘着清香的高品质青刺果油，我们一下子对这个项目建立了信心。不为人知的是，在项目刚开始的阶段，周戬收来的青刺果油中有不少并不符合标准。周戬既不能放任次品油流入市场，又舍不得让农民的辛苦付出白费了功夫，他咬牙贴钱按照原价把油都收回来，同时手把手教农民怎么种植青刺果、怎么规范榨油。

2018年8月，相宜本草在与云南省迪庆藏族自治州维西傈僳族自治县委、县政府大力支持下，与维西县龙头企业签订了战略合作协议。通过委托并对建档立卡贫困户发放中草药种苗，教授农户科学种植技术，强化了农户通过劳动创收实现脱贫的意识，激发了当地村民脱贫内生动力。同时，相宜本草联合行业合作伙伴回收农户种植成果，用于公司产品的研发，在充分利用国家深度贫困县道地中草药资源的基础上，提高了中草药附加价值。这样一种产业扶贫主导，商贸扶贫、技术扶贫与智力扶贫相结合的模式，不仅帮助农户提高了收入、转变了观念，更带动当地增加了就业岗位，提高了整个产业链的技术水平，帮助维西县建立了特色中草药品牌，也为维西县精准扶贫、精准脱贫，打赢脱贫攻坚战作出了自己的贡献。

今天，相宜本草中草药产业种植可持续发展模式已经走进雪域高原、走进偏远乡村，很多企业也开始通过"授人以渔"的方式，激发农户的内在动力，通过技术、通过劳作，精准脱贫，帮助当地人民实现切实收益。

白玛曲宗　可持续扶贫模式的亲历者

我叫白玛曲宗，2015年毕业于昆明艺术职业学院，我家在西藏山南市桑日县桑日镇洛村。2015年毕业那年，我回到老家帮爸妈干活，并参加当地的公务员考试，考了几次都没考上。2016年，听到村里人说有个叫相宜本草的

◀ 2016年，白玛曲宗与奇正藏药技术员在红景天人工种植基地探讨种植经验

化妆品公司的团队来我们村里考察，我就好奇地去凑热闹，看到他们来了我们村以后给很多妇女送去了他们自己公司的化妆品，他们都很热情，然后他们由村主任带路，去了很多村民家。当他们来到我家时，我们聊了很多，在得知我刚好大学毕业，家庭条件不是很好后，第二天他们就联系了我，给我提供了就业机会，还跟我说了工作的事，就这样我加入了他们。在我们老家有他们的红景天种植基地，我就在那儿上班，这样我就不用背井离乡去外地打工，并且可以学习人工种植红景天经验，每个月他们还按时给我打工资，我很开心，我父母也特别高兴。这份工作对我及我的家人来说都是很大的帮助，它让我看到了希望，我觉得自己很幸运认识了相宜本草这个大家庭。

从2016年开始，我一直在相宜本草种植基地上班。在种植基地，大多数红景天幼苗都能顺利度过冬天，但是也有不少幼苗没能度过寒冬。怎样让更多的红景天幼苗存活下来，是我们面临的一个问题，我们希望能探索出一条有效的种植经验来提高它的成活率和质量。从2018年3月开始，相宜本草派我到西藏自治区农牧科学院蔬菜研究所去学习人工种植红景天技术，我在那边学习了两年，学到了很多。他们都希望我能把学到的东西教授给村民，让他们也像我一样可以一边在老家打工，一边照顾家。

他们帮助的其实不仅仅是我一个人而是我们整个村子。相宜本草给我们每家每户送了价值六千多元的太阳能供电器，还给村里的村民请大夫看病送药，对我们村里帮助是极大的。去年3月我妈妈生病，需要几十万的手术费以及医药费，但我家经济条件差，妈妈本来就体弱多病，爸爸身体也不怎么好，妹妹还没毕业，这个病给我家带来了巨大的经济困难。在那时，我第一个想到的就是相宜本草公司，然后我就给相宜本草的公益基金负责人周嘉艳姐姐联系，向她求助，她们听到我家的遭遇之后，二话不说就给我的家庭赞助了三万元人民币，解了我们家的燃眉之急。我深深感激着公司带给我的帮助，并会始终牢记在心。在上海市对口支援政策的支持和相宜本草公司的帮助下，我们村的生活水平有了很大提升，我衷心希望两地的联系能越来越多，我们与上海就是一家人。

授人以"渔" 扶智后的感恩与回馈

我是余卫香，我家在迪庆州维西县康普乡阿尼比村。阿尼比村位于大山深处，距离县城63公里，这里偏远闭塞、交通不便。2015年以前，我们村经济贫困，人们思想落后，村民对教育重视不够，当时全村仅有两名大专生，失学现象也不少见。现在村里面已经和以前大不相同了，给我最大的感触就是村子里的教育观念转变了，已经不存在辍学的现象了。

相宜本草与我的缘，是我在云南民族大学读大二的时候开始的，一开始还不太清楚他们帮扶的具体情况，只是村党总支书记唐海峰来找我们要材料。再后来，我的家人告诉我相宜本草公益团队来村里面看望我们了。看到他们来家里的照片，当时真的特别感动，没想到我们这么偏远的地方能有机会得到帮扶，以至于当时写感谢信的时候都激动了很久。我们一家主要的经济来源就是务农和我爸爸做护林员的收入，加起来每年只有两三万元。这些钱，除了要赡养双方老人外，还要供我和妹妹读书，家里实在是捉襟见肘，有了上海资助的这笔钱，就可以帮助我们解决很大的经济问题。在他们的帮助下，我拥有了和别人一样的大学生活，真的很感谢他们。

现在我马上升入大四了，要面临毕业，步入社会。我最希望的就是能回去

◀ 2019年7月，相宜公益基金会在宝山区工商联的见证下，对口帮扶阿尼比村大学生

当个老师，那样我能帮助更多的人。我要尽全力找一个稳定的工作，让我爸爸妈妈不再那么辛苦，毕竟我还有一个妹妹。我也会怀着一个感恩的心，传递这份爱。

我叫游占玉，来自阿尼比村的一个农村家庭。2017年9月，我到大理农林职业技术学院就读。我的家庭经济状况不是很好，家中有两个残疾人，我奶奶视力残疾，我父亲肢体残疾，母亲又体弱多病，家中的收入靠种养殖为主，一年到头也挣不了多少钱。父母为了我，操了太多的心，流了太多的血汗，他们含辛茹苦地养育我，供我上学读书，期待我有一天能够出人头地，用知识改变命运。

行走在大学校园中，高额的费用压得我本就清贫的家庭喘不过气来，在这困难时刻传来了好消息：沪滇协作项目和"万企帮万村"的帮扶政策走进了阿尼比村。上海相宜本草公司犹如及时雨向我们伸出了援助之手，给我们发放大学生助学基金，为我们解决了资金困难。

在爱心企业的帮扶下，我在学校时刻提醒自己要懂得感恩，努力学习，将来回报社会。大学期间我积极参加学校组织的各种活动，2017年5月获得了"优秀团员"称号；2019年9月，在语文老师的带领下，我参加了云南省组织的"中华经典诵写讲"大赛,并获得了大学生组诗歌创作二等奖;2020年6月份,我获得了"优秀班干部"称号。

  浓浓真情助学子,深深爱意暖人心。我很幸运能够得到上海宝山爱心企业的帮助,它帮助我实现了大学梦,让我可以安心地在校学习,顺利完成学业,不必为大学的生活费发愁。马上就要毕业的我正在准备专升本考试,同时也在准备找一份工作。我学的是林学专业,我希望以后能用自己的所学为家乡的生态环境建设贡献一份力量。

后　记

　　2020年是全面建成小康社会之年，根据习近平总书记关于"脱贫攻坚不仅要做得好，而且要讲得好"和中央关于党史工作"一突出，两跟进"的要求，经中共上海市委同意，市委党史研究室组织全市各区党史部门，在各级党委领导下，编写的"上海助力打赢脱贫攻坚战口述系列丛书"，经过各方的通力合作，与大家见面了。

　　本书是"上海助力打赢脱贫攻坚战口述系列丛书"中的一本。宝山区自1994年以来，根据中央和市委的决策部署，先后承担西藏、云南、新疆、青海、重庆等地区对口帮扶工作，在基础建设、产业项目、医疗卫生、劳务协作、智力投入、结对帮扶等方面，为对口支援地区如期打赢脱贫攻坚战作出积极贡献。27年来，宝山区先后向对口支援地区选派挂职干部155名，专技人才337名，帮助对口支援地区培训各类干部群众22022人次，结对帮扶29个深度贫困镇，589个深度贫困村。宝山援建儿女把对口支援地作为"第二故乡"，积极建功立业，历练人生，涌现了一大批体现宝山与受援地人民携手攻坚的生动事例，留下了一个个深情厚谊的支援故事。通过口述来记录宝山对口支援工作的历程，对于深入持久做好对口支援工作，具有重要的参考价值和借鉴意义。

　　本书在中共宝山区委领导下，于2019年12月启动。本书的口述者都是宝山对口支援工作的见证者和参与者。包括宝山区委主要领导，分管领导，相关部门领导，云南省曲靖市和新疆维吾尔自治区叶城县相关领导，宝山各批次援建干部领队，援建干部及家属代表，受援地扶贫干部及群众代表，以及社会扶贫力量代表等。他们以对历史负责的态度，深情回顾，将他们各自参与对口支援工作中的重要事件、精彩细节和难忘记忆娓娓道来，还原了许多鲜活的历史场景。

　　《宝山的责任》编写工作开展以来，得到了中共上海市委党史研究室领导和专家的精心指导，也得到了中共宝山区委、区政府，区委组织部和区合作交流办的高度重视和大力支持。领导多方协调，为组织动员、口述采访、史料征集和文稿撰写等工作倾注了大量心血。云南省曲靖市扶贫办、中共云南省曲靖市委党史研究室、新疆维吾尔自治区叶城县扶贫办为现场采访工作做了充足的准备和保障工作。宝山区各批援建干部的派出单位和现任单位，选派精干力量参与采访、编写工作。上海人民出版社和学林出版社的领导和编辑为本书的出版给予了专业指导。在此一并表示衷心的感谢。

宝山区对口支援工作成绩斐然，绝非本书能够囊括。由于我们水平有限，不当之处在所难免，恳请广大读者批评指正。

编者

2020 年 6 月

图书在版编目(CIP)数据

宝山的责任/中共上海市宝山区委党史研究室编
. —上海:学林出版社,2020
ISBN 978-7-5486-1682-5

Ⅰ.①宝… Ⅱ.①中… Ⅲ.①扶贫-经济援助-工作概况-宝山区 Ⅳ.①F127.513

中国版本图书馆 CIP 数据核字(2020)第 171612 号

责任编辑 张予澍 吴耀根
封面设计 范昊如

上海助力打赢脱贫攻坚战口述系列丛书

宝山的责任

中共上海市宝山区委党史研究室 编

出 版	学林出版社
	(200001 上海福建中路 193 号)
发 行	上海人民出版社发行中心
	(200001 上海福建中路 193 号)
印 刷	商务印书馆上海印刷有限公司
开 本	720×1000 1/16
印 张	21.25
字 数	33 万
版 次	2020 年 10 月第 1 版
印 次	2020 年 10 月第 1 次印刷
ISBN 978-7-5486-1682-5/K・186
定 价	108.00 元